Um caminho através do sofrimento

O Livro de Jó

Coleção Cultura Bíblica

- *A religião dos primeiros cristãos: uma teoria do cristianismo primitivo* – Gerd Theissen
- *As origens do cristianismo* – Justin Taylor
- *As origens: um estudo de Gênesis 1–11* – Heinrich Krauss e Max Küchler
- *História social do Antigo Israel* – Rainer Kessler
- *Jesus e Paulo: vidas paralelas* – Jerome Murphy-O'Connor
- *Jesus, hebreu da Galileia: pesquisa histórica* – Giuseppe Barbaglio
- *Mensagem urgente de Jesus para hoje: o Reino de Deus no Evangelho de Marcos* – Elliot C. Maloney
- *Quando tudo se cala: o silêncio na Bíblia* – Silvio José Báez
- *Um caminho através do sofrimento: o Livro de Jó* – Ludger Schwienhorst-Schönberger

LUDGER SCHWIENHORST-SCHÖNBERGER

Um caminho através do sofrimento

O Livro de Jó

Dados Internacionais de Catalogação na Publicação (CIP)
(Câmara Brasileira do Livro, SP, Brasil)

Schwienhorst-Schönberger, Ludger
   Um caminho através do sofrimento : o livro de Jó / Ludger Schwienhorst-Schönberger ; [tradução Paulo F. Valério]. – São Paulo : Paulinas, 2011. – (Coleção cultura bíblica)

   Título original: Ein Weg durch das Leid : Das Buch Ijob
   Bibliografia
   ISBN 978-85-356-2917-0
   ISBN 978-3-451-29672-7 (ed. original)

   1. Bíblia. A.T. Jó - Comentários   2. Sofrimento - Aspectos religiosos   3. Sofrimento - Meditação   I. Título.   II. Série.

11-10910   CDD-223.107

Índice para catálogo sistemático:
1. Jó : Livros poéticos : Bíblia : Comentários   223.107

Título original: *Ein Weg durch das Leid: das Buch Ijob*
© Verlag Herder, Freiburg im Breisgau, 2007.

1ª edição – 2011
1ª reimpressão – 2012

Direção-geral: *Bernadete Boff*
Editores responsáveis: *Vera Ivanise Bombonatto*
Matthias Grenzer
Tradução: *Paulo F. Valério*
Copidesque: *Cirano Dias Pelin*
Coordenação de revisão: *Marina Mendonça*
Revisão: *Ruth Mitzuie Kluska*
Gerente de produção: *Felício Calegaro Neto*
Capa e editoração eletrônica: *Wilson Teodoro Garcia*

Nenhuma parte desta obra poderá ser reproduzida ou transmitida por qualquer forma e/ou qualquer meios (eletrônico ou mecânico, incluindo fotocópia e gravação) ou arquivada em qualquer sistema ou banco de dados sem permissão escrita da Editora. Direitos reservados.

Paulinas
Rua Dona Inácia Uchoa, 62
04110-020 – São Paulo – SP (Brasil)
Tel.: (11) 2125-3500
http://www.paulinas.org.br
editora@paulinas.com.br
Telemarketing e SAC: 0800-7010081

© Pia Sociedade Filhas de São Paulo – São Paulo, 2011

PREFÁCIO

Ao longo de dois anos, foi-me permitido comentar o Livro de Jó, que faz parte do Antigo Testamento, no semanário *Christ in der Gegenwart* (6/2005-10/2007). As contribuições despertaram um profundo eco que me motivou a colocá-las, agora de forma contínua, ao alcance de um círculo mais amplo de leitores.

O comentário descortina o caminho de Jó como o caminho da contemplação. Jó é afligido por pesados golpes do destino. Ele perde os bens, os filhos e a saúde. Somente a pouco e pouco é que ele se vai conscientizando da extensão de sua miséria. Ele cai em profunda solidão e abandono da parte de Deus. No entanto, em tudo isso, inicialmente sem que ele se dê conta, vai sendo conduzido por um caminho. No final, a partir de Deus, o mundo se lhe descortinará de maneira nova. É-lhe concedido contemplar a Deus e é abundantemente abençoado.

Em seu caminho para Deus, Jó é confrontado com contradições exteriores e interiores. A benevolência inicial de seus amigos transforma-se em incompreensão e inimizade. As representações de Deus que Jó se tinha construído não se sustentam perante a realidade a que ele, em seu sofrimento, fica exposto. Destarte, deve ele encetar o doloroso caminho da contestação. No final, ser-lhe-á garantido aquilo que ele esperara em sua mais profunda indigência (19,26): a *contemplatio Dei*, a contemplação de Deus (42,5).

Este comentário explica o texto de Jó de forma continuada. A tradução orienta-se, no geral, pela Bíblia de Jerusalém, procurando, porém, ser fiel à tradução sugerida pelo próprio autor em algumas passagens. Cada unidade textual deverá ser compreendida e interpretada a partir de sua temática dominante. Os movimentos do texto, circulares, às vezes, não querem ser saltados no sentido de uma travessia em linha reta. Justamente o traçado sinuoso do caminho é *um* critério de sua originalidade. Muitas coisas devem ser reelaboradas, de diversas maneiras, em diferentes níveis. Então Jó recebe o que Jesus prometeu aos "puros de coração" (Mt 5,8).

Agradeço à minha secretária, a senhora Gabi Bauer, pela cuidadosa preparação do manuscrito; à senhora Marie Kajewski (Passau), diplomada em Teologia, e à senhora Elisabeth Birnbaum (Viena), mestra em Teologia, pela revisão do texto original.

Dedico este livro à minha esposa, Annette Schönberger (1962-2006).

LUDGER SCHWIENHORST-SCHÖNBERGER

PROVAÇÃO E PRESERVAÇÃO (JÓ 1-2)

Onde está Deus?

O Livro de Jó narra a história de um homem chamado Jó, que é atingido por intenso sofrimento: ele perde seus bens, sua criadagem e seus dez filhos (1,13-19). Finalmente, ele próprio é atingido por uma lepra terrível (2,7s). O pano de fundo deste golpe do destino é formado por um diálogo entre Deus e Satanás (1,6-12; 2,1-6). Acontece no céu. Jó e seus amigos nada sabem a respeito. Somente ao leitor é dado conhecer o fato. Na narrativa, Jó é apresentado como justo e temente a Deus (1,1-5). Contudo, Satanás é de opinião que a piedade de Jó seria interesseira: ele seria piedoso porque "tiraria proveito disso" (1,9s). A fim de dissipar a suspeita "satânica", Deus permite que Satanás inflija a Jó um grande mal. De início, Jó aceita seu sofrimento como provindo de Deus (1,20-22; 2,9s). Dentre seus amigos, três vêm visitá-lo a fim de confortá-lo (2,11-13). Após um silêncio que durou sete dias, Jó não pôde mais conter-se: ele se lamenta e amaldiçoa o dia de seu nascimento (3). Nessa queixa, acende-se uma longa discussão entre Jó e seus três amigos (4–31). Jó lamenta-se do absurdo de seu sofrimento. Sua queixa intensifica-se até se transformar numa acusação contra Deus. Os amigos desaprovam o descomedimento de seu lamento. Eles lhe oferecem conselhos e diferentes propostas de interpretação: ele faria bem em aceitar e suportar pacientemente o sofrimento vindo das mãos de Deus; possivelmente seria um castigo por alguma culpa oculta; ele deveria dirigir-se a Deus de todo o coração. Jó assevera sua inocência e rejeita a exigência de seus amigos. Chega-se a uma desavença. Em crescente medida, Jó dirige-se a Deus entre lamentos e acusações. Ele o desafia a uma resposta (31,35-40). Antes que Deus responda, um quarto amigo, do qual o leitor nada sabia até então, toma a palavra: Eliú (32–37). Ele expressa sua insatisfação com o desenrolar da discussão e, por sua vez, apresenta a Jó uma proposta de interpretação teologicamente fundada. Por fim, Deus, aqui introduzido com seu nome Iahweh, responde com dois grandes discursos (38,1–40,2; 40,6–41,26). Em sua reação aos discursos de Deus, Jó declara terminada a peleja (40,3-5): "Só de ouvir é que eu ouvira de ti, mas agora viram-te meus olhos" (42,5). No final, Deus repreende os amigos (42,7-9). Jó é restabelecido (42,10-17): ele recupera seus bens em dobro, recebe novamente sete filhos e três filhas e morre em idade avançada, tendo vivido plenamente.

O começo da narrativa e os traços fabulosos da introdução (1,1-5) demonstram que o conto de Jó não é um relato histórico, mas uma narrativa fictícia. Recorrendo a uma diferenciação comum em inglês: o Livro de Jó é uma *story* ["estória"], e não uma *history* ["história"]. Ademais, nesta diferenciação, deve-se levar em conta que, nos círculos narrativos tradicionais, as características distintivas entre textos ficcionais e não ficcionais eram diferentes das que impregnam nossa compreensão atual dos textos. Nas sociedades antigas, não havia nenhuma diferença aguda entre textos ficcionistas e não ficcionistas. Se Jó realmente existiu é algo irrelevante para a compreensão do livro. Jó é portador de significado. Como portador de sentido, é uma figura literária numa sociedade narradora tradicional muito mais "real" do que uma pessoa de carne e osso, da qual não existe nenhuma narrativa.

No Livro de Jó, não se narra um fato histórico único, mas um acontecimento que diz respeito ao ser humano, independentemente de particularidades individuais ou culturais. Visto dessa forma, o Livro de Jó não narra uma coisa do passado, mas algo profundamente atual. Muitas vezes se deixa de lado. Culturas inteiras tendem a disfarçar. Então, não raro irrompe sobre nós com tanto mais avassaladora horribilidade; ficamos, então, mudos e permanecemos como que paralisados diante da pergunta: Onde está Deus? A pergunta "Onde está Deus (no sofrimento)?" já ressoa no nome do nosso "portador de sentido". A palavra "Jó" origina-se, provavelmente, do acadiano *'ajja'abu*, que significa mais ou menos "onde está (meu) pai?". "Pai", como elemento nominal assim chamado teóforo (ou seja, "portador de deus"), deve ser relacionado a uma divindade. Portanto, o nome "Jó" aponta imediatamente para o tema do livro: Onde está meu pai? Onde está Deus?

Um homem irrepreensível (1,1-5)

1,1 Havia na terra de Hus um homem chamado Jó. Era um homem íntegro e reto, que temia a Deus e se afastava do mal. 2 Nasceram-lhe sete filhos e três filhas. 3 Possuía sete mil ovelhas, três mil camelos, quinhentas juntas de bois, quinhentas mulas e servos em grande número. Era, pois, o mais rico de todos os homens do Oriente. 4 Seus filhos costumavam celebrar banquetes, um dia em casa de um, um dia em casa de outro, e convidavam suas três irmãs para comer e beber com eles. 5 Terminados os dias de festa, Jó os mandava chamar para purificá-los; de manhã cedo ele oferecia um holocausto para cada um, pois dizia: "Talvez meus filhos tenham cometido pecado, maldizendo ('louvando') a Deus em seu coração." Assim costumava Jó fazer todas as vezes.

Na introdução (1,1-5) apresenta-se a personagem principal da narrativa. Seu nome é Jó. O nome que, à exceção de Ez 14,14.20 e Eclo 49,9 [cf. a nota da Bíblia de Jerusalém], não se encontra mais no interior do Antigo Testamento, acha-se diversas vezes em antigos textos orientais do segundo século antes de Cristo. Como já dito acima neste comentário, a palavra "Jó" origina-se, provavelmente, do acadiano *'ajja'abu*, que significa mais ou menos "onde está (meu) pai?". "Pai", como elemento nominal assim chamado teóforo (ou seja, "portador de deus"), deve ser relacionado a uma divindade: Onde está meu Pai? – Onde está Deus? Jó é, ao mesmo tempo, a personificação da pergunta por Deus no sofrimento (cf. 23,8s). A tradução latina da Bíblia (*Vulgata*) traduz o nome por *Job*; Martinho Lutero traduz por *Hiob*, a Bíblia de Jerusalém, usada como base neste comentário, traduz por *Jó*. Como terra natal deste homem é indicada Hus (cf. Gn 10,23; Jr 25,20). Não sabemos onde se situa tal lugar. Também leitores contemporâneos não deviam ter nenhuma noção topográfica clara ligada a isso. Lido a partir de 1,3 ("filhos do Oriente"), estaria sugerida muito mais a representação de um país em alguma parte oriental de Israel, talvez na parte norte-oriental do Jordão. A *Vulgata* coloca-o entre os "orientais" (1,3). Em razão do nome e do domicílio, Jó é apresentado, portanto, como não israelita. O tema em torno do qual o escrito gira não parece ser especificamente israelita, mas um tema de significação humana *geral*.

Jó é apresentado como um homem justo e piedoso por excelência: íntegro e reto, que temia a Deus e se afastava do mal (v. 1). Perfeitas também são suas relações familiares e econômicas. Descendência numerosa era tida como valor inestimável na sociedade israelita antiga. Os filhos asseguram a subsistência dos pais na velhice (cf. Dt 5,16), neles o nome dos pais mortos continua vivo (cf. Gn 48,16). Com sete filhos e três filhas, Jó pode dizer-se sobremaneira feliz (v. 2). Com isso estaria assegurada a estabilidade de sua família. Os números fantasticamente altos de suas cabeças de reses (7.000, 3.000, 500, 500) e a magnitude de sua criadagem são sinais de uma fabulosa riqueza (v. 3). Os versículos 4 e 5 exemplificam mais uma vez sua piedade apresentada inicialmente. Os banquetes celebrados regularmente por seus filhos não devem ser interpretados como excessos condenáveis, mas muito simplesmente como expressão da felicidade familiar, da hospitalidade e da harmonia entre irmãos (v. 4). Todavia, no entusiasmo de uma festa, pode acontecer uma ou outra palavra impensada (contra Deus). A fim de manter longe de sua família qualquer consequência negativa de tal possível deslize, Jó oferecia – providentemente, por assim dizer – "tantos sacrifícios quantos filhos ele possuía" (v. 5) – um comovente e admirável traço de sua cautelosa piedade.

Jó: piedoso sem interesse pessoal? (1,6-12)

> 6 No dia em que os Filhos de Deus vieram se apresentar a Iahweh, entre eles veio também Satanás. 7 Iahweh então perguntou a Satanás: "De onde vens?" – "Venho de dar uma volta pela terra, andando a esmo", respondeu Satanás. 8 Iahweh disse a Satanás: "Reparaste no meu servo (criado) Jó? Na terra não há outro igual: é um homem íntegro e reto, que teme a Deus e se afasta do mal". 9 Satanás respondeu a Iahweh: "É por nada que Jó teme a Deus? 10 Porventura não levantaste um muro de proteção ao redor dele, de sua casa e de todos os seus bens? Abençoaste as obras de suas mãos e seus rebanhos cobrem toda a região. 11 Mas estende tua mão e toca nos seus bens; eu te garanto que te lançará (louvará) maldições em rosto". 12 Então Iahweh disse a Satanás. "Pois bem, tudo o que ele possui está em teu poder, mas não estendas tua mão contra ele". E Satanás saiu da presença de Iahweh.

O enredo da narrativa começa com uma cena no céu (1,6-12). Em 1,6, o leitor é testemunha de uma sessão do conselho celeste: "Filhos de Deus vieram se apresentar a Iahweh". Como pano de fundo, do ponto de vista da história das religiões, ressoa de longe a correspondente concepção que caracteriza as altas religiões politeístas (isto é, que adoram diversos deuses), segundo a qual um deus supremo (deus-rei) exerce seu senhorio sobre o mundo em conexão com outros deuses agregados ou subordinados a ele. No âmbito do exercício do senhorio, ocorrem sessões regulares, durante as quais delibera-se, resoluções são tomadas e posteriormente anunciadas e postas em prática. Há uma série de textos do Antigo Testamento nos quais ressoa a concepção de uma corte ou trono celeste (cf. 1Rs 22,19; Jr 23,18.22; Is 6,1-8). Obviamente, os filhos de Deus, no contexto do Antigo Testamento, não são mais verdadeiramente deuses. Eles estão desapossados (cf. Sl 82[81]), são servos e mensageiros ("anjo" – de acordo com a tradução grega) do único Deus Iahweh – assim também aqui em Jó 1,6. Entre esses filhos de Deus, que se reúnem em conselho junto de Iahweh, comparece também uma figura que é designada no texto hebraico por "Satanás". Como verbo, a palavra *satan* ou *satam* significa "inimizar, ser hostil a, opor-se a alguém".

Em um uso ainda não impregnado de conteúdo religioso, a palavra descreve um comportamento hostil no campo inter-humano (Gn 27,41; 50,15; Sl 38[37],21; 109[108],4). Por conseguinte, a palavra *satan* pode indicar o adversário militar ou político (1Sm 29,4; 1Rs 5,18; 11,14.23.25) e o acusador no tribunal (Sl 109[108],6). Somente no período pós-exílico (586-538 a.C.) é que a palavra, mediante o acréscimo do artigo, passa a designar a função de um acusador *celeste* (cf. Zc 3,1s). Nessa tradição situa-se também Jó 1,6. Satanás aparece aqui, num conselho de deuses, no papel de acusador. A versão grega da Bíblia (*Septuaginta*) traduz a palavra *satan* por *diabolos*. Traduzida literalmente, significa: "aquele que lança a divisão, o que provoca *des*-acordo". Iahweh descreve Jó como seu "servo", seu "criado" (v. 8), isto é, alguém que está à sua disposição, que o reconhece como seu Senhor. Iahweh confirma, até mesmo excede a caracterização de Jó feita pelo narrador: "Na terra não há outro igual: é um homem íntegro e reto, que teme a Deus e se afasta do mal" (1,8).

Satanás procura provocar um desacordo entre Iahweh e Jó. Ele expressa a suspeita de que Jó temeria a Deus por mero interesse pessoal (1,8). Em outras palavras: Jó amaria a Deus não por amor a Deus, mas por amor a si mesmo, ou seja: no fundo, Jó amaria (temeria) não a Deus, mas (somente) a si mesmo. Por conseguinte, Deus e Jó seriam parceiros em uma sociedade comercial: Jó garante a Deus reconhecimento, sacrifício e veneração, e Deus, em troca, concede-lhe descendência e riqueza. Em resumo: retribui-lhe toda a sua felicidade na vida. A religião aqui funciona segundo o princípio do *do ut des* ("dou para que dês"). Jó será, mesmo assim, servo de Iahweh quando este nada lhe der em troca, aliás, tomar-lhe tudo o que lhe pertence? Isto é o que será comprovado a seguir. Destarte, Iahweh concede a Satanás a permissão de estender a mão contra tudo o que pertence a Jó, e aí, segundo o direito veterotestamentário, contam-se também servas e servos, filhos e filhas (v. 12).

Primeira provação de Jó (1,13-22)

13 Ora, um dia em que seus filhos e filhas comiam e bebiam vinho na casa do irmão mais velho, 14 chegou um mensageiro à casa de Jó e lhe disse:

"Estavam os bois lavrando e as mulas pastando ao lado deles, 15 quando os sabeus caíram sobre eles, passaram os servos ao fio da espada e levaram tudo embora. Só eu pude escapar para trazer-te a notícia."

16 Este ainda falava, quando chegou outro e disse: "Caiu do céu o fogo de Deus e queimou ovelhas e pastores e os devorou. Só eu pude escapar para trazer-te a notícia."

17 Este ainda falava, quando chegou outro e disse: "Os caldeus, formando três bandos, lançaram-se sobre os camelos e levaram-nos consigo, depois de passarem os servos ao fio da espada. Só eu pude escapar para trazer-te a notícia."

18 Este ainda falava, quando chegou outro e disse: "Estavam teus filhos e tuas filhas comendo e bebendo na casa do irmão mais velho, 19 quando um furacão se levantou das bandas do deserto e abalou os quatro cantos da casa, que desabou sobre os jovens e os matou. Só eu pude escapar para trazer-te a notícia."

20 Então Jó se levantou, rasgou seu manto, rapou sua cabeça, caiu por terra, inclinou-se no chão e 21 disse:

"Nu saí do ventre de minha mãe,

e nu voltarei para lá.

Iahweh o deu, Iahweh o tirou,

Bendito seja o nome de Iahweh."

22 Apesar de tudo isso, Jó não cometeu pecado nem lançou nenhuma maldição contra Deus.

A cena de 1,13-22 desenrola-se novamente sobre a terra. Jó nada sabe a respeito da precedente "aposta no céu" (1,6-12). Ele é atingido por quatro pesados desastres. Ele recebe "golpe sobre golpe". Com os meios de representação de um drama antigo, ele (e o leitor) é notificado da correspondente desgraça mediante o relato de um mensageiro ("os embaixadores de Jó"). Por duas vezes, são catástrofes causadas por pessoas; outras duas vezes, catástrofes naturais: (A) saque (1,14-15) – (B) raio (1,16) – (A') guerra (1,17) – (B') furacão (1,18-19). Sucessivamente, Jó perde: (A) seus bois, suas mulas e seus servos (1,14-15) – (B) seu gado miúdo e seus servos (1,16) – (A') seus camelos e seus servos (1,17) – (B') seus filhos e filhas (1,18-19).

Em 1,20-22 descreve-se a reação de Jó. Eles mostram que Satanás se havia enganado. Jó perfaz os ritos de luto previstos na tradição: ele rasga suas vestes e rapa a cabeça (cf. Gn 37,34; Is 22,12). Outra forma de expressão, em caso de aflição e necessidade, amplamente atestada na tradição veterotestamentária, é o lamento. Esperar-se-ia que Jó pronunciasse uma oração de lamento. No entanto, essa expectativa é inicialmente frustrada. Jó não se lamenta; ele pronuncia uma oração de louvor. Ele não acusa Iahweh, ao contrário, louva seu nome (1,21), ele "adora" (*adoravit*) – tal como a *Vulgata* traduz. Interessante é que Jó fala acerca da conduta de Iahweh de maneira bem simples, quase primitiva: "Iawheh o deu, Iahweh o tirou" (1,21). Jó não louva apenas o Deus *que doa*, mas de igual modo o Deus *que retoma*. O louvor fundamenta-se em uma profunda intuição humana: "Nu saí do ventre de minha mãe e nu voltarei para lá" (v. 21a). Na expressão "nu voltarei para lá" ressoa a concepção da terra como seio materno (cf. Gn 3,19; Sl 139[138],13-15; Eclo 40,1). Será que Satanás realmente se enganou? O texto hebraico trabalha aqui com uma duplicidade peculiar. Para "amaldiçoar" e "louvar", utiliza-se a mesma palavra: *barak*. Em 1,11, Satanás dissera a Iahweh: "Mas estende tua mão e toca nos seus bens; eu te garanto que te lançará maldições (*barak*) em rosto". Satanás aqui emprega a figura de estilo do eufemismo: ele quer dizer "amaldiçoar", mas usa a palavra "louvar". Com base nesta duplicidade, com a reação de Jó em 1,22, Satanás não pode dar-se por vencido. Jó dissera: "Bendito ($m^e borak$) o nome de Iahweh!" – Ou Jó, talvez, quisera dizer: "Amaldiçoado seja o nome de Iahweh"? A seguir, o narrador deixa claro que não poderia ser assim, pois: "Apesar de tudo isso, Jó não cometeu pecado" (1,22). Mas já a próxima declaração contém um duplo sentido: Jó "não lançou nenhuma maldição contra Deus" (1,22). A partir da palavra hebraica *tiflā* ("maldição", "algo inconveniente"), com certa vocalização diferente, pode-se perceber também a palavra $t^e ifllā$. A palavra $t^e ifllā$ indica a oração de lamento. Na tradição judaica, os Salmos são designados como "Livro dos $t^e fillōt$". Assim, a partir de 1,22, poder-se-ia também entender: "E não dirigiu nenhuma oração (de lamento) a Deus". Com efeito, Jó não se lamenta. Ele fala *sobre* Iahweh, não *a* ele.

Desse modo, nos poucos versículos do início mostram-se os abismos que a mera leitura literal ainda parece ocultar. Pode também a maldição contra Deus ser um louvor?

Segunda provação de Jó (2,1-10)

1 Num outro dia em que os Filhos de Deus vieram se apresentar novamente a Iahweh, entre eles veio também Satanás. 2 Iahweh perguntou a Satanás: "De onde vens?" Ele respondeu: "Venho de dar uma volta pela terra, andando a esmo". 3 Iahweh disse a Satanás: "Reparaste no meu servo Jó? Na terra não há outro igual: é um homem íntegro e reto, que teme a Deus e se afasta do mal. Ele persevera em sua integridade, e foi por nada que me instigaste contra ele para aniquilá-lo". 4 Satanás respondeu a Iahweh e disse: "Pele após pele! Para salvar a vida, o homem dá tudo o que possui. 5 Mas estende a mão, fere-o nos ossos e na carne; eu te garanto que te amaldiçoará (abençoará) no rosto". 6 "Seja!", disse Iahweh a Satanás, "ele está em teu poder, mas poupa-lhe a vida". 7 E Satanás saiu da presença de Iahweh. Ele feriu Jó com chagas malignas desde a planta dos pés até o cume da cabeça. 8 Então Jó apanhou um caco de cerâmica para se coçar e sentou-se no meio da cinza. 9 Sua mulher disse-lhe:

"Persistes ainda em tua integridade? Amaldiçoa ('abençoa') a Deus e morre de uma vez!".
10 Ele respondeu: "Fala como uma idiota: se recebemos de Deus os bens, não deveríamos receber também os males?". Apesar de tudo isso, Jó não cometeu pecado com seus lábios.

Mais uma vez somos testemunhas de um conselho celestial. A segunda cena celeste (2,1-7a) harmoniza-se bastante literalmente com a primeira cena (1,6-12). Satanás não conseguiu instaurar uma discórdia entre Iahweh e Jó. Jó – assim constata Iahweh – "persevera em sua integridade" (2,3). A suspeita de Satanás não se confirmou. Jó teme a Deus – mesmo quando nada obtém com isso. Isto é insólito. Tal atitude parece exceder a medida possível às pessoas. Isso Iahweh também o sabe: "Na terra não há outro igual: é um homem íntegro e reto, que teme a Deus e se afasta do mal" (2,3). Contudo, Satanás ainda não se dá por vencido. Ele exige uma exacerbação das "condições da tentação": o próprio Jó, "seus ossos e sua carne" devem ser atacados (2,5), não somente o que lhe pertence. Iahweh concorda, evidentemente sob a condição de que Jó, no caso, permaneça vivo (2,6). Em seguida, Satanás atinge Jó com terríveis feridas, "desde a planta dos pés até o cume da cabeça" (2,7). Jó apanha um caco de cerâmica, a fim de com ele se coçar, e senta-se no meio da cinza (2,8). "Cinza" indica o lugar fora da cidade (assim o complemento da *Septuaginta*) onde os leprosos deviam permanecer, visto que eram considerados impuros (cf. Lv 13,46; Lc 17,12). Jó encontra-se, de agora em diante, fora da sociedade humana.

Jó parece um homem a quem nada pode abalar. Sua constância é ilustrada em uma pequena cena na qual aparece sua mulher (2,9s). Ela o desafia a fazer o que Satanás predissera: amaldiçoar a Deus. A fé em Deus não traz (mais) nada. Jó, no entanto, repele-a. Ele reage da mesma maneira como fez depois dos primeiros golpes que o atingiram. Sob a forma de uma pergunta retórica, ele fundamenta seu comportamento: "Se recebemos de Deus os bens, não deveríamos receber também os males?" (2,10a). Jó assume seu sofrimento das mãos de Deus sem resmungo, sem lamento. Será que ele permanecerá firme?

Visita dos três amigos (2,11-13)

11 Três amigos de Jó – Elifaz de Temã, Baldad de Suás e Sofar de Naamat – ao inteirar-se da desgraça que havia sofrido, partiram de sua terra e reuniram-se para ir compartilhar sua dor e consolá-lo. 12 Quando levantaram os olhos, a certa distância, não o reconheceram mais.

Levantando a voz, romperam em prantos; rasgaram seus mantos e, a seguir, espalharam pó sobre a cabeça. 13 Sentaram-se no chão ao lado dele, sete dias e sete noites, sem dizer-lhe uma palavra, vendo como era atroz seu sofrimento.

Na cena de 2,11-13 são introduzidas três novas personagens: os amigos de Jó. Eles vieram a fim de consolá-lo (1,11). Tal como Jó, eles vêm de fora da terra de Israel: Elifaz ("meu Deus é ouro fino") vem de Temã (cf. Jr 49,20; Am 1,11s); Baldad ("filho de Hadad") vem de Suás (cf. Gn 25,2) e Sofar ("pequeno pássaro") vem de Naamat. Ante a visão do leproso, ficam horrorizados e perfazem – semelhantemente a Jó (cf. 1,20) – ritos de luto. A participação deles é levada a sério. Eles não falam de cima, mas sentam-se junto a Jó, no chão, e silenciam. O silêncio, aqui, é a atitude adequada à grandeza do infortúnio (cf. Sl 39[38],3; Lm 2,10; Ecl 3,7). A indicação cronológica ("sete dias e sete noites") lembra o tempo convencionalmente previsto para a lamentação dos mortos (cf. Gn 50,11; 1Sm 31,13; Eclo 22,12). No entanto, depois desse período, Jó não mais se contém (cf. Sl 39[38],4s). Será que ele agora faz o que Satanás previu? Amaldiçoará a Deus?

Com a visita dos três amigos introduz-se a segunda parte do Livro de Jó: a assim chamada parte dialógica (3,1–42,6). A discussão entre Jó e seus três amigos Elifaz, Baldad e Sofar pode ser articulada em três séries de discursos. Estes são provocados pelo grande lamento de Jó no capítulo 3 e concluídos mediante os desafios que Jó lança a Deus nos capítulos 29–31:

3 Lamentação de Jó
Primeira série de discursos
4–5   Elifaz
6–7   Jó
8   Baldad
9–10   Jó
11   Sofar
12–14   Jó

Segunda série de discursos
15   Elifaz
16–17   Jó
18   Baldad
19   Jó
20   Sofar
21   Jó

Terceira série de discursos
22   Elifaz
23-24   Jó
25   Baldad
26   Jó
—   —
27-28   Jó

29–31   Discurso de desafio de Jó

Na terceira série de discursos (22–28), falta um esperado discurso de Sofar. Aos amigos, parecem ter-se esgotado as palavras. Na sequência dos discursos, deixa-se entrever um crescente distanciamento entre Jó e seus amigos; ao mesmo tempo, porém, um cada vez mais forte voltar-se para Deus, da parte de Jó, expresso em lamento e esperança.

Nos capítulos 29–31, Jó desafia Deus a uma resposta. No entanto, uma resposta imediata de Deus não vem. Em vez disso, aparece – como do nada – outra personagem: Eliú, um moço jovem que pretende ser mais esperto do que os outros. Ele está irritado com os três amigos, "porque eles não acharam resposta para declarar Jó culpado" (32,3). Mas ele também está irado contra Jó, "porque se considerava justo perante Deus" (32,2). Com quatro impressionantes discursos, ele gostaria de levar a disputa – em certa medida a partir de um observatório mais elevado – a uma conclusão esclarecedora:

32,1-6   Introdução de Eliú
32,7–33,33   Primeiro discurso de Eliú
34   Segundo discurso de Eliú
35   Terceiro discurso de Eliú
36–37   Quarto discurso de Eliú

Finalmente, Deus toma a palavra em dois grandes discursos:

38–40,2   Primeiro discurso de Iahweh
40,3-5   Primeira resposta de Jó
40,6–41,26   Segundo discurso de Iahweh
42,1-6   Segunda resposta de Jó

Com uma espécie de epílogo, a narrativa acaba-se. Iahweh repreende os três amigos e garante nova sorte a Jó, depois de este ter intercedido por seus três amigos:

42,7-9   Julgamento de Iahweh acerca dos três amigos
42,10-17 Restabelecimento de Jó

Grosso modo, o Livro de Jó pode ser articulado, portanto, em três partes:

1-2   Prólogo
3-42,6   Diálogo
42,7-17   Epílogo

Jó: paciente ou rebelde?

Até aqui, Jó mostrou-se como o grande mártir: nenhuma palavra de lamento, nenhum grito, nenhuma contenda com Deus. A partir do capítulo 3 do Livro, a situação se modifica: "Jó abriu a boca e amaldiçoou o dia do seu nascimento". Com uma queixa que não deplora apenas a própria indigência, mas que questiona fundamentalmente o sentido e a ordem da vida e do mundo, começa a assim chamada parte dialógica do Livro (cap. 3,1–42,6). Aqui nos vem ao encontro outro Jó, não mais o devoto paciente sofredor, mas o rebelde protestante contra Deus.

De modo geral, a exegese vê nessas diversas imagens de Jó indícios da história do surgimento do Livro: diz-se, então, que uma forma mais antiga do Livro incluiria simplesmente uma parte da moldura narrativa, por exemplo, 1,1-3.13-22 e 42,12-17. Tratar-se-ia de um pequeno relato pedagógico sapiencial no qual Jó, em sua piedosa aceitação do sofrimento, é apresentado aos olhos do leitor como uma pessoa exemplar (*persona imitabilis*). Mais tarde, esta resposta teria sido considerada demasiado simples. A narrativa teria sido interrompida e expandida numa ampla parte dialógica. Aqui se deflagra um duro combate entre Jó e seus amigos, entre Jó e seu Deus. O paciente transforma-se num rebelde.

É perfeitamente possível que o Livro de Jó tenha surgido desta ou de outra maneira semelhante. Com certeza também a forma atual do Livro oferece possibilidades para a compreensão. Klaudia Engljähringer, num estudo que vale a pena ser lido sobre a dinâmica dos diálogos do Livro de Jó, com razão chamou a atenção para o fato de que Jó, o paciente, e Jó, o rebelde, estão mais próximos um do outro "do que pareceria à primeira vista". Com efeito, no final do Livro "aparece a figura de Jó, tal como a perfila a parte dialógica, exatamente lá onde se encontra o Jó da moldura narrativa: ele está reconciliado com Deus e com sua horrível situação" (*Theologie im Streitgespräch*, SBS 198, Stuttgart 2003, 195). Tais observações parecem encontrar confirmação por meio da moderna *pesquisa em torno do luto*. Em seu livro *Trauern – Phasen und Chancen des psychischen Prozesses* (Stuttgart 1982; 1999), a psicoterapeuta Verena Kast mostra que uma primeira fase frequentemente experimentada por pessoas atingidas por pesados sofrimentos deve ser descrita como um tipo de "perda da sensibilidade". Essa fase "pode durar de algumas horas até cerca de uma semana" (id., p. 71). Esta última corresponderia aos "sete dias e sete noites" em Jó 2,13. "Esta insensibilidade" – continua Verena Kast – "provoca... não uma impassibilidade, mas um choque de emoções." Sob aquela forte emoção, o enlutado fica "petrificado" (id., p. 72). O que está narrado em Jó 1–2 pode ser perfeitamente compreendido conforme este modelo. Jó não demonstra aqui nenhum tipo de emoção. Ele cumpre os ritos de luto previstos pela tradição. Nada ficamos sabendo acerca de sua vida interior. Na maioria dos processos de luto, depois da fase da perda da sensibilidade, segue-se a fase da eclosão das emoções. Em Jó, este processo começa em 3,3: "Pereça o dia que me viu nascer, a noite que disse: 'Um menino foi concebido'!".

No entanto, como se podem compreender, teológica e espiritualmente, duas reações tão diferentes – piedosa aceitação e queixa revoltosa? A confissão: "Iahweh o deu, Iahweh o tirou, bendito seja o nome de Iahweh!" (1,22), com vistas ao decurso seguinte da narrativa, deveria certamente ser compreendida no sentido de que a verdade nela contida deve ainda ser primeiramente apreendida por Jó. Ela precisa ser primeiramente vivida e sofrida em seu próprio conteúdo. Nisto se articula a natural discrepância entre tradição (religiosa) e experiência, uma discordância que desempenha um papel-chave no Livro de Jó. Há uma diferença entre *reconhecer* a Deus e *viver* a verdade dessa confissão. A confissão pode figurar perfeitamente como *pré*-disposição da tradição, mas a apropriação de seu conteúdo é o empenho sem o qual ele não pode desencadear sua força salvífica. O Livro de Jó trata exatamente dessa força salvífica. Ela será comunicada a Jó depois de um longo e duro combate: "Eu te conhecia só de ouvir, mas agora meus olhos te veem" (42,5). O piedoso Jó do começo ouviu falar de Deus e reconheceu-o, o amadurecido Jó do fim contemplou-o. Até chegar a esse final existe ainda um duro e longo caminho, mas, ao mesmo tempo, um caminho de libertação e de redenção.

DECADÊNCIA (JÓ 3–14)

Lamentação de Jó (3,1-10)

1 Enfim, Jó abriu a boca
e amaldiçoou o dia do seu nascimento.

2 Jó tomou a palavra e disse:

3 Pereça o dia em que nasci,
a noite em que se disse: "Um menino foi concebido!"

4 Esse dia, que se torne trevas,
que Deus do alto não se ocupe dele,
que sobre ele não brilhe a luz!

5 Que o reclamem as trevas e sombras espessas,
que uma nuvem pouse sobre ele,
que um eclipse o aterrorize!

6 Sim, que dele se apodere a escuridão,
que não se some aos dias do ano,
que não entre na conta dos meses!

7 Que essa noite fique estéril
que não penetrem ali os gritos de júbilo!

8 Que a amaldiçoem os que amaldiçoam o dia,
os entendidos em conjurar Leviatã!

9 Que se escureçam as estrelas da sua aurora,
que espere pela luz que não vem,
que não veja as pálpebras da alvorada.

10 Porque não fechou as portas do ventre
para esconder à minha vista tanta miséria (fadiga).

A parte dialógica abre-se com uma grande queixa de Jó. À diferença dos salmos tradicionais de lamentação (cf. Sl 13[12]), nela não há nem um pedido pelo fim da miséria nem uma confissão de confiança. Somente a morte aparece à vista como libertadora de todo sofrimento. A lamentação de Jó pode ser articulada em três partes: na primeira parte (vv. 3-10), Jó amaldiçoa o dia de seu nascimento e a noite de sua concepção, um desejo que não é único na tradição veterotestamentária (cf. Jr 20,14-18), mas é insólito. Em imagens convulsivas, profundamente enraizadas na alma humana, aqui fala um ser humano apavorado até a morte. Luz e trevas, morte e nascimento são as comoventes imagens. No lamento de Jó, surge o começo de sua vida e, ligada a esta, a questão pelo seu sentido. Na tradição bíblica – e não somente nesta – o nascimento de uma criança é vivido e celebrado como um grande alargamento de espírito. Os portões do ventre materno abrem-se entre dores, um ser humano consegue sair das trevas para a luz. No entanto, agora se vê que se tratou de uma grande decepção. As portas do ventre materno abriram-se, mas Jó vê miséria e sofrimento (v. 10). Ele gostaria de voltar para as trevas. Ele deseja, na verdade ele suplica não ter jamais de experimentar o que ora lhe acontece.

O lamento de Jó é expressão de uma profunda experiência de perda de sentido. Encontramo-nos ainda bem no início de sua indigência. A imensidão de sua miséria só se torna visível a pouco e pouco. No entanto, já na escuridão dos começos, cintila a faísca de um final redentor. Mesmo no absurdo, nas imagens da escuridão que a alma, confusa até a morte, projeta a partir de si mesma, delineiam-se os contornos de uma saída. Jó não nega que ele tenha visto a luz, que tenha experimentado o sentido. Concebido durante a noite e nascido durante o dia (v. 3) – nesta imagem maravilhosa, depreendida da experiência humana, mostra-se o caminho da vida de um ser humano: das trevas para a luz. Contudo, agora Jó outra coisa não almeja senão que este fato aconteça em sentido inverso: "Esse dia, que se torne trevas, que Deus do alto não se ocupe dele, que sobre ele não brilhe a luz!" (v. 4). Por quê? A única razão encontra-se no v. 10: porque na luz, que lhe veio ao encontro com o nascimento, torna-se visível também o sofrimento de sua vida. Agora aconteceu, agora o sofrimento atingiu-o com ímpeto elementar. Agora ele vê e experimenta este sofrimento – apenas isto. Nesta situação, a única possibilidade que vem à mente de Jó é o caminho de volta, o caminho para a escuridão do ventre materno, "antes do fulgir da luz". Há somente luz e trevas, ou existe uma LUZ que abrange luz e trevas, porque contém em si ambas? Jó está diante de um segundo nascimento, ou resta-lhe apenas o caminho de volta ao ventre materno?

Anseio pela morte (3,11-19)

11 Por que não morri ao deixar o ventre materno,
   ou pereci ao sair das entranhas?

12   Por que me recebeu um regaço
     e seios me deram de mamar?

13   Agora dormiria tranquilo,
     descansaria em paz,

14   com os reis e os ministros da terra
     que construíram suas moradias em lugares desolados;

15   ou como os nobres que amontoaram ouro
     e prata em seus mausoléus.

16   Que eu fosse como um aborto escondido,
     que não existisse agora,
     como crianças que não viram a luz.

17   Ali acaba o tumulto dos ímpios,
     ali repousam os que estão esgotados.

18   Com eles descansam os prisioneiros,
     sem ouvir a voz do capataz.

19   Confundem-se pequenos e grandes,
     e o escravo livra-se de seu amo.

Um profundo anseio de morte expressa-se abertamente na primeira grande queixa de Jó. Tal desejo abre caminho em três lances. Eles correspondem a três pontos nodais da vida humana, nos quais os indicadores são colocados na direção da morte ou da vida. Em Jó, por três vezes os indicadores foram colocados rumo à vida, por três vezes, agora, ele deseja fazer retroceder esta decisão do destino: uma vez, em sua concepção (vv. 3-10); a segunda vez, em seu nascimento (vv. 11-19); a terceira vez, em sua vida impregnada de sofrimento (vv. 20–26).

A segunda parte da lamentação de Jó começa com a pergunta: "Por quê?" (v. 11). A pergunta "Por quê?" encontra-se frequentemente nos salmos de lamentação: "Meu Deus, meu Deus, *por que* me abandonaste, ficas longe de meu grito, das palavras de minha queixa?" (Sl 22[21],2). "Digo a Deus, meu rochedo: '*Por que* me esqueceste? *Por que* devo andar pesaroso pela opressão do inimigo?'" (Sl 42[41],10). Jó não dirige sua pergunta "Por quê?" a Deus. Ele deseja a morte para si.

O motivo decisivo de seu anseio de morte é o descanso. Jó deseja a morte para si porque ele espera, mediante ela, alcançar um lugar de descanso duradouro: "Agora dormiria tranquilo, descansaria em paz" (v. 13). No caso, para ele é indiferente se chegasse a jazer com reis e ministros, príncipes e nobres (vv. 14-15) ou fosse considerado um aborto anônimo sobre a terra, "como crianças que não viram a luz" (v. 16). Ao mesmo tempo, Jó considera o domínio da morte como um lugar da liberdade, da igualdade e da independência: ali os prisioneiros estão livres de preocupação, pois não ouvem mais a voz do capataz (v. 18); os escravos estão livres de seus senhores, os grandes e os pequenos já não estão separados, mas estão juntos no mesmo lugar (v. 19), enquanto o terror dos ímpios chega ao fim (v. 17).

O desejo de morrer é amiúde advertido com medo e pavor e não raro rejeitado e sufocado. A partir de um "amor à vida" compreendido, às vezes, de maneira superficial e não raro cristãmente motivado, toda forma de anseio pela morte é voluntariamente banida. No entanto, se soubermos sondar bem, perceberemos aí um anseio que vai ainda mais fundo. Interessante notar que as concepções que Jó tem da morte são características de uma vida plena: liberdade, independência, igualdade e apreciação entre grandes e pequenos, uma vida tranquila, sem receios. A libertação de Israel do Egito, o "anunciar a liberdade aos cativos e a libertação aos que estão presos" (Is 61,1. Cf. Lc 4,18), o "sentar-se debaixo de sua vinha e debaixo de sua figueira" (Mq 4,4) – são experiências e imagens de uma vida bem-sucedida e esperançosa, profundamente enraizadas na história de Israel na tradição bíblica. Transparece no desejo de morte de Jó um profundo anseio de vida? Contudo, o caminho para essa vida – esta é a verdade de sua queixa – outro não parece senão um caminho de morte.

Por que ele concede luz ao miserável? (3,20-26)

20 Por que ele concede a luz ao miserável
e a vida a quem a amargura aflige,

21 a quem anseia pela morte que não vem,
a quem a procura com afinco como um tesouro,

22 a quem se alegraria em frente do túmulo
e exultaria ao ser sepultado?

23 (Por que ele concede luz) ao homem que não encontra seu caminho,
por que Deus o cercou de todos os lados?

24 Por alimento tenho soluços,
e os gemidos vêm-me como água.

25 Sucede-me o que mais temia,
e o que mais me aterrava acontece-me.

26 Vivo sem paz e sem descanso,
   eu não repouso: o que vem é a agitação (mais uma vez)!

A terceira parte da grande lamentação inicial de Jó começa, como a segunda (v. 11), com a pergunta "Por quê?" (v. 20). Jó lamenta uma vida que conhece apenas sofrimento e medos. As pessoas que não experimentam outra coisa a não ser o sofrimento com frequência desejam a morte como solução (vv. 21-22). Na equilibrada, sóbria opinião de um mestre de sabedoria, encontra-se pensamento semelhante em Eclo 41,1-2:

> Ó morte, quão amarga é a tua lembrança para o homem que vive feliz e no meio de seus bens, para o homem sereno a quem tudo é bem-sucedido e ainda com forças para gozar o prazer. Ó morte, tua sentença é bem-vinda para o miserável e privado de suas forças, para quem chegou a velhice avançada, agitado por preocupações, descrente e sem paciência.

Semelhantemente à sentença de Eclo 30,17 – "É melhor a morte do que uma vida cruel, o repouso eterno do que a doença constante" –, Jó anseia pelo repouso da morte, no entanto ela não aparece.

Nos versículos 20 e 21, dá-se uma mudança naquilo que, de acordo com a tradição bíblica, normalmente é atribuído a uma pessoa em necessidade: colocar sua esperança em Deus. A palavra hebraica *ḥakā*, que no v. 21 é traduzida por "esperar", e na Bíblia de Jerusalém por "ansiar", tendo a Deus como objeto, encontra-se apenas uma única vez no Antigo Testamento: "Nossa alma *espera/anseia* por Iahweh, ele é nosso auxílio e nosso escudo" (Sl 33[32],20) –, mesmo quando este Deus se tenha ocultado: "*Aguardo* a Iahweh, que esconde a sua face da casa de Jacó, nele ponho minha esperança" (Is 8,17). Is 64,3 confessa o Deus de Israel como um Deus "que faz o bem àqueles que nele *esperam*". Em Jó 3 não se encontra nenhum vestígio disso. Deus como esperança para as pessoas em sua miséria – isso não vem à mente de Jó. A salvação da indigência não é esperada como advinda de Deus, mas da morte – no entanto, até mesmo esta esperança é vã, a morte "não vem" (v. 20).

Contudo, na boca de Jó encontra-se uma expressão de cujo significado ele, na situação de miséria na qual se encontra, ainda não está consciente, mas que, naquilo que no final lhe é reservado, revela-se como o verdadeiro e próprio significado: "Por que ele concede luz ao miserável e vida a quem a amargura aflige?" (v. 20). No contexto atual, trata-se de uma pergunta retórica. Consoante o conteúdo, a frase interrogatória contém uma pesada censura, dirigida a Deus, sem que este seja interpelado diretamente: Deus concede a vida às pessoas que nela não experimentam senão miséria e amargura. Para que isso? Deus é um sádico, que se alegra em torturar as pessoas sem motivo? A pergunta permite, porém, ao mesmo tempo, uma segunda interpretação: a frase: "Por que ele concede luz ao miserável e vida a quem a amargura aflige?" pode também ser compreendida como expressão da esperança: Deus concede luz ao que caiu na miséria e vida (nova) ao amargurado – em correspondência à confissão do orante do Sl 27[26],1: "Iahweh é minha luz e minha salvação: de quem eu terei medo? Iahweh é a força da minha vida: perante quem tremerei?". A pergunta indaga pelo *motivo* ("Por quê?") de um tal agir divino, e a sugestão de resposta seria: Deus age assim sem motivo, ele é bom – por pura graça. Todavia, *esta* interpretação ainda não se torna verdadeira para Jó.

Nos vv. 20-26 Jó indaga pelo sentido de uma vida humana atingida pelo sofrimento. Ainda parece pressupor que exista uma vida sem sofrimento. Mais tarde ele abandonará tal pressuposição (7,1-2). Em Jó 3, Deus ainda não é interpelado diretamente. Contudo, ele ainda será denominado aquele que concede luz ao miserável (v. 20) e que "embarga o caminho" do ser humano (v. 23).

Quem sucumbe sem que não seja culpado? (4,1-11)

1 Então Elifaz de Temã respondeu dizendo:

2 Se alguém te dirigisse a palavra, perderias a paciência?
Porém, quem pode refrear-me as palavras?

3 Tu que a tantos davas lições
e fortalecias os braços desfalecidos,

4 com tuas palavras levantavas o trôpego
e sustentavas joelhos cambaleantes.

5 E hoje que é a tua vez, vacilas?
Perturbas-te, hoje, quando tudo cai sobre ti?

6 Teu temor (de Deus) não é tua segurança,
tua esperança não é uma vida íntegra?

7 Recordas-te de um inocente que tenha perecido?
Onde já se viu que justos fossem exterminados?

8 Eu vi bem: Aqueles que cultivam a desgraça e semeiam o sofrimento
são também os que os colhem.

9 Ao sopro de Deus perecem,
são consumidos pelo sopro de sua ira.

10 O rugido do leão e a voz do leopardo,
    e os dentes dos filhos são quebrados:

11 Morre o leão por falta de presa,
    e as crias da leoa se dispersam.

O lamento de Jó não fica sem resposta. O primeiro dentre os amigos a tomar a palavra é Elifaz de Temã. Seu discurso encerra, basicamente, todos os motivos, temas e argumentos que serão retomados, aprofundados e desenvolvidos nos discursos subsequentes dos amigos. Até certo ponto, Elifaz é o porta-voz do grupo. Ele apresenta os temas, passa a deixa aos amigos. Seu primeiro discurso pode ser articulado em cinco seções: 4,2-11; 4,12-21; 5,1-7; 5,8-16; 5,17-27.

Elifaz dirige-se diretamente a Jó. Ele começa de forma cautelosamente indagadora. Pelo menos esta é uma das possíveis interpretações do v. 2a: "Se alguém te dirigisse a palavra, perderias a paciência?". Ao mesmo tempo, Elifaz enfatiza a premência de seu discurso. A lamentação de Jó não pode ficar sem resposta (v. 2b). O desenvolvimento do discurso de Elifaz é, a princípio, basicamente voltado para as fontes – dir-se-ia hoje. Ele recorda a Jó o tempo em que ele era "forte", até mesmo tão forte que podia ajudar a outros: "Tu que a tantos davas lições e fortalecias os braços desfalecidos, com tuas palavras levantavas o trôpego e sustentavas joelhos cambaleantes" (vv. 3-4). Jó aparece aqui como mestre e pastor bem-sucedido, que estava em condições de ajudar outras pessoas em situações de crise. Esse Jó, porém, pertence ao passado. Agora é a vez dele. E eis que ele desmorona. O v. 5 pode ser encorajamento e censura ao mesmo tempo: "E hoje que é a tua vez, vacilas? Perturbas-te, hoje, quando tudo cai sobre ti?". Entendida como repreensão, relembra a frase de Mt 27,42: "A outros salvou, a si mesmo não pode salvar!".

No que se segue, Elifaz apela à coragem de Jó. Na verdade, na consolação não passa inaudível uma censura entrelinhas, pelo menos uma exortação: "Teu temor não é tua segurança, tua esperança não é uma vida íntegra?" (v. 6). "Temor" aqui significa temor de Deus, aquela atitude fundamental da fé e da piedade que caracteriza um justo como Jó (cf. 1,1; 1,8; 1,22; 2,10). Elifaz recorda a Jó as fontes a partir das quais ele viveu até hoje: fé justa ("temor") e conduta moral justa. Elas lhe deram "segurança e esperança" (v. 6). Agora que o caso se torna sério, elas ameaçam secar-se? Era apenas uma aparência piedosa?

Após este primeiro discurso introdutório, em certa medida pastoral, formado pelo par consolação-exortação, Elifaz posiciona-se de maneira fundamental nos vv. 7-11. Ele recorre ao tesouro de experiência da sabedoria e alude a um tema que pervaga o Livro de Jó como um fio vermelho. Na exegese veterotestamentária nós o denominamos "nexo ato-consequência". Este afirma: a condição do ser humano depende de sua conduta. Quem pratica o bem, a este tudo corre bem; quem faz o mal, a este acontece o mal (cf. Pr 10,2; 12,3). A esta altura, Elifaz ainda não acusa diretamente Jó de ter feito o mal – isso só acontecerá mais tarde –, mas ele lhe traz à memória um princípio fundamental do ensinamento sapiencial bíblico: "Recordas-te de um inocente que tenha perecido? Onde já se viu que justos fossem exterminados?" (v. 7). Elifaz vê confirmado este "dogma" mediante sua experiência pessoal: "Eu vi bem: aqueles que cultivam a desgraça e semeiam o sofrimento são também os que os colhem" (v. 8). Elifaz representa aqui o mestre sapiencial ideal, à medida que em sua pessoa se concentram o ensinamento tradicional (v. 7) e a experiência pessoal (v. 8). O nexo ato-consequência – conforme Elifaz –, no fim das contas, será mantido em equilíbrio por Deus: seu sopro, sua ira varrem os malfeitores (v. 9). O ensinamento é comprovado e assegurado mediante uma imagem impressionante, tirada do mundo animal (vv. 10-11). De agora em diante – inicialmente de forma implícita – põe-se a questão: Jó deve sofrer porque incorreu em alguma culpa? Cometeu alguma falha, da qual ele não está absolutamente consciente?

Será justo um mortal perante Deus? (4,12-21)

12 Ouvi furtivamente uma revelação,
    meu ouvido apenas captou seu murmúrio:

13 numa visão noturna de pesadelo,
    quando a letargia cai sobre o homem,

14 um terror apoderou-se de mim e um tremor,
    um frêmito sacudiu meus ossos.

15 Um sopro roçou-me o rosto
    e provocou arrepios por todo o corpo.

16 Estava parado – mas não vi seu rosto –,
    qual fantasma diante dos meus olhos,
    um silêncio... depois ouvi uma voz:

17 "Pode o homem ser justo diante de Deus?
    Um mortal ser puro diante do seu Criador?

18 Dos próprios servos ele desconfia,
    até mesmo a seus anjos verbera o erro.

19 Quanto mais aos que moram em casas de barro,
    cujos fundamentos se assentam sobre o pó!
    Serão esmagados mais depressa do que a traça;

20 esmigalhados entre a manhã e a noite,
    perecem para sempre, pois ninguém os traz de volta.

21 O esteio de sua tenda é arrancado,
    e morrem sem sabedoria".

Se no início de seu discurso (4,1-11), Elifaz referiu-se a um ensinamento acessível a todas as pessoas (4,7), o qual, até certo ponto, pode ser comprovado pela experiência (4,8), de igual modo agora ele evoca uma revelação noturna que lhe fora transmitida pessoalmente no sonho. O texto contém uma série de alusões a textos conhecidos da Sagrada Escritura que narram como figuras-chave da tradição bíblica, tocadas pelo divino, experimentaram em si uma progressiva transformação, ou como lhes foi comunicada uma experiência que contrariava e despedaçava suas expectativas. Trata-se de Adão, Abraão e do profeta Elias. Iahweh-Deus fez cair um "profundo sono" (*tardemā*) sobre o primeiro ser humano (*'ādām*), a fim de tomar-lhe uma de suas costelas e com ela modelar uma mulher (Gn 2,21). Desta maneira, o ser humano (*'ādām*) tornou-se homem (*'īš*) e mulher (*iššā*) Quando Deus faz uma aliança com Abraão, ele lhe revela num profundo sono (*tardemā*), "ao pôr do sol", o futuro de sua descendência (Gn 15,12-16). Aqui também, semelhantemente a Jó 4,13, trata-se de uma visão (Gn 15,1), e de um "medo terrível" que sobreveio a Abraão (Gn 15,12). Em ambos os casos, aliás, a versão grega da Bíblia (*Septuaginta*) traduz a palavra "sono profundo" por *ekstasis* "êxtase", literalmente "estar-fora-de-si".

Além do mais, revelação em sonhos, descrita por Elifaz, evoca à memória aquela experiência que foi comunicada ao profeta Elias na montanha do Senhor, o Horeb. Também ali se encontra o nexo singular entre "voz" e "silêncio": Iawheh não estava na tempestade, nem no tremor, nem no fogo, "mas após o fogo, uma voz de um silêncio adejante" – traduz Martin Buber 1Rs 19,12. Destarte, a descrição de Elifaz nos versículos 12 a 16 dá a entender claramente que lhe fora comunicada uma revelação noturna, em um sonho, mesmo que as palavras "Deus" ou "Iahweh" não apareçam, o que torna a cena ainda mais misteriosa. Elifaz *vê* algo e *ouve* algo. São-lhe comunicadas uma *visão* e uma *audição*. O decisivo para o desenrolar posterior da discussão é o que ele ouve.

A amplamente prefaciada, dramaticamente apresentada consolidação da palavra comunicada, a seguir, em uma revelação noturna, tem suas razões. Com efeito, o que se diz posteriormente é, sob o pano de fundo da antropologia ("teoria do humano") bíblica, algo monstruoso. Inicialmente, ainda parece um pouco discreto – sob a forma de uma pergunta retórica: "Pode o homem ser justo diante de Deus? Um mortal ser puro diante do seu Criador?" (v. 17). A afirmação ultrapassa o que foi dito em 4,7-8. O ser humano pode incorrer no mal perante Deus não somente mediante uma atitude pessoal falha (4,7-8): ao contrário, como "homenzinho" criado, ele *é* impuro diante de Deus (v. 17). A partir de si mesmo, ele nada tem a partir de que pudesse reivindicar algum direito perante Deus. A distância entre criador e criatura é infinitamente grande. A carência humana de justiça e de pureza fundamenta-se – independentemente de sua conduta – em sua criaturalidade. Se até os anjos de Deus são falhos (v. 18), quanto mais um ser humano mortal!

O que se quer dizer com isto é desenvolvido no que se segue. O ser humano – assim poderíamos parafrasear hoje a afirmação do v. 19 –, no fundo, não passa de um grão de poeira no universo. Os seres humanos são esmagados mais rapidamente do que traças (v. 19), eles perecem para sempre (v. 20). Não admira que Elifaz tenha sido acometido de temor e tremor, que o tenha invadido um medo inquietante (v. 14) quando recebeu esta mensagem da nulidade, tanto mais que ele havia escutado outra coisa da tradição. De fato, segundo esta, o ser humano teria sido criado à imagem de Deus (Gn 1,26-27). Deus pensaria no ser humano e cuidaria dele: "E o fizeste pouco menor do que um deus, coroando-o de glória e de beleza. Para que domine as obras de tuas mãos, sob seus pés tudo colocaste" (Sl 8,6-7). Por acaso o destino de Jó não mostra que tais belas palavras não passam de engano, de uma ilusão que não resiste à realidade? A morada do ser humano é uma "casa de barro", fundada no pó (cf. Gn 2,7; 3,19), que desaba facilmente (v. 19). Ela mora em uma tenda cujas amarras são arrancadas (v. 21; cf. Is 38,12). Será que o problema de Jó consiste em que ele se toma demasiadamente a sério? Não percebe ele que não passa de uma débil criatura? Não deveria ele aprender a afinar-se com o processo do tornar-se e do desfazer-se? "Serão esmigalhados entre a manhã e a noite" (v. 20).

Haverá quem te possa responder? (5,1-7)

1 Grita, para ver se alguém te responde.
   A qual dos santos te dirigirás?

2 Porque o despeito mata o estulto
   e o ciúme causa a morte ao imbecil.

3 Vi um estulto deitar raízes
   e num momento eu amaldiçoei sua casa:

4 que seus filhos sejam privados de socorro,
   pisados à Porta, sem que ninguém os defenda.

5 O faminto comerá a messe dele,
   e Deus lha arrancará de entre presas,
   e os sedentos cobiçarão os bens.

6 Pois a miséria não nasce do pó,
   e a fadiga não brota da terra.

7 Mas o homem nasceu para o sofrimento,
   como as faíscas sobem para o alto.

O discurso de Elifaz pode ser articulado em cinco partes. Os versículos 5,1-7, a serem interpretados aqui, encontram-se precisamente no centro. Elifaz dirige-se diretamente a Jó: "Grita, pois!". Na verdade, seu conselho tem um quê de ironia, como o dá a entender inequivocamente a pergunta retórica seguinte: "Haverá quem te possa responder?". Com isso se alude a uma questão que pervaga o Livro por inteiro: Jó encontrará alguém que lhe dê uma resposta? Aliás, haverá alguém que possa responder a Jó? No final de seu último grande discurso, Jó expressa abertamente seu desejo: "Oxalá houvesse quem me ouvisse! Esta é minha última palavra: que me responda o Todo-Poderoso!" (31,35). No diálogo entre Jó e seus amigos muitas respostas são dadas. Com o começo do primeiro discurso de Elifaz (4,1), cada um dos discursos é introduzido com a seguinte frase de conteúdo idêntico: "Então... *respondeu* dizendo". No entanto, dentre as diversas respostas não se acha nenhuma que realmente satisfaça a Jó.

Elifaz parece considerar um empreendimento inútil a exigência de Jó por uma resposta. Com isso ele se distancia novamente das testemunhas abalizadas da tradição bíblica em torno da oração. Nos Salmos encontram-se inúmeras testemunhas de "respostas" que Deus concedeu a um orante que "clamou" por ele: "Na angústia eu *gritei* a Iahweh: ele me *respondeu* e me aliviou" (Sl 118[117],5). Tais experiências não deveriam mais ser possíveis?

A esperança daquele que reza cai no vazio quando ele diz: "*Eu clamo a ti, pois tu me respondes, ó Deus!*" (Sl 17[16],6)? Por certo a tradição bíblica em torno da oração conhece perfeitamente a experiência de uma resposta de Deus que não veio: "Meu Deus, *grito* de dia, e não me *respondes*, de noite, e nunca tenho descanso" (Sl 22[21],3). Contudo, até mesmo aqui o clamor orante não respondido do indivíduo permanece integrado numa história--salvífica de seu povo, a qual desperta confiança e abre à vida: "Nossos pais confiavam em ti, confiavam e tu os salvavas" (Sl 22[21],5).

O discurso acerca dos santos, em 5,1, soa estranho para a tradição veterotestamentária: "A qual dos santos te dirigirás?". Aqui, possivelmente, pressupõe-se, mais uma vez (cf. 1,6), uma corte celeste. Um suplicante dirige-se a "santos", a servos de Deus, a fim de apresentar a Deus, por meio deles, uma petição. Elifaz parece dar a entender que nenhum dos servos de Deus tem a competência para tratar dos interesses representados por Jó. Assim, o v.1 poderia ser compreendido não somente a partir da tradição em torno da oração, mas também sob a ótica da práxis do direito (cf. Is 59,4; Mq 6,2).

A queixa de Jó cai no vazio porque seu sofrimento simplesmente é congênito à sua condição de ser humano. Foi isto que Elifaz tentou deixar claro nas palavras precedentes de seu discurso (4,17-21). O ser humano não passa, pois, de um ser mortal e débil. Isso se torna claro na carência e na enfermidade. É sinal de estultice revoltar-se contra isso ou recusar-se a crer nisso (v. 2). Certa revolta inicial, quando irrompe a adversidade, é compreensível. Agora, o que importa é que Jó se controle. Se Jó continuar a comportar-se como até agora, espera-o o destino do estulto. Quase como uma advertência é que Elifaz coloca diante dos olhos de Jó a situação do homem insensato: pode até dar-se o caso de um néscio, temporariamente, "alcançar *status*" – diríamos hoje ("deitar raízes", v. 3a); no entanto, com o tempo, seu esquema de vida está condenado à falência (v. 3b). As consequências de sua má conduta aparecem no mais tardar em seus filhos (v. 4). Sua herança desintegra-se (v. 5). Aqui, de maneira impressionante, Elifaz expressa a experiência de que o mau comportamento humano, *com o tempo*, não compensa. Não raro, as desastrosas consequências irrompem já nas gerações seguintes.

Os versículos 6 e 7 não são de fácil compreensão. Talvez queiram dizer o seguinte: a adversidade, a fadiga que o ser humano experimenta não estão ligadas aos comportamentos exteriores. Elas "não nascem do pó, não brotam da terra" (v. 6), mas fazem parte da natureza do próprio ser humano, são conaturais ao seu nascimento (v. 7a). Isso é tão natural quanto a faísca que o fogo emite (v. 7b). É simplesmente estúpido enervar-se contra isso. "Não se agite, Jó!" – assim se poderia resumir esta parte do discurso de Elifaz: "Jó, acalme-se!".

Desesperançadamente correto (5,8-16)

8 Mesmo assim eu recorreria a Deus,
 a Deus entregaria a minha causa.

9 Ele faz prodígios insondáveis,
 maravilhas sem conta:

10 Dá chuva à terra,
 envia as águas sobre os campos,

11 para os humildes poderem erguer-se
 e os abatidos pôr-se a salvo.

12 Leva ao malogro os projetos dos astutos,
 para que fracassem suas manobras.

13 Ele apanha os sábios na astúcia deles
 e o conselho dos errados torna-se irrefletido.

14 Em pleno dia eles caem nas trevas,
 e ao meio dia andam às apalpadelas como de noite.

15 Ele salva da sua boca o homem arruinado,
 e o indigente das garras do forte;

16 assim o fraco terá esperança,
 e a injustiça fechará a boca.

Elifaz dá a Jó um duplo conselho: ele poderia terminar com sua queixa (5,1-7) e, em lugar dela, consultar Deus (5,8). De fato, no capítulo 3 Jó outra coisa não fez senão lamentar-se. Agindo assim, não se voltou para Deus. Nisso Elifaz entrevê evidentemente uma falha grave. Pressente aí um perigo: quem assim se queixa desmesuradamente, como Jó, corre o risco de sofrer o destino de um estulto, que, mediante a ira e a ebulição descontrolada de emoções, conduz a si mesmo para a ruína (5,2). Elifaz gostaria de dar uma orientação às palavras de Jó – rumo a Deus. Ele não se acanha de falar de Deus, também perante o sofredor. Por cinco vezes Elifaz emprega a palavra "Deus" (isto é, "Onipotente") em seu discurso.

Elifaz parece dirigir-se a Jó empaticamente. Seu conselho é dado indiretamente. Ele procura colocar-se no lugar de Jó: "Mesmo assim *eu* recorreria a Deus" (v. 8). Com isso, Elifaz recorre à venerável tradição da inquirição com Deus. Em situações de crises pessoais ou políticas, o fiel volta-se para Deus. Ele pede informação em situações difíceis de tomada de decisão, mas também salvação de alguma adversidade. O rei Josias envia um grupo de emissários à profetisa Hulda, a fim de indagar o Senhor por meio dela: "Ide consultar a Iahweh por mim e pelo povo, a respeito das palavras deste livro que acaba de ser encontrado" (2Rs 22,13). Ben-Adad, o rei de Damasco, que jazia doente, manda consultar o Senhor, através do profeta Eliseu, se ele se recuperaria daquela enfermidade (2Rs 8,8). Em tempos posteriores, "consultar a Deus" podia significar simplesmente: dirigir-se a Deus em oração. "Procurei a Iahweh e ele me atendeu, e dos meus temores todos me livrou" (Sl 34[33],5). Essas e outras experiências análogas poderiam ser condensadas num dogma: "Tu, Senhor, não abandonas os que te procuram (os que indagam por ti)" (Sl 9[9A],11). Quando Elifaz aconselha Jó a consultar Deus em sua tribulação, então, com isso, ele se coloca plena e completamente dentro da comprovada tradição bíblica de fé.

Pedido de informação e de salvação da angústia – ambos os aspectos ressoam no conselho dado por Elifaz. Este fundamenta seu conselho com uma glorificação (hino) a Deus (v. 9-16). As afirmações que ali ele faz a respeito de Deus estão profundamente enraizadas na tradição bíblica – tanto do Antigo quanto do Novo Testamento: somente Deus realiza grandes maravilhas (Sl 136[135],4), ele irriga a terra lá de suas altas moradas (cf. Sl 65[64],10; 104[103],13). Ele se coloca ao lado dos enlutados e pobres. Ele provê às suas necessidades: "Levanta do pó o fraco e do monturo o indigente" (1Sm 2,8). "Sua misericórdia perdura de geração em geração para aqueles que o temem... e a humildes exaltou" (Lc 1,50.52). "Ele guarda o passo dos que lhe são fiéis, mas os ímpios desaparecem nas trevas" (1Sm 2,9; cf. Jó, 5,14.16).

No hino proclamado por Elifaz, a palavra *jascha* desempenha um papel especial. Aparece três vezes (vv. 11, 12, 15) e significa: resgate, ajuda, salvação, sorte. A palavra também está enrustida nos nomes próprios *Isaías* ("Iahweh salva/Iahweh é resgate") e *Jesus* ("Iahweh salva/Iahweh é resgate"; cf. Mt 1,21), bem como na invocação *Hosianna* ("Salva/ajuda, pois!"; cf. Sl 118[117],25). Evidentemente, Elifaz saca da grande tradição hínica de sua fé uma acertada escolha. Ele a harmoniza cuidadosamente com a situação de diálogo. Ele recolheu afirmações que anunciam esperança e salvação. Com isso ele indica a Jó uma saída para sua miséria: o Deus a quem ele pode dirigir-se é um Deus que ajuda os enlutados a terem uma nova sorte (v. 11) e que infunde esperança ao que caiu em desgraça (v. 16).

Assim, pode-se, desembaraçadamente, admitir: tudo o que Elifaz diz está correto. Teologicamente, não há nada a objetar. Elifaz é ortodoxo. No entanto, há algo que inquieta em sua fala. No final da história, Deus critica Elifaz e seus amigos: "Estou indignado contra ti e teus dois companheiros, porque não falaste corretamente de mim (a mim), como o fez meu servo Jó" (42,7). Existem formas de assistência religiosa e de anúncio que são desesperançadamente corretas?

A pedagogia divina do sofrimento (5,17-27)

17 Ditoso o homem a quem Deus corrige:
não desprezes a lição do Todo-Poderoso,

18 porque ele inflige dores, mas enfaixa [as feridas]
golpeia e cura com suas mãos.

19 De seis perigos te salva,
e no sétimo não sofrerás mal algum.

20 Em tempo de fome livrar-te-á da morte
e, na batalha, dos golpes da espada.

21 Esconder-te-ás do açoite da língua,
e, ainda que chegue a pilhagem, não temerás.

22 Zombarás da pilhagem e da fome,
e não temerás os animais selvagens

23 Farás uma aliança com as pedras do campo,
e o animal selvagem estará em paz contigo.

24 Conhecerás que tua tenda é (está em) paz,
visitarás teus apriscos, onde nada faltará.

25 Conhecerás uma descendência numerosa
e teus rebentos serão como a erva do campo.

26 Baixarás ao túmulo bem maduro,
como um feixe de trigo recolhido a seu tempo.

27 Foi isto o que observamos. E é de fato assim.
Quanto a ti, escuta-o e aproveita-o.

Na primeira parte de sua extensa resposta à queixa de Jó, Elifaz toca em um novo tema: a pedagogia divina do sofrimento. Ele considera ditoso *o* ser humano "a quem Deus corrige" (v. 17a), e ele estimula Jó a "não desprezar a lição do Todo-Poderoso" (v. 17b). Com isso, pela primeira vez no Livro de Jó, alude-se a um tema que exige uma cuidadosa interpretação. Nessa passagem, Elifaz acena ao assunto mui brevemente. Mais tarde, Eliú, o quarto amigo, retomá-lo-á e o desenvolverá amplamente (32–37). Quando da interpretação de seus discursos, voltaremos a ocupar-nos detalhadamente deste tema.

Em comparação com Eliú, Elifaz trata o tema de forma um tanto xilográfica. Ele recorre a comprovadas formas de expressão da sabedoria: à fundamentada bem-aventurança (vv. 17-18), ao assim chamado provérbio numérico gradual (vv. 19-23). Ele começa com uma bem-aventurança. A tradução grega da Bíblia (*Septuaginta*) emprega aqui a mesma palavra usada nas bem-aventuranças do Sermão da Montanha: *Makarios* (*Vulgata*: *beatus*) – "feliz, bem-aventurada a pessoa". De acordo com Elifaz, no fundo Jó não deve ser lamentado, mas felicitado. O que acontece a Jó é um tipo de educação. A palavra hebraica empregada aqui – *musar* ("disciplina, educação, formação") – encontra-se, sobretudo, em textos que falam da educação de jovens (Pr 1,2; 8,10; 13,24; 23,13). Na tradução grega da Bíblia, frequentemente a palavra é traduzida por *paideia*, de onde provém a palavra "pedagogia". A tradução latina da Bíblia fala de *disciplina*. A educação dos jovens tem dois lados: um doloroso e outro terapêutico. Consoante a concepção bíblica, as dores inerentes à educação são inevitáveis, se a pessoa quiser atingir aquela postura a partir da qual ela possa agir corretamente perante os desafios da vida. Do contrário, ela se arruinará na amorfia. Nesse caso, a literatura sapiencial veterotestamentária deve argumentar contra a aparência: golpes – como quer que se entendam – não são, como querem as aparências, expressão de ódio, mas de amor – uma visão não aceitável para a pedagogia contemporânea: "Quem poupa a vara odeia seu filho, aquele que o ama aplica a disciplina" (Pr 13,24). Servindo-se deste conceito, difuso em diversas culturas da Antiguidade e dado como plenamente evidente naquele tempo, Elifaz volta-se para Jó a fim de fazê-lo compreender seu sofrimento: aquilo que ele agora experimenta é uma forma de educação divina, que vale a pena ser aceita. Por certo Deus golpeia, mas seus golpes não pretendem machucar ou matar, mas curar e salvar (cf. Pr 3,11-12; Hb 12,5-6). A aceitação e o padecimento dessa forma de disciplina divina levá-lo-ão àquela maturidade ("como um feixe de trigo recolhido a seu tempo" – v. 26b) que possibilitará a ele e a sua descendência uma vida em paz e em segurança (vv. 24-26). Com o auxílio do provérbio numérico gradual, apreciado pela literatura sapiencial bíblica, Elifaz cita sete (seis mais uma) tribulações das quais o Todo-Poderoso salvará (vv. 19-23): fome, guerra, maledicência, devastação, penúria (com muita probabilidade, o v. 22 foi introduzido posteriormente por um escriba), feras selvagens, pedras do campo (cf. Sl 91[90]).

Elifaz entende do assunto. Ele se coloca conscientemente na tradição de sua comunidade: "Nós o escutamos" (v. 27b, de acordo com a tradução da *Septuaginta*). Ao mesmo tempo, mediante pesquisa pessoal, ele encontrou confirmação do ensinamento que ele transmitira a Jó: "Foi isto que observamos. E é de fato assim!" (v. 27a). Elifaz parece ser o mestre ideal, que pode tocar de maneira soberana e brilhante o teclado da tradição teológica. Agora, resta apenas que Jó reconheça e admita a verdade deste ensinamento (v. 27b). Contudo, o "bem-aventurado Jó (*beatus Job*)" – como o chama o Papa Gregório Magno – não concorda.

O pavor de Deus (6,1-13)

1 Jó tomou a palavra e disse:

2 Ah, se pudessem pesar minha aflição
e pôr na balança meu infortúnio,

3 seriam mais pesados que a areia do mar,
por isso as minhas palavras são desvairadas.

4 Levo cravadas as flechas do Todo-Poderoso
e sinto absorver seu veneno.
Os terrores de Deus assediam-me.

5 Porventura zurra o asno quando tem erva?
Ou muge o boi diante da forragem?

6 Come-se um manjar insípido, sem sal?
A clara de ovo tem algum sabor?

7 Ora, o que meu apetite recusa tocar,
isso é a minha comida de doente.

8 Oxalá se cumprisse o que pedi,
e Deus concedesse o que espero:

9 que se dignasse esmagar-me,
que soltasse sua mão e me suprimisse.

10 Seria até um consolo para mim:
    torturado sem piedade, saltaria de gozo,
    pois não reneguei as palavras do Santo.

11 Que forças me sobram para resistir?
    Que destino espero para ter paciência?

12 É minha força a força das pedras,
    ou é de bronze minha carne?

13 Teria por apoio o nada,
    e toda ajuda não fugiu longe de mim?

Elifaz expôs um ensinamento adequado, teologicamente impressionante, pastoralmente refinado, sobre a situação de Jó. Este, porém, inicialmente não está de acordo. Ele não arreda o pé de si mesmo, firmando-se naquilo que agora lhe acontece, naquilo que ele agora experimenta. E isso outra coisa não é senão dor, e ele não receia expressar em palavras tais "desvarios" (v. 3). Elifaz lhe havia sugerido desistir de sua queixa (5,1) e voltar-se inquisitivamente para Deus (5,8). Jó, no entanto, continua a queixar-se. Ele se queixa *de* Deus (6,1-13) e se queixa *a* Deus (7,11-21).

No primeiro parágrafo de sua resposta (6,1-13), pela primeira vez Jó menciona Deus como causador de seu sofrimento: "Levo cravadas as flechas do Todo-Poderoso... os terrores de Deus assediam-me" (v. 4). Nisso ressoa a tremenda tensão que uma confissão de fé monoteísta ("fé-em-um-só-Deus") deve manter: o bem e o mal não podem ser atribuídos a diversos deuses. Um deus fere, outro sana a ferida – com tal atribuição de funções, o politeísmo (crença em diversos deuses) procura justificar as multifacetadas e amiúde repugnantes experiências humanas, permanentemente em tensão entre si. Em contrapartida, o monoteísmo bíblico confessa: o mesmo Deus fere e enfaixa a ferida (5,18). "Sou eu quem mato e faço viver" (Dt 32,39). Agora Jó conhece este Deus, um "Deus agressor".

Com imagens tiradas do mundo animal (v. 5) e da cultura alimentícia (v. 6), Jó enfatiza que ele lamenta não sem razão. Pela primeira vez ele parece esperar ajuda da parte de Deus. Contudo, o desejo soa paradoxal: se Deus se dignasse matá-lo (v. 9), "seria até um consolo para mim" (v. 10). Mais uma vez, diante dos olhos, surge a morte como solução (cf. 3,11.21). No entanto, desta feita o horizonte se dilata: Jó sente que a morte libertadora só pode ser dada por Deus. Este Deus, porém, nega-se. Jó experimenta-o como terrível, pois ele o tortura mas *não* o mata. As imagens lembram os tormentos de Tântalo e de Sísifo na mitologia grega. Ambos foram impie-

Decadência (Jó 3-14)

dosamente castigados porque desejaram para si uma vida com a dos deuses. Tântalo permanece no mundo inferior, nas águas, mas não pode beber delas, pois a cada vez que o tenta elas se retraem. Sísifo é obrigado a rolar um bloco de pedra montanha acima, mas imediatamente antes de alcançar o cume a pedra despenca novamente no vale (*Odisseia* 11, 582-600). Seria o Deus de Israel tão terrível quanto os deuses gregos? Seriam ilimitadas as forças de Jó para que ele pudesse suportar uma tortura que não tem fim (vv. 11-13)?

Incredulidade (6,14-30)

14 O desanimado tem direito ao amor do amigo
    mesmo quando ele não mais teme ao Todo-Poderoso.

15 Meus irmãos atraiçoaram-me como uma torrente,
    como canais de um rio que transborda,

16 tornando-se turvo pelo degelo
    e arrastando consigo a neve.

17 No tempo de verão, porém, desaparece,
    ao vir o calor extingue-se em seu leito.

18 As caravanas desviam-se de sua rota,
    penetram no deserto e nele se perdem.

19 As caravanas de Tema procuram-no,
    e os mercadores de Sabá contam com ele:

20 mas fica turbada sua esperança,
    ao encontrá-lo ficam decepcionados.

21 Tal sois para mim agora;
    À vista do horror, ficais com medo.

22 Porventura disse eu: "Dai-me algo?
    Resgatai-me com a vossa fortuna?

23 Arrancai-me da mão de um opressor?
    Resgatai-me da mão dos tiranos"?

24 Instruí-me e guardarei silêncio,
    fazei-me ver em que me equivoquei.

25 Como são agradáveis as palavras justas!
    Porém, como podeis censurar-me e repreender-me?

26 Pretendeis criticar palavras,
    considerar como vento as palavras de desesperado?

27 Seríeis capazes de leiloar um órfão,
   de traficar o vosso amigo.

28 Agora, voltai-vos para mim:
   mentiria diante de vós?

29 Voltai atrás, por favor: não haja falsidade;
   voltai atrás, porque justa é a minha causa.

30 Há falsidade em meus lábios?
   Meu paladar não poderá distinguir o mal?

Na segunda parte de seu discurso (6,14-30), Jó manifesta sua decepção em relação aos amigos. Logo na primeira frase encontra-se a chave que nos abre o acesso à complexa problemática de relacionamento entre Jó e seus amigos. "O desanimado tem direito ao amor do amigo mesmo quando ele não mais teme ao Todo-Poderoso" (tradução do nada fácil texto hebraico, desta vez distanciando-se da Bíblia de Jerusalém). Evidentemente, o próprio Jó se dá conta de que ele não mais teme a Deus. Tornou-se incrédulo. Um verdadeiro amigo, porém – assim como Jó – não abandonaria o amigo na penúria, mesmo que este se tenha tornado descrente. Em nosso tempo, às vezes débil na fé mas afeiçoado a uma descompromissada filantropia, essa frase de Jó deveria encontrar amplo assentimento: amizade é mais importante do que fé. A coisa, porém, não é tão fácil assim, quando pomos diante dos olhos a amplidão dos testemunhos bíblicos de Deus. A verdade do amor deveria ser sacrificada? Deve-se guardar silêncio quando se fazem discursos blasfemos contra Deus? (cf. Jó 11,1-6)? No Livro do Deuteronômio adverte-se claramente: "Se... teu amigo, que é como tu mesmo, quiser te seduzir secretamente, dizendo: 'Vamos servir a outros deuses'... não lhe darás consentimento, não o ouvirás, e que teu olho não tenha piedade dele; não uses de misericórdia e não escondas o seu erro" (Dt 13,7-9).

No Livro de Jó, parece surgir outro tipo de incredulidade. Trata-se de uma etapa importante no itinerário para o verdadeiro Deus. Muitos piedosos intimidam-se diante de tal incredulidade. Assim também os amigos de Jó. É demais para eles. Dizem, pois: "Não!" (v. 21). Jó, no entanto, parece experimentar que o "caminho piedoso" para ele, agora, não leva adiante. Seus amigos são "enganadores... como torrentes que transbordam" (v. 15). Jó esperava deles ajuda interior, não exterior (vv. 22-24). Contudo, eles não estão em condições de garantir-lhe tal. Jó permanece fiel à verdade de sua incredulidade. Não é ele que deve voltar atrás, seus amigos é que devem converter-se, pois ele sabe que tem razão (v. 29). Verdadeira amizade ao amigo consistiria em percorrer juntos esse caminho, "contemplar o horror" e *não* tremer (cf. v. 21). Então tornar-se-ia claro que o caminho da verdade é ao mesmo tempo a via do amor. "Voltai-vos para mim: mentiria diante de vós?" (v. 28).

Decepcionado com a vida (7,1-11)

1 Não está o homem condenado a trabalhos forçados aqui na terra?
  Não são seus dias os de mercenário?

2 Como o escravo suspira pela sombra,
  como o mercenário espera o salário,

3 assim tive por herança meses de ilusão,
  e couberam-me noites de pesar.

4 Quando me deito, penso: "Quando virá o dia?".
  Ao me levantar: "Quando chegará a noite?".

5 Meu corpo cobre-se de vermes e pústulas,
  a pele rompe-se e supura.

6 Meus dias correm mais rápido do que a lançadeira
  e consomem-se sem esperança.

7 Lembra-te que minha vida é sopro,
  e que meus olhos não voltarão a ver a felicidade.

8 Os olhos de quem me via não mais me verão,
  teus olhos pousarão sobre mim e já não existirei.

9 Como a nuvem se dissipa e desaparece,
  assim quem desce ao Xeol não subirá jamais.

10 Não voltará para sua casa,
  sua morada não tornará a vê-lo.

11 Por isso, não refrearei minha língua,
  falarei com espírito angustiado
  e queixar-me-ei com a alma amargurada.

O texto pertence às passagens mais conhecidas do Livro de Jó. Está prevista como leitura do Antigo Testamento para o 5º Domingo do Tempo Comum, do Ano Litúrgico B. O Evangelho deste domingo narra a cura da sogra de Simão, que jazia no leito, com febre, e da cura de diversos enfermos e endemoniados, que, "ao entardecer, quando o sol se pôs", foram levados até Jesus (Mc 1,29-39). As palavras de Jó interpelam-nos porque nelas, de maneira bem fundamental, expressa-se a fadiga da vida humana.

Jó já não fala mais apenas sobre *si mesmo,* mas *também* sobre o ser humano *propriamente dito*. No sofrimento de Jó fica evidente que a vida humana, no fundo, é vida saturada de sofrimento: "Não está o homem condenado a trabalhos forçados aqui na terra? Não são seus dias os de mercenário?" (v. 1). Com isso se têm em mente e se indicam experiências que certamente são familiares a cada ser humano que atinge determinada idade e ainda não perdeu completamente sua autopercepção. Afadigado e sobrecarregado é o ser humano. "Toda efemeridade é dolorosa", preconizava Shakyamuni Buddha, mais ou menos contemporâneo de Jó (cerca de 450-370 a.C.), em seu primeiro discurso diante de Benares. Ao conteúdo central da tradição budista, como a primeira das "Quatro Nobres Verdades", pertence o conhecimento da "verdade do sofrimento". No Cristianismo não é diferente, quando Pilatos apresenta aos judeus Jesus de Nazaré, coroado de espinhos, com as palavras: "Ecce homo – eis o ser humano!" (Jo 19,5).

Se voltarmos nossa atenção para o que se diz nos versículos 2 e 3 seguintes, perceberemos que o curso do pensamento vai mais fundo do que comumente pressupomos. Aqui não se trata do penoso trabalho do assalariado, mas da recompensa que não vem; não se trata do trabalho do escravo no calor do dia, mas da sombra restauradora não atingível. O ponto de comparação é a demorada espera, mais ainda: a decepção. O que abate o ser humano não são tanto as fadigas exigidas pela vida. O que deveras amargura a vida, aliás pode até envenená-la, é uma expectativa que sempre de novo se desperta, mas que é reiteradamente frustrada. "Tive por herança meses de ilusão", lamenta-se Jó (v. 3). A palavra hebraica *shaw*, traduzida por "decepção", abrange um vasto campo semântico: pode indicar algo nulo ou sem substância. "Meu povo, contudo, esqueceu-se de mim! Eles oferecem incenso ao Nada" (*shaw*), queixa-se Deus em Jr 18,15. Mas a palavra *shaw* pode também indicar a mentira e a fraude. No oitavo mandamento do Decálogo (os Dez Mandamentos) diz-se: "Não apresentarás falso testemunho (*shaw*) contra teu próximo" (Dt 5,20).

Jó foi enganado? De fato, à dor imediatamente sofrida pelas suas pesadas enfermidades (vv. 4 e 5) acrescenta-se a *decepção*. Comparando-se com a queixa inicial (capítulo 3), a razão de seu lamento mudou: se ali Jó desejava a morte como solução, lamentava que ela *não* vinha, aqui (capítulo 7) ele se queixa da brevidade de sua vida, uma vida "sem esperança" (v. 6). Jó parece sentir que "desceu ao mundo dos mortos" (v. 9), mas *agora* ele lamenta este caminho como passagem para uma terra sem retorno (v.

10). Parece tornar-se claro para ele o que realmente significa morrer. Esta é – ao lado da dor das torturantes enfermidades – a razão de seu lamento. Mais uma vez Jó confirma, contrariamente ao conselho de Elifaz (cf. 5,1-2), que ele não quer largar esta queixa (v. 11).

Com que Jó se decepcionou? Ele não nega que tenha experimentado a felicidade em sua vida. Agora ela desvaneceu-se, e ele lamenta que não mais voltará a vê-la (v. 7). Não residiria aqui a promessa não mantida de sua vida? Teria ele esperado felicidade *duradoura*? Com efeito, ao que parece, a vida desperta esperanças que ela logo frustra. A vida parece conter uma boa notícia que ela, a seguir, não comunica, porém. Ou Jó teria ouvido mal? Não se vê ele obrigado a ler *totalmente* o livro da vida?

Deus: um desprezador do ser humano? (7,12-21)

12 Acaso sou o Mar ou o Dragão,
para que ponhas um guarda contra mim?

13 Se eu disser: "Meu leito consolar-me-á
e minha cama aliviar-me-á"

14 então me assustas com sonhos
e me aterrorizas com visões.

15 Preferiria morrer estrangulado,
antes a morte que meus tormentos.

16 Eu zombo de mim, não viverei para sempre;
deixa-me, pois os meus dias são um sopro!

17 Que é o homem, para que faças caso dele,
para que dele te ocupes,

18 para que o inspeciones cada manhã
e o examines a cada momento?

19 Por que não afastas de mim o olhar
e não me deixas até que tiver engolido a saliva?

20 Se pequei, que mal te fiz com isso,
sentinela dos homens?
Por que me tomas por alvo?
E cheguei a ser um peso para ti?

21 Por que não perdoas meu delito
e não deixas passar a minha culpa?
Eis que vou logo deitar-me no pó;
procurar-me-ás e já não existirei.

Na quarta e conclusiva parte de seu segundo discurso, Jó dirige-se diretamente a um "tu". Quem seja este tu não se diz abertamente de forma alguma. Mas, a partir do contexto, só pode tratar-se de Deus. Em umas poucas vezes, nas palavras de Jó até agora, ressoa este tu divino (7,7-8); agora, porém, pela primeira vez, ele é invocado diretamente em uma passagem mais longa. Elifaz havia sugerido a Jó dirigir-se a Deus (5,8). Jó segue o conselho de seu amigo, só que de maneira *in-versa*. Ele não *interroga* Deus, como Elifaz lhe aconselhara, mas queixa-se dele. Na verdade – visto formalmente – ele apresenta inteiramente uma série de perguntas, mas trata-se de perguntas retóricas e, portanto, de acordo com a questão, nada mais que pesadas censuras. Jó se sente atacado por Deus (cf. 6,4) e agora, por sua vez, parte para o contra-ataque. Para Jó, Deus investe contra ele como contra um monstro (v. 12): na mundivisão veterotestamentária, mar e dragão representam os poderes caóticos, mantidos por Deus sob controle, a fim de que não devorem a vida sobre a terra (cf. Sl 74,13). Seria Jó tal monstro que precisa ser mantido sob controle pelo sofrimento? Se ele busca conforto em seu leito, então Deus o aterroriza (vv. 13-14). Mais uma vez Jó deseja a morte para si. Suas dores são-lhe insuportáveis (vv. 15-16). O que se diz, a seguir, é uma inversão daquilo que estamos acostumados a ouvir a partir da tradição de oração das Sagradas Escrituras. É a paródia de uma oração de petição. Se, normalmente, na aflição, o orante pede a Deus *que se volte para ele*, Jó, ao contrário, pede a Deus *que se afaste dele*. "Volta-te, Iahweh! Liberta-me!", reza o orante no Sl 6. "Atenta, Iahweh meu Deus! Responde-me!", diz o Sl 13(12),4. Jó, ao contrário: "Por que não afastas de mim o olhar e não me deixas em paz?" (v. 19) – ao menos por um breve momento (assim se deve entender a expressão "até que tiver engolido a saliva"). Jó experimenta a proximidade de Deus como ameaça, de fato, como ataque. Libertação deste Deus proporcionar-lhe-ia, certamente, alívio.

Nas palavras de Jó, traços fundamentais da antropologia e da teologia bíblica parecem ser colocados de cabeça para baixo. No Sl 8,5, o salmista reconhece, entre louvores e admiração, a dedicação de Deus ao ser humano em sua pequenez: "Que é um mortal, para dele te lembrares, e um filho de Adão, para vires visitá-lo (*paqad*)?" Na boca do Jó sofredor, a frase ressoa como uma caricatura de si mesmo: "Que é o homem, para que faças caso dele, para que dele te ocupes, para que o inspeciones (*paqad*) cada manhã e o examines a cada momento?" (vv. 17-18). Jó experimenta o voltar-se de Deus para ele como uma tortura. Ele está farto disso. Ele se tornou o alvo de Deus (v. 20; cf. 6,4: "Levo cravadas as flechas do Todo-Poderoso"). Seria o vigia do ser humano (v. 20), na verdade, um desprezador do ser humano? Na realidade de Jó, assim é. Estaria eliminada, com isso, a honra régio-divina atribuída ao ser humano no Sl 8? Dificilmente, se nos for permitido dizer, tendo em vista o final da história. Muito mais, no entanto: na figura de Jó nos é colocado diante dos olhos o preço a ser pago e qual incredulidade deve ser experimentada quando fazemos próprias as palavras ditas no Sl 8 a respeito do voltar-se de Deus para nós.

Deus é justo (8,1-22)

1 Baldad de Suás tomou a palavra e disse:

2 Até quando falarás dessa maneira?
As palavras de tua boca são um vento impetuoso.

3 Acaso Deus torce o direito,
ou o Todo-Poderoso perverte a Justiça?

4 Se teus filhos pecaram contra ele,
entregou-os ao poder de sua falta.

5 Quanto a ti, se buscas Deus,
se imploras ao Todo-Poderoso,

6 se és irrepreensível e reto,
desde agora ele velará sobre ti
e restaurará teu lugar e teu direito.

7 Teu passado parecerá pouca coisa
diante da exímia grandeza de teu futuro.

8 Pergunta às gerações passadas
e medita a experiência dos antepassados.

9 Somos de ontem, não sabemos nada.
Nossos dias são uma sombra sobre a terra.

10 Eles, porém, te instruirão e falarão contigo,
e seu pensamento dará as sentenças.

11 Acaso brota o papiro fora do pântano,
cresce o junco sem água?

12 Verde ainda e sem ser arrancado,
seca antes de todas as ervas.

13 Tal é o destino daqueles que esquecem a Deus,
assim desvanece a esperança do ímpio.

14 Sua confiança é fiapo no ar,
    teia de aranha sua segurança:

15 ao se apoiar em sua casa, ela não se manterá;
    quando nela se agarrar, ela não resistirá.

16 Cheio de seiva, ao sol,
    lança rebentos no seu jardim,

17 enreda as raízes entre pedras
    e vive no meio das rochas.

18 Mas, se o arrancam do lugar,
    este o renegará: "Nunca te vi".

19 E ei-lo apodrecendo no caminho,
    e do solo outros germinam.

20 Não, Deus não rejeita o homem íntegro,
    nem dá a mão aos malvados:

21 pode ainda encher tua boca de sorrisos
    e teus lábios de gritos de júbilo.

22 Teus inimigos cobrir-se-ão de vergonha
    e desaparecerá a tenda dos ímpios.

Como segundo, dentre os amigos de Jó, Baldad de Suás toma a palavra. O nome "Baldad", traduzido literalmente, significa "filho de Hadad". No Oriente Próximo, Hadad era venerado como deus da tempestade. Baldad dirige-se a Jó de maneira mais áspera do que seu interlocutor precedente. Fiel a seu nome (*nomem est omen* [o nome é o destino]), imediatamente troveja ele: "Até quando falarás dessa maneira? As palavras de tua boca são um vento impetuoso" (v. 2). A afirmação central de suas explanações encontra-se no versículo 3, imediatamente subsequente: Deus é justo. Na primeira parte de seu discurso (vv. 2-7), Baldad desenvolve sua tese; na segunda parte (vv. 8-19), fundamenta-a mediante recurso à tradição (v. 8: "a experiência dos antepassados") e numa comparação tirada da natureza; na terceira parte, conclusiva (vv. 20-22), volta-se para a situação de Jó.

Baldad parece magoado e irado. Nas palavras de Jó, ele vê algo que lhe é muito precioso colocado profundamente em questão: a justiça de Deus. Na verdade, com isso tocar-se-ia o nervo central da confissão de fé bíblica: "Não escondi tua justiça no fundo do meu coração, falei da tua fidelidade e da tua salvação" (Sl 40[39],11). Direito e justiça são continuamente pisoteados pelas pessoas, mesmo por aquelas que são especialmente responsáveis por sua observância e prevalência. Acima de tudo, devemos aos profetas a palavra impávida que põe a descoberto a culpa:

> Ouvi, pois, chefes de Jacó e dirigentes da casa de Israel! Por acaso não cabe a vós conhecer o direito, a vós que odiais o bem e amais o mal... Aqueles que comeram a carne de meu povo, arrancaram-lhe a pele, quebram-lhe os ossos, cortaram-no como carne na panela e como vianda dentro do caldeirão. (Mq 3,1-3)

Jó não está sendo torturado de maneira igual? "Meu corpo cobre-se de vermes e pústulas, a pele rompe-se e supura" (7,5). Teria Deus mesmo se tornado um criminoso? Com efeito, em breve Jó lançará esta censura: "Ele extermina o íntegro e o ímpio... ele se ri do desespero dos inocentes... deixa a terra em poder do ímpio e encobre o rosto aos seus governantes: se não for ele, quem será então?" (9,22-24). Baldad parece adivinhar que no lamento de Jó se desenvolve uma dinâmica que abala os fundamentos da fé e desemboca na blasfêmia contra Deus. Ele gostaria de interrompê-lo veementemente. Não seria, pois, dar-lhe razão, visto que ele não somente não culpa Jó, mas até lhe abre a perspectiva de uma nova sorte (vv. 5-7; 20-22)?

Quando textos da Sagrada Escritura nos colocam diante de problemas insolúveis, pode-nos sempre ser útil buscar conselho na história da interpretação. Por que a ciência bíblica deveria passar desatentamente ao largo de uma bimilenar história da reflexão? Uma das mais importantes e historicamente influentes interpretações do Livro de Jó devemos ao Papa Gregório Magno (540-604 d.C.), contado entre os quatro grandes doutores ocidentais da Igreja (*Doctores ecclesiae*), ao lado de Ambrósio, Agostinho e Jerônimo. De acordo com Gregório, a razão para a conduta errônea dos três amigos não reside na maldade deles, mas fundamenta-se no desconhecimento (*ignorantia*). De fato, eles não conhecem os diversos tipos e causas do sofrimento. Gregório distingue quatro formas, que ele fundamenta biblicamente: (1) Sofrimento como castigo consequente de uma culpa incurável (Jr 30,14-15); (2) sofrimento como castigo por uma culpa e, ao mesmo tempo, como meio de melhoramento (Jo 5,14); sofrimento como meio de impedir culpa futura (2Cor 12,7); (4) sofrimento que não é consequência de uma culpa precedente nem pretende evitar culpa futura (Jo 9,2-3). Portanto, de acordo com Gregório, é também possível que alguém, que não incorreu em pecado e de quem não se espera que cometa algum pecado, sofra. Tal pessoa é Jó. "Dado que os amigos de Jó não conseguem distinguir os diversos tipos de sofrimento, creem que ele deva sofrer por causa de alguma culpa". Destarte, pecam eles "mais por ignorância do que por maldade" (*Moralia in Iob*, Praefatio V, 12).

No Livro de Jó, parece que, em relação à questão do sofrimento, uma nova perspectiva se abre na história da fé bíblica. De acordo com a compreensão bíblica, em uma angústia sofrida pode-se pôr completamente a nu uma culpa oculta. Não raro, tal penúria possibilita desencadear a força de uma conversão interior que leva a uma reorientação da vida. Acima de tudo, devemos aos profetas profundas intuições nos nexos interiores entre culpa, sofrimento e libertação. Aliás, na história da profecia cresceu também a compreensão de que ninguém que orienta sua vida completamente para Deus (um "Servo de Deus"; compare Is 52,13 com Jó 1,8; 2,3) deve sofrer, porque – contra toda aparência – algo profundo se oculta em seu sofrimento: "Nós o *tínhamos* como vítima do castigo, ferido por Deus e humilhado" (Is 53,4).

Ele desloca a terra (9,1-13)

1 Jó tomou a palavra e disse:

2 Sei muito bem que é assim:
mas como poderia o homem justificar-se diante de Deus?

3 Se Deus se dignar pleitear com ele,
entre mil razões não haverá uma para rebatê-lo.

4 Quem entre os mais sábios e mais fortes
poderá resistir-lhe impunemente?

5 Ele desloca as montanhas, sem perceberem,
e derruba-as em sua ira;

6 abala a terra desde os fundamentos
e faz vacilar suas colunas;

7 manda ao sol que não brilhe,
e guarda sob sigilo as estrelas;

8 sozinho desdobra os céus
e caminha sobre o dorso do Mar,

9 criou a Ursa e o Órion,
as Plêiades e as Câmaras do Sul,

10 faz prodígios insondáveis,
maravilhas sem conta.

11 Se cruzar por mim, não posso vê-lo,
   se passar roçando-me, não o sinto;

12 se apanha uma presa, quem o impedirá?
   Quem lhe dirá: "Que fazes?"

13 Deus não precisa reprimir sua ira,
   diante dele curvam-se os aliados de Raab.

Em seu terceiro discurso (cap. 9–10), pela primeira vez Jó trata, de forma mais ampla, temas teológicos. Visto desta forma, ele condescende com seus amigos. Na primeira parte do discurso, trata-se do Todo-Poderoso (9,1-13); na segunda parte, o tema é a justiça de Deus (9,14-24). A terceira (9,25-35) e a quarta (cap. 10) parte são lamentações.

Sem rodeios, Jó entra no discurso precedente de Baldad. De forma surpreendente, ele está de acordo: "Sei muito bem que é assim" (v. 2a). Ele retoma o mote "direito" do discurso de Baldad (8,3); cf. também 4,17), desviando-o, porém, de forma característica: se Baldad tratou da justiça de Deus, Jó, por sua vez, indaga a respeito do direito do *ser humano perante* Deus. Ele levanta a questão tendo como pano de fundo um processo judicial: dois adversários disputam entre si, enquanto uma instância superior pronuncia o julgamento. Jó tem um litígio com Deus. Contudo, ele reconhece que uma questão judicial com Deus não é possível, de um lado, porque o poder de Deus supera de longe o poder do ser humano (9,3-4) e, de outro, porque não há nenhuma instância superior à qual ambos estivessem submetidos (9,12; 9,32-33). Jó não contesta tanto a onipotência de Deus (9,2-13), antes, porém, sua justiça (9,21-24). Deus *poderia* curá-lo, mas não o faz.

Com palavras hínicas, Jó traz à baila o poder de Deus. Assim fazendo, recorre a tradições da teologia bíblica da criação. Certamente, ele dá sua ênfase pessoal. Nas grandes tradições da teologia bíblica da criação, o poder de Deus se mostra acima de tudo no fato de Deus ter ordenado de forma maravilhosa o universo e o manter firme (cf. Gn 1; Sl 104[103]). Assim, para Jó, o poder divino demonstra-se, sobretudo, em que tal força permite que a ordem seja abalada. Se o orante do Sl 104(103) confessa: "Assentaste a terra sobre suas bases, inabalável para sempre e eternamente" (v. 5; cf. também Sl 93[92],1), Jó, por seu turno, diz: "Abala a terra desde os fundamentos e faz *vacilar* suas colunas" (v. 6). O mundo de Jó foi *des*-locado e abalado. Se na criação, como se expressa em Gn e no Sl

104(103), existe a sequência ordenada e coerente entre dia e noite, luz e trevas, para Jó o poder de Deus se percebe no fato de que o sol se escurece e as estrelas são sigiladas (v. 7; cf. Ecl 12,2). Deus, assim confessa Jó, pode perfeitamente agir, portanto, de modo que sua criação volte ao caos. E naquilo que Jó agora experimenta parece que Deus está agindo assim.

Na tradição bíblica, as imagens da "destruição" são também, ao mesmo tempo, teofania, manifestação de Deus. Quando Deus vem, "as montanhas se abalam, o sol e a lua ficam em sua morada" (cf. Hab 3,3.10-11). Jó experimenta o desmoronamento de seu mundo. No entanto, nisso ele (ainda) não consegue reconhecer a vinda de Deus: "Se cruzar por mim, não posso vê-lo, se passar roçando-me, não o sinto" (v. 11).

Deus é injusto? (9,14-24)

14 Quanto menos poderei eu replicar-lhe
ou escolher argumentos contra ele?

15 Ainda que tivesse razão, ficaria sem resposta,
teria que implorar misericórdia do meu juiz.

16 Ainda que o citasse e ele me respondesse,
não creio que daria atenção a meu apelo.

17 Ele, que me esmaga na tempestade,
e sem razão multiplica minhas feridas,

18 Não me deixa retomar alento
e me enche de amargura

19 Recorrer à força? Ele é mais forte!
Ao tribunal? Quem o citará?

20 Mesmo que eu fosse justo, sua boca condenar-me-ia;
se fosse íntegro, declarar-me-ia culpado.

21 Sou íntegro? Eu mesmo já não sei,
e rejeito minha vida!

22 É por isso que eu digo: é a mesma coisa!
Ele extermina o íntegro e o ímpio!

23 Se uma calamidade semear morte repentina,
ele se ri do desespero dos inocentes;

24 deixa a terra em poder do ímpio!
E encobre o rosto aos seus governantes:
Se não for ele, quem será então?

Jó procura uma disposição adequada para seu relacionamento com Deus. A partir da tradição bíblica, oferece-se a categoria do direito: "Deus é justo juiz" (Sl 7,12). "Não fará justiça o juiz de toda a terra?" (Gn 18,25).

No Antigo Testamento, direito e justiça desempenham um papel importante. A fim de que o mais forte não prevaleça contra o mais fraco, o Deus de Israel deu uma jurisprudência. Se o direito e a justiça não forem observados, Deus mesmo se dispõe a intervir para sua imposição. Em um dos mais antigos livros legais do Antigo Testamento lemos: "Não afligirás nenhuma viúva ou órfão. Se os afligires e eles gritarem a mim, escutarei seu grito" (Ex 22,21-22).

Ora, o próprio Jó tornou-se um homem arruinado. Se pessoas humanas o tivessem abatido e perseguido, ele poderia implorar a ajuda de Deus. Nos salmos de lamentação é comum deparar-se com tal situação: "Meus inimigos voltam atrás, tropeçam e somem à tua presença, pois defendeste minha causa e direito: sentaste em teu trono como justo juiz" (Sl 9[9A],4-5). O fatal na situação de Jó é que ele se sabe esmagado por *Deus*. Ao mesmo tempo, é-lhe claro que não existe nenhuma instância *acima* de Deus a que ele pudesse recorrer.

O que Jó experimenta é horrível. Lembra o abandono das vítimas diante de seus algozes. Em uma situação de fraqueza e de privação de direitos, resta-lhes tão somente implorar por misericórdia (cf. v. 15). Aos olhos de Jó, Deus é o algoz. Como pode ele ser, então, o juiz? "Recorrer à força? Ele é mais forte! Ao tribunal? Quem o citará?" (v. 19). De modo que não causa admiração se Jó se veja forçado a uma afirmação que, dentro das Sagradas Escrituras, afirma algo terrível: "Deixa a terra em poder do ímpio! E encobre o rosto aos seus governantes" (v. 24).

Quando as pessoas encontram dificuldades entre si, muitas vezes é útil esclarecer que tipo de relações existem entre elas. Frequentemente os problemas brotam de "relações desordenadas". Dá-se o mesmo no relacionamento do ser humano com Deus. O lamento de Jó demonstra que o direito – tal como ele o entende – não permite compreender adequadamente a relação entre Deus e o ser humano. Este caminho não leva mais a lugar nenhum.

O texto contém alguns indícios ocultos de que nem tudo o que Jó diz está correto. No v. 17, Jó queixa-se de um Deus "que me esmaga na tempestade". No Livro de Jó, a palavra "tempestade" encontra-se (em leve variação ortográfica) somente ainda em 38,1 e 40,6. Com efeito, Iahweh responde "da tempestade". O efeito dessa resposta é, porém, diferente daquele que Jó confessa em 9,17-18.

Jó não mais conta com a possibilidade de receber uma resposta da parte de Deus: "Ainda que o citasse e ele me respondesse, não creio que daria atenção a meu apelo" (v. 16). De fato, no entanto, Iahweh lhe responderá. Chama a atenção, porém, o fato de Jó – de resto, também seus amigos – em suas discussões com e acerca de Deus (cap. 3–37) jamais – à parte uma exceção (12,9) – usar o nome "Iahweh". Eles falam de Deus ou do Todo-Poderoso, não de Iahweh. No final, quem responde é Iahweh (38,1; 40,1.6) – visto desta forma, portanto, não o deus em que Jó "acreditou" e contra quem se queixou.

No decurso seguinte da discussão, algo daquilo que Jó agora diz não é confirmado. Sua inocência não é questionada por Deus. Contudo, que Deus pudesse ser um criminoso não fica sem contraposição: "Atreves-te a anular meu julgamento, ou a condenar-me, para ficares justiçado?", pergunta Iahweh (40,8). Depois da resposta de Iahweh, Jó compreende: "Falei de coisas que não entendia, de maravilhas que me ultrapassam" (42,3).

Deus malfeitor? (9,25-35)

25 Meus dias correm mais depressa que um atleta
   e se esvaem sem terem provado a felicidade;

26 deslizam como barcas de papiro,
   como a águia que se precipita sobre a presa.

27 Se eu decidir esquecer minha aflição,
   mudar de fisionomia e fazer rosto alegre,

28 eu temo todos os meus tormentos,
   pois sei que não me terás por inocente.

29 E se fosse culpado,
   para que afadigar-me em vão?

30 Ainda que me lavasse com sabão
   e purificasse as mãos com soda,

31 tu me submergirias na imundície
   e as minhas próprias vestes teriam nojo de mim.

32 Ele não é homem como eu a quem possa dizer:
   "Vamos juntos comparecer em julgamento".

33 Não existe árbitro entre nós,
   que ponha a mão sobre nós dois

34   para afastar de mim a sua vara
     e rechaçar o medo de seu terror!

35   Então lhe falaria e não teria medo,
     pois eu não sou assim a meus olhos.

O tema "litígio" pervaga inteiramente a queixa de Jó. Jó torce e dirige o tema para todos os lados. Confirma-se a visão já adquirida (cf. 9,14-24): no quesito direito, não há como negociar com Deus. Jó e seus amigos pressupõem, de maneira semelhante, um nexo entre o sofrimento humano e a justiça divina. Com efeito, eles partem de diversas suposições. Os amigos dizem: Deus é justo (cf. 8,3). O sofrimento de Jó demonstra que ele incorreu em culpa (cf. 15,4-6; 22,5-11). Jó, ao contrário, confessa sua inocência (cf. 9,21; 31). Ao mesmo tempo, Jó deve sofrer. Por conseguinte, tira *ele* a conclusão de que *Deus* seria injusto (cf. 9,22-24; 27,2).

Jó dá como completamente descontado que Deus é que o abateu e o tortura: "A mão de Deus me feriu" (19,21; cf. 9,34). A narrativa, porém, diz algo diferente: "E Satanás saiu da presença de Iahweh. Ele feriu Jó com chagas malignas desde a planta dos pés até o cume da cabeça" (2,7). *Satanás* é que feriu Jó, não Deus. Não se deveria descartar tal diferenciação como sofisma teológico. Quando alguém simplesmente abandona a ideia de que Deus o machucou e verdadeiramente se despede de tal concepção, novas perspectivas de vida podem abrir-se-lhe. Jó *acha* que Deus o feriu. Nesse sentido, ele vive em um engano – bem como seus amigos. Todos eles se deixaram enredar por um conhecimento hipotético. Um não saber vivido seria aqui o caminho que conduz à verdade – aliás, uma intuição do antigo ceticismo que via sua tarefa consistir em libertar as pessoas de falsas concepções, a fim de lhes abrir uma via de libertação. De igual forma, a tradição cristã sabe que, quando se trata de Deus, o não saber pode ser mais útil do que o saber, tal como se expressa programaticamente no título de uma obra mística cristã do período medieval tardio ("A Nuvem do Não Saber").

Também em relação à expectativa que Jó apresenta a Deus, ele se engana. Ele teme que Deus o condene (cf. 9,20): "Ainda que me lavasse com sabão e purificasse as mãos com soda, tu me submergirias na imundície e as minhas próprias vestes teriam nojo de mim" (vv. 30-31). Na verdade, porém, Deus não o declara culpado. Ele rejeita, contudo, a acusação levantada por Jó de que Deus seria malfeitor (40,8).

A Sagrada Escritura sabe muito bem que o sofrimento pode ser consequência de culpa humana: "O ímpio é soberbo, jamais investiga: 'Deus não existe!' – é tudo o que pensa" (Sl 10(9B),4). No caso de Jó, as coisas são diferentes. Ele é inocente. A pergunta que não raro brota do sofrimento – "O que fiz para merecer isto?" –, no caso de Jó, não leva a lugar nenhum. Desvencilhar-se desta pergunta é (para Jó) um processo doloroso. Ele deve vivê-lo completamente, não pode contorná-lo, não pode saltá-lo: "Se eu decidir esquecer minha aflição, mudar de fisionomia e fazer rosto alegre, eu temo todos os meus tormentos" (vv. 27-28).

Falar sobre Deus, falar a Deus (10,1-12)

1 Já que tenho tédio à vida,
  darei livre curso ao meu lamento,
  falarei com a amargura da minha alma.

2 Direi a Deus: Não me condenes,
  explica-me o que tens contra mim,

3 Acaso te agrada oprimir-me,
  rejeitar a obra de tuas mãos
  e favorecer o conselho dos ímpios?

4 Porventura tens olhos de carne,
  ou vês como veem os homens?

5 Acaso são os teus dias como os de um mortal
  e teus anos como os dias do homem,

6 para indagares minha culpa
  e examinares meu pecado,

7 quando sabes que não sou culpado
  e que ninguém me pode tirar de tuas mãos?

8 Tuas mãos me formaram e me modelaram,
  e depois te volves a mim para aniquilar-me?

9 Lembra-te de que me fizeste de barro,
  e agora me faz voltar ao pó?

10 Não me derramaste como leite
  e me coalhaste como queijo?

11 De pele e carne me revestiste,
  de ossos e de nervos me teceste.

12 Deste-me a vida e o amor,
  e tua solicitude me guardou.

Decadência (Jó 3-14)

No primeiro discurso de Jó (capítulo 3), no qual a miséria sofrida irrompia com força elementar, Deus aparecia de forma completamente contida e apenas à margem (capítulo 3, 4,20-23). Jó não falava *a*, mas *sobre* Deus. Já no segundo discurso isso muda: Jó queixa-se não mais *acerca de* Deus (6,4-9), mas também *a* Deus (7,7). Ele se dirige diretamente a ele (7,12-14.20-21). Nessa mudança de um falar *sobre* Deus para um falar *a* Deus reside uma chave para a compreensão do livro e do problema aí tratado. No decurso posterior da discussão, intensifica-se o voltar-se de Jó para Deus. O próprio Jó parece estar consciente desse procedimento. Ele se volta diretamente para Deus quando diz: "Direi *a* Deus" (v. 2). No começo ele não havia falado assim. O piedoso Jó do começo, "Jó, o paciente", nem sequer uma vez falou *a* Deus, mas apenas *sobre* ele (cf. 1,21; 2,10). Agora tudo isso mudou. Nosso texto (10,1-12) está impregnado completamente por um apelo dirigido a Deus. Cerca de vinte e seis vezes aparece aí a palavra "tu", ou seja, o apelo à segunda pessoa do singular. Nisso se diferencia fundamentalmente o "discurso de Jó a Deus" da fala de seus amigos. Os amigos de Jó falam exclusivamente *sobre* Deus. O que dizem é verdadeiro e em grande parte expressão de formidável teologia. No entanto, o salto de uma fala a respeito de Deus para um falar a Deus não lhes passa pela mente. Ao que parece, também não têm razões para isso. Tudo lhes vai bem. Assim, Jó, que em seu sofrimento parece ferido por Deus, na verdade encontra-se jogado em um caminho que ele vai assumindo e percorrendo sempre mais como um caminho que o conduz a Deus, a um Deus que ele, aliás, ainda não conhece.

Em seu caminho para o Deus que ainda lhe é desconhecido, Jó ainda arrasta consigo muita coisa. Sempre de novo irrompe a pergunta acerca da causa de seu sofrimento: "Explica-me o que tens contra mim" (v. 2). Falsas perguntas e falsas concepções que se soterraram profundamente na consciência humana não podem ser desarraigadas mediante bastonadas. Elas estão simplesmente aí, brotam de dentro de Jó e, em certa medida, são verdadeiras. O caminho para a libertação delas não é outro senão aquele que Jó palmilha: o caminho para Deus. Jó o percorre tal como ele é agora. Ele não adota nenhuma postura piedosa ou "ortodoxa" que não lhe convém, tal como lho sugerem seus amigos, mas se distende tal como está agora, completamente para Deus e, com efeito, para um Deus que ele experimenta em si mesmo como contraditório, como um Deus que "me modelou *e* me aniquilou" (v. 8). Nisso se mostra sua verdadeira piedade. Por isso é venerado pela tradição como santo: não porque ele "era perfeito em si", mas porque ele buscou a Deus com coração quebrantado.

Sofrimento e culpa (10,13-22)

13 E, contudo, algo guardavas contigo:
    agora sei que tinhas a intenção

14 de vigiar sobre mim para que, se eu pecasse,
    meu pecado não fosse considerado isento de culpa.

15 Se tivesse incorrido em pecado, ai de mim!
    Se fosse inocente, não ousaria levantar a cabeça,
    Saturado de afrontas e saciado de misérias.

16 Orgulhoso como um leão, tu me caças,
    multiplicas proezas contra mim,

17 renovando teus ataques contra mim,
    redobrando tua cólera contra mim,
    lançando tropas descansadas contra mim.

18 Então, por que me tiraste do ventre?
    Poderia ter morrido sem que olho algum me visse,

19 e ser como se não tivesse existido,
    levado do ventre para o sepulcro.

20 Quão poucos são os dias de minha vida!
    Fica longe de mim, para que eu tenha um instante de alegria,

21 antes de partir, sem nunca mais voltar,
    para a terra de trevas e sombras,

22 para a terra soturna e sombria,
    de escuridão e desordem,
    onde a claridade é sombra.

Jó encontra-se num dilema. Assim pelo menos ele o tem por verdadeiro. O dilema resulta do nexo, pressuposto por ele, entre sofrimento e culpa. O direito que cabe a Deus de castigar a pessoa que se tornou culpada não é questionado por Jó: se Jó tivesse pecado, Deus não o teria deixado impune (v. 14). O discurso a respeito do Deus punitivo pertence ao conteúdo central da mensagem bíblica. Ele é irrenunciável. Aliás, não deveríamos imaginar o castigo divino como obscuro desejo emocional de vingança. Numa punição infligida por Deus, algo oculto, que nos separa de Deus, torna-se visível. A mais profunda miséria humana é seu esquecimento de Deus. Tal esquecimento é tão doloroso que, quiçá devido à sua intolerância, a gente prefere driblar, reprimir, esquecer. "O castigo divino" não acrescenta exteriormente quaisquer dores, mas torna visível e sensível a dor oculta do esquecimento de Deus. Ela é uma forma do cuidado de Deus, um meio de seu agir salvífico e libertador. Existem doenças que jazem tão profundamente que não são absolutamente percebidas. Um primeiro passo da cura consiste em trazer à luz o que está escondido. A iluminação do que está encoberto é exteriormente doloroso. No entanto, sem ela não haverá cura alguma. "O Senhor virá e não tardará; ele trará à luz o que se oculta nas trevas (*illuminabit abscondita tenebrarum*) e se manifestará a todas as nações", reza uma das antífonas da primeira semana do Advento.

No caso de Jó, aliás, as coisas são diferentes. Ele é inocente, mas não deve igualmente "levantar a cabeça" (v. 15b). Seu sofrimento não é nenhum castigo de Deus. Por isso é que ele não o pode compreender. Jó não experimenta Deus como um juiz justo, mas como um perseguidor injusto, como um leão que o caça (v. 16), como um senhor da guerra, que o arrasta para a batalha (v. 17). Seu desejo mais ardente: que este Deus o possa, finalmente, deixar em paz (v. 20). A ausência de Deus proporcionar-lhe-ia alívio.

Nas palavras finais de seu lamento (vv. 18-22), nas quais são retomados motivos do primeiro discurso de Jó (capítulo 3), ressoa mais uma vez o fato de que, na infelicidade que Jó experimenta, transparece a miséria de *cada* vida humana. Sob a perspectiva cristã, nessa miséria, parece tratar-se de uma determinação prévia de uma culpa individual do ser humano, que o separa de Deus. Na tradição teológica, falamos de "pecado hereditário" ou de "pecado original" – uma noção não isenta de mal-entendidos. O Antigo Testamento desconhece tal noção. No entanto, ele conhece muito bem a miséria de um distanciamento de Deus que atinge o ser humano de forma incompreensível (cf. 23,8-9). No nome "Jó", o qual, traduzido, significa "onde está (meu) Deus-Pai", ressoa tal distanciamento. Mas já a Boa-Nova do Antigo Testamento, pelo menos a do Livro de Jó, é uma alegre notícia, visto que nos narra a respeito de um caminho que nos reconduz, a nós, seres humanos, para aquele a quem buscamos em nossa indigência.

Deve o fanfarrão ter razão? (11,1-12)

1   Sofar de Naamat tomou a palavra e disse:

2   O falador ficará sem resposta?

Dar-se-á razão ao eloquente?

3   A tua vã linguagem calará os homens?
Zombarás sem que ninguém te repreenda?

4   Disseste: "Minha conduta é pura,
sou inocente aos teus olhos".

5   Se apenas Deus falasse,
abrisse os lábios por tua causa,

6   revelar-te-ia os segredos da Sabedoria,
que desconcertam toda insensatez!
Então saberias que Deus pede de ti menos do que tua falta exige.

7   Acaso podes sondar a profundeza de Deus,
e atingir os limites do Todo-Poderoso?

8   É mais alto que o céu: que poderás fazer?
Mais profundo que o Xeol: que poderás saber?

9   É mais vasto que a terra
e mais extenso que o mar.

10   Se ele intervém para encerrar e convocar a assembleia,
quem pode impedi-lo?

11   Pois ele conhece os fazedores de ilusão,
vê o crime e nele presta atenção.

12   Homens estúpidos deverão começar a ser sábios:
asno selvagem é o homem em seu nascimento!

Como último, dentre os amigos, Sofar de Naamat toma a palavra. Ele repreende Jó mais severamente do que seus dois interlocutores precedentes (vv. 1-3). Seu discurso se articula em duas partes: na primeira parte (11,1-12), ele refuta o "ensinamento" de Jó; na segunda (11,13-20), ele lhe dá, pastoralmente, um conselho.

Sofar não fala absolutamente em discordância com Jó. Ele se refere mui precisamente ao que foi dito por Jó, à medida que ele o cita literalmente, de forma correta (cf. 9,21; 10,7): "Disseste: 'Minha conduta é pura, sou inocente aos teus olhos'" (v. 4). Mais uma vez, o que suscita protesto é a reivindicação de inocência da parte de Jó. De que maneira Sofar entra no assunto? Evidentemente, ele pretende dever colocar-se no lugar de Deus a fim de contradizer o "ensinamento" de Jó. Sofar supõe saber o que Deus diria se falasse. Visto que Deus, pois, não fala, Sofar fala no lugar dele (vv. 5-6). No centro da primeira parte de seu discurso, encontrar a frase: "Então saberias que Deus pede de ti menos do que tua falta exige" (v. 6). Tal como seus dois amigos, Sofar pressupõe que Jó tornou-se culpado. No entanto, ele dá um passo além deles. Se Elifaz e Baldad falaram da justiça de Deus, então Sofar dá a entender que no sofrimento de Jó Deus não apenas se demonstra justo, mas até mesmo misericordioso, pois dele exige menos do que sua culpa merece.

Depois desse "esclarecimento em nome de Deus", no que se segue (vv. 7-9) Sofar se refere à *incompreensibilidade* de Deus – evidentemente uma incompreensibilidade para Jó: "Acaso podes sondar a profundeza de Deus?" (v. 7). Sofar descreve-a utilizando metáforas espaciais que medem com passos a incompreensibilidade de Deus simultaneamente em todos os pontos cardeais: na altura, na profundidade, na largura, na extensão/céu, Xeol, terra, mar (vv. 8-9). Mais tarde, Jó servir-se-á de imagem semelhante, não, porém, para afirmar a incompreensibilidade de Deus, mas para lamentar sua ausência (23,8-9). Assim como o ser de Deus é inescrutável, assim também seu agir é imperscrutável (v. 10). Ninguém pode opor-se à força do agir divino. Com o v. 11, Sofar parece fazer chegar até Jó uma admoestação velada: sem precisar prestar muita atenção, Deus vê o crime, "ele conhece os fazedores de ilusão". O v. 12 poderia ser um provérbio aceito de modo geral. Ele aponta para algo impossível: desejaria Jó inverter a ordem divina do universo? O provérbio também poderia ser expressão do receio de que Jó, caso permanecesse aferrado a seu falso ensinamento, num caso perdido, tornar-se-ia um "cabeça-dura", que tão pouco bom senso tem quanto um "asno selvagem". Tanto mais urgente parece a exortação pastoral que Sofar lhe faz a seguir (11,13-20).

Falsa assistência religiosa (11,13-20)

13 Se preparas teu coração,
   e estendes as mãos para ele,

14 se afastares das tuas mãos a maldade
   e não alojares a injustiça em tua tenda,

15 poderás levantar teu rosto sem mácula,
   serás inabalável e nada temerás.

16 Esquecerás teus sofrimentos
   ou recordá-los-ás como a água que passou.

17 Tua vida ressurgirá como o meio-dia,
   a escuridão será como o amanhã.

18 Terás confiança, porque agora há esperança;
vivias perturbado, deitar-te-ás tranquilo.

19 Repousarás sem sobressaltos
e muitos acariciarão teu rosto.

20 Porém, os olhos do ímpio se turvam,
seu refúgio malogra,
sua esperança é entregar a alma.

Na segunda parte (11,13-20) de seu discurso, Sofar aconselha o sofredor Jó como faria um pastor de almas. De acordo com Sofar, Jó poderia preparar o coração e "estender suas mãos" (v. 13). Com isso outra coisa não se pretende indicar senão o voltar-se para Deus em atitude de oração (cf. Ex 9,33; 1Rs 8,22). Conselho semelhante já haviam dado Elifaz (5,8) e Baldad (8,5s). Sofar realça muito bem tanto a disposição interior ("preparar o coração") quanto a exterior ("elevar as mãos", isto é, "estender as mãos") durante a oração. Com isso ele se alinha com a melhor tradição de uma espiritualidade biblicamente inspirada, que conhece muito bem a interação entre atitude interior e exterior. No entanto, ele dá um passo a mais. Com efeito, ele sabe que mãos das quais goteja sangue agarram o vazio quando estendidas para Deus. Isso faz lembrar a tradição profética: "Quando estendeis vossas mãos, desvio de vós meus olhos; ainda que multipliqueis a oração não vos ouvirei. Vossas mãos estão cheias de sangue. Lavai-vos e purificai-vos" (Is 1,15-16). Visto que Sofar, tal como seus amigos Elifaz e Baldad, nutrem a pesada suspeita de que Jó deve estar sofrendo porque se tornou pessoalmente culpado, ele considera evidentemente necessário lembrar que sua oração só poderá, pois, ser bem-sucedida se Jó, antes de mais nada, afastar-se do mal que se gruda em suas mãos (v. 14).

Sofar parece estar firmemente convencido de que o sucesso não falhará se Jó rezar a Deus da maneira correta. De maneira impressionante, ele descreve a felicidade que daí ele pode esperar: seu medo se desvanecerá (v. 15), a miséria, a que foi reduzido, será totalmente esquecida; não restarão quaisquer lembranças traumáticas (v. 16). Sua vida resplandecerá (v. 17). Voltarão a confiança e a esperança (v. 18) e, até mesmo durante a noite, onde espreitam as trevas e o medo, ele repousará em imperturbável segurança (v. 18). Em agudo contraste com a felicidade do justo, na última frase de seu discurso Sofar aponta para o destino do ímpio (v. 20) – para Jó, um aviso: os olhos do ímpio languescem.

Sofar parece ser um bom pastor de almas. Seu conselho é breve e incisivo. Acima de tudo, ele encoraja Jó. Infunde-lhe esperança e confiança. Contudo, como o curso subsequente do diálogo mostrará, Jó não pode acolher o bem intencionado conselho.

Em que consiste o erro de Sofar? Se olharmos para o conjunto do livro, duas coisas sobressaem antes de mais nada. De um lado, Sofar também se engana quando pressupõe que Jó tenha pecado. De outro, porém, ele se engana, e engana um pouco a Jó, quando louva a via da oração – que ele recomenda – como um caminho do sucesso rápido. Obviamente, não percebe que o caminho para Deus, que Jó deve percorrer, é um caminho que conduz pelo "vale das sombras da morte" (cf. Sl 23[22],4). As imagens da ventura que Sofar conhece e que tira da tradição tornam-se imagens do engano e de uma falsa promessa, quando ele oculta o preço que deve ser pago a fim de com elas concrescer. Dessarte, Sofar dá o exemplo de um conselheiro e pastor de almas que diz apenas meia verdade. Como já havia suposto Gregório Magno, ele age assim não tanto por maldade, mas por ignorância. Ele conhece, certamente, as palavras da tradição, mas não as compreende. Jó experimenta a decepção. Ele considera as palavras dos amigos nada mais do que "belas, mas discursos vazios" (cf. 16,3): "Sois todos consoladores inoportunos" (16,2).

O que vós sabeis eu também sei (12,1-6)

1 Jó tomou a palavra e disse:

2 Realmente sois a voz do povo
 e convosco morrerá a Sabedoria.

3 Mas também eu tenho inteligência,
 – não sou inferior a vós –;
 quem ignora tudo isso?

4 Mas o homem torna-se a irrisão do seu amigo
 quando invoca a Deus para ter resposta.
 Zombam do justo íntegro.

5 No infortúnio, o desprezo!, dizem os que estão felizes,
 um golpe a mais para quem titubeia!

6 Nas tendas dos ladrões reina paz,
 e estão seguros os que desafiam a Deus,
 pensando que o têm na mão.

Com o quarto e bem abrangente discurso de Jó (12–14), chega-se ao fim do primeiro ciclo de discursos. Numa breve e contida introdução (12,1-6), não sem ironia, Jó reporta-se à fala de seus amigos. Ainda que, anteriormente, apenas Sofar tenha falado, a resposta de Jó vale para os três amigos juntos. Ele se dirige a eles no plural ("vós"). De fato, eles partilham completamente a mesma opinião.

Uma deixa importante aparece logo na primeira frase: sabedoria. Os amigos comportam-se como advogados da sabedoria. Em tom altivo, Sofar falou anteriormente dos "segredos da sabedoria", que Deus ainda ensinaria a Jó (11,5-6), aliás, identificando-se, ele próprio, a seguir, com esta sabedoria. De modo que Jó atinge plenamente o núcleo da questão quando, cheio de ironia, grita a seus amigos: "Convosco morrerá a sabedoria" (v. 2). Sob a forma de provérbio, anteriormente Sofar havia descrito Jó, de modo indireto, como um "cabeça dura" (11,12). Jó devolve o insulto e, em contrapartida, descarta as palavras dos amigos como lugares-comuns: "Quem ignora tudo isso?" (v. 3). O saber que os amigos apresentam é comumente conhecido. Também Jó está familiarizado com ele: "O que vós sabeis eu também sei" (13,2). Contudo, tal saber não mais lhe serve na presente situação. Com isso, aliás, não está dito que Jó não possa ser ajudado por qualquer tipo de "conhecimento". No final, ser-lhe-á concedido um saber que conduzirá a um final feliz sua altercação com Deus (42,2). Portanto, parece que há um "saber salvador" para Jó. Em direção a tal saber é que ele se distende. De que tipo é tal conhecimento? Do tipo oferecido por seus amigos não pode ser.

No seguinte versículo 4, Jó expressa em palavras seu relacionamento atual com Deus e com os amigos: para os amigos ele se tornou irrisão; em relação a Deus, tornou-se clamante. No curso subsequente da discussão, ambos os relacionamentos se exacerbarão ao extremo na direção aqui aludida. O processo de distanciamento em relação aos amigos tem início; de fato, volta-se para todo ambiente social de Jó: seus amigos tornar-se-ão inimigos (19,13-22), uma experiência encontrada também nos salmos de lamentação (cf. Sl 31[30],12; 38[37],12; 69[68],9; 88[87],19). Jó descreve a si mesmo no v. 4 como um "alguém-que-clama-a-Deus". Com isso ele se refere a uma forma de existência na qual crescerá sempre mais no decorrer sucessivo da discussão: "Mas é ao Todo-Poderoso que eu falo, pleitear com Deus é meu desejo" (13,3). À medida que seu conhecimento de Deus se desfaz e o saber de seus amigos, diante de sua experiência, demonstra-

-se vazio, Jó torna-se com todas as fases de sua existência "alguém-que--clama-a-Deus".

A partir do texto original hebraico, não é nada fácil compreender os dois últimos versículos do discurso introdutório: no v. 5, Jó refere-se provavelmente à falta de sensibilidade de seus amigos. Eles não o compreendem porque não podem colocar-se em sua situação. Evidentemente, para eles, está barrado o acesso à própria experiência de sofrimento – um sinal de falta de maturidade. O v. 5 está emoldurado pelos vv. 4 e 6. Ambos os versículos giram em torno do nexo ato-consequência: aquele que é piedoso, justo e clama a Deus é ridicularizado (v. 4); os criminosos, "os que desafiam a Deus", vivem tranquilos (v. 6). Se o v. 4 se refere a Jó (cf. 1,1), então o v. 6 deveria, certamente, em correspondência com o v. 5, reportar--se aos amigos. Assim, toca-se em um tema que dominará a segunda rodada de discursos (15–21).

Oração sem consciência da fé (12,7–13,5)

7 Pergunta, pois, ao gado e ensinar-te-á,
  às aves do céu e informar-te-ão.

8 Fala à terra, ela te dará lições,
  os peixes dos mares hão de narrar:

9 quem não haveria de reconhecer que tudo isso
  é obra da mão de Deus?

10 Em sua mão está a alma de todo ser vivo
   e o espírito de todo homem carnal.

11 Não distingue o ouvido as palavras
   e não saboreia o paladar os manjares?

12 Está nas venerandas cãs a sabedoria,
   e o entendimento com os anciãos.

13 Mas ele possui sabedoria e poder,
   dele é o conselho e o discernimento.

14 O que ele destrói, ninguém o reconstrói;
   se ele aprisionar, não haverá escapatória;

15 se retiver a chuva, virá a seca;
   se a soltar, inundar-se-á a terra.

16 Ele possui vigor e sagacidade,
   com ele estão o enganado e aquele que engana.

17 Torna estúpidos os conselheiros da terra
    e fere os juízes com loucura.

18 Desamarra o cinturão dos reis
    e cinge-os com uma corda.

19 Faz andar descalços os sacerdotes
    e lança por terra os poderes estabelecidos.

20 Tira a palavra aos confiantes
    e priva de sensatez os anciãos.

21 Derrama o desprezo sobre os nobres
    e afrouxa o cinturão dos fortes;

22 desvela o que há de mais recôndito nas trevas
    e traz à luz as sombras espessas;

23 engrandece as nações e arruína-as:
    expande povos, e depois os suprime;

24 tira o espírito dos chefes do povo de um país
    e deixa-se errar num deserto sem estradas,

25 cambalear nas trevas, sem luz,
    e titubear como bêbado.

13,1 Tudo isso meus olhos viram
      e meus ouvidos ouviram e entenderam.

2   O que vós sabeis, eu também o sei,
    e não sou em nada inferior a vós.

3   Mas é ao Todo-Poderoso que eu falo,
    pleitear com Deus é meu desejo.

4   Vós não sois senão embusteiros,
    todos vós meros charlatães.

5   Quem, portanto, vos imporá silêncio,
    a única sabedoria que vos convém!

Na pesquisa exegética, até o momento vigora a opinião de que a passagem Jo 12,7-25 não pertenceria ao conteúdo original do discurso de Jó, mas teria sido acrescentado por um redator em determinado período posterior. Nesta parte do discurso, Jó fala, de certa maneira, como seus amigos. Ademais, chama a atenção o fato de em 12,9 empregar-se o nome de Deus Iahweh (geralmente traduzido por "Deus"), evitado de maneira consequente pelo poeta na parte dialógica do livro (capítulo 3–42,6). Outros exegetas, em contrapartida, compreendem o texto aqui interpretado como um tipo de citação colocada na boca de Jó. Essa explicação é defendida também aqui.

Jó volta-se para um tema que foi tratado especialmente no último discurso dos amigos, na exposição de Sofar: tal como seus amigos, ele fala com palavras elevadas da insondável sabedoria do Deus Todo-Poderoso (12,13-25). Com isso ele deixa claro que, em relação ao conhecimento religioso, ele não é inferior em comparação com seus amigos: "O que vós sabeis, eu também o sei, e não sou em nada inferior a vós" (13,2).

Provavelmente, em 12,7-10, Jó reproduz o ensinamento dos amigos no estilo de uma citação usando suas próprias palavras. Jó compreende o ensinamento dos amigos como uma teologia da criação: a criação mesma, os animais, os pássaros do céu, os peixes do mar, a terra proclamam o estupendo poder de seu criador. Jó exige agora que tal poder seja comprovado (v. 11). De acordo com Jó, a idade avançada, por si, não é nenhuma condição suficiente para a posse do discernimento e da sabedoria (v. 12). Com isso concordará também, mais tarde, o quarto amigo, Eliú: "Não é a idade avançada que dá sabedoria, nem a velhice a inteligência do que é justo" (32,9).

Em 12,13-25 acontece, pois, a anunciada comprovação. O sentido do v. 13 revela-se a partir da oposição com o v. 12: em *Deus* (e não nos amigos "idosos") acha-se sabedoria e poder, *nele* encontram-se conselho e discernimento (v. 13). Quem iria contestar isso? Contudo, como se mostra no mundo a insondável sabedoria de Deus e seu poder? – De tal maneira que, no mundo, não se pode perceber nenhuma ordem estável e segura. Deus faz o que ele quer e pode: ele permite que povos cresçam e os extingue (v. 23), ele transforma juízes em estultos (v. 17), "lança por terra poderes estabelecidos" (v. 19).

Também os amigos, especialmente Sofar, falaram da imperscrutável sabedoria e do poder do Deus Todo-Poderoso (cf. 11,5-6; 5,8-9). Para eles, porém, Deus se atém a uma ordem reconhecida e compreensível pelos seres humanos: Deus "conhece os fazedores de ilusão, vê o crime e nele presta atenção" (11,11). Na percepção de Jó, Deus não mais parece poder distinguir entre verdadeiro e falso, entre justo e injusto. Também o v. 22 – "traz à luz as sombras espessas" – não deveria ser entendido como expressão do poder criador de Deus, coerente e promotor da vida, tal como expresso em Gn 1,3-5, mas no sentido de que Deus libera os poderes das trevas e permite que elas arrastem seu não ser para o mundo da luz.

A imagem bíblica de Deus foi profundamente abalada pelas últimas mundivisões. Um Deus "que tudo rege soberanamente" parece expressão de uma fé infantil ou de uma consciência ainda não esclarecida. Contudo, se observarmos bem, percebemos que tal crise de fé não é estranha à Bíblia. Jó conhece-a. Todavia, no desmoronar de um suposto conhecimento teologal seguramente mantido, desabrocha algo novo para Jó, algo que ele ousa sempre mais decididamente aferrar e viver: um redirecionamento realizado em sua existência, com todas as suas fases, para aquele que ele não mais compreende, mas de quem ele espera obter uma resposta para além do conhecimento: "Mas é ao Todo-Poderoso que eu falo, pleitear com Deus é meu desejo" (13,3).

Partidários de Deus (13,6-12)

6 Por favor, escutai os meus argumentos,
   atendei às razões de meus lábios.

7 É para Deus que proferis palavras injustas,
   para ele esses propósitos mentirosos?

8 Tomais assim seu partido?
   É para Deus que pleiteais?

9 Que tal se ele vos examinasse?
   Iríeis abusar dele como se abusa de homem?

10 Ele vos infligiria severa reprimenda,
   se fordes parciais às escondidas.

11 Nos vos atemoriza sua majestade?
   Não desce sobre vós seu terror?

12 Vossas lições aprendidas são cinzas,
   e vossas defesas, defesas de barro.

Jó não pretende entrar em uma disputa com seus amigos em busca de tanto maior conhecimento (de interpretação). Ele já havia demonstrado que também ele, semelhantemente a seus amigos, pode falar panegiricamente da insondável sabedoria e do poder de Deus (12,7-25): "O que vós sabeis eu também sei" (13,2). Contudo, parece-lhe ficar claro que tal falar acerca de Deus não serve mais. Para Jó, trata-se de um remédio inútil, e aqueles que o receitam "são meros charlatães" (13,4). Assim, pela primeira vez Jó explicita claramente em que direção pretende, no futuro, investir fortemente sua fala: longe dos amigos, rumo a Deus. "Mas é ao Todo-Poderoso que eu falo, pleitear com Deus é meu desejo" (13,3). Vai-se-lhe tornando cada vez mais claro que a libertação (solução) só pode provir de

Deus. Todavia, ele está em litígio com esse Deus. E assim, se seu falar a Deus quiser ser correto, deve assumir inicialmente a forma de uma questão judicial (13,13-28). Contudo, antes de Jó dirigir-se a Deus dessa forma, ele considera sua relação com seus amigos e sua posição diante daquilo que eles até agora lhe haviam aconselhado (13,6-12).

O que Jó contrapõe a seus amigos merece ser atentamente escutado. Ele lhes censura o partidarismo e, de fato, num duplo sentido: por um lado, considera disparatado que os amigos se arroguem "tomar o partido de Deus e pleitear para ele" (v. 8). Por outro, ele os repreende o fato de, em favor de Deus, "falarem injustamente": "É para Deus que proferis palavras injustas, para ele esses propósitos mentirosos?" (v. 7). Ambas as censuras encobrem uma piedosa tentação, à qual os amigos de Jó claramente sucumbiram.

Perante o mal do mundo, se Deus for acusado, é perfeitamente compreensível que aqueles que creem em Deus o defendam de acusações injustas. A teologia conhece um tratado próprio, que se ocupa com a "justificação de Deus perante o mal no mundo", chamado "teodiceia". Praticamente nenhuma religião, que não se queira furtar completamente a uma forma razoável de autoasseguração, pode passar ao largo desta questão por muito tempo. Também as Sagradas Escrituras, em diversos de seus livros, giram em torno desta pungente problemática. O perigo, porém, que aí espreita consiste em que Deus seja defendido com tanta pressa que ele próprio não mais chegue a falar, que ele seja simplesmente sufocado. Foi exatamente isso o que fez Sofar. Ela havia falado "em favor de Deus", mas o modo e o jeito como ele o fez, deram a impressão de que ele estaria falando "em lugar de Deus", e de tal maneira que, com isso, tudo já estaria dito (cf. 11,5-6). No entanto, o Livro de Jó mostra, de forma impressionante, que, no final das contas, Deus não é justificado pelos seres humanos, que o falar divino não pode ser substituído pela fala humana. Em tudo aquilo que o ser humano experimenta, acima de tudo no sofrimento, existe um "tempo de silêncio" (cf. Ecl 3,7). Não ter reconhecido isso deve ter sido certamente uma das falhas dos amigos: "Quem, portanto, vos imporá silêncio, a única sabedoria que vos convém!" (13,5).

Uma segunda tentação a que estão expostos os "porta-vozes de Deus" profissionais é a de "torcer a verdade em favor de Deus". Conforme a compreensão bíblica, Deus e a verdade não podem ser separados. Quem busca a Deus busca a verdade; quem busca a verdade busca a Deus. Quem anuncia um deus, e nisso distorce a verdade, anuncia um ídolo – também e justamente quando pensa defender Deus. Uma fala bem intencionada sobre Deus que perverte a verdade não pode ser tolerada por Deus. De acordo com Jó, Deus "infligirá severa reprimenda" àqueles que "forem parciais às escondidas" (v. 10). Foi precisamente isso o que os amigos fizeram. Eles distorceram a verdade, visto que declararam Jó culpado a fim de defender Deus, para falar bonito a seu respeito. No final, verifica-se a suposição de Jó: "IAHWEH disse a Elifaz de Temã: 'Estou indignado contra ti e teus companheiros, porque não falastes corretamente de mim (a mim), como o fez meu servo Jó" (42,7). Por conseguinte, de alguma maneira os amigos de Jó formam trágicas figuras: justamente eles, que "se jogariam no abismo por Deus", apunhalam Jó pelas costas e prestam a Deus um desserviço. No final, porém, Deus não se deixa abafar por seus partidários. Assim, o Livro de Jó é, pois, um livro da confiança e da esperança.

Pelejar com Deus (13,13-28)

13 Silenciai, agora sou eu quem fala,
venha o que vier.

14 Porei minha carne entre os meus dentes,
levarei nas mãos minha vida.

15 ele pode me matar: mas não tenho outra esperança
senão defender diante dele minha conduta.

16 Isto já seria minha salvação,
pois o ímpio não ousaria comparecer diante dele.

17 Escutai, escutai minhas palavras,
dai ouvido ao que vou declarar.

18 Eis que procederei com justiça,
e sei que sou inocente.

19 Quem quer disputar comigo?
De antemão, estou pronto para calar-me e para morrer!

20 Faze-me apenas duas concessões,
e não me esconderei de tua presença:

21 afasta de mim a tua mão
e não me amedrontes com teu terror.

22 Depois me acusarás e te responderei,
ou falarei eu e tu me replicarás:

23 Quantos são os meus pecados e minhas culpas?
   Prova meus delitos e pecados.

24 Por que ocultas tua face
   e me tratas como teu inimigo?

25 Queres, então, assustar uma folha levada pelo vento
   e perseguir a palha seca?

26 Pois rediges contra mim sentenças amargas,
   obrigas-me a assumir os pecados de minha juventude,

27 e prendes meus pés ao cepo;
   vigias todos os meus passos
   e examinas as minhas pegadas.

28 O homem consome-se como a madeira apodrecida,
   como veste roída pela traça.

Jó havia confessado: "Pleitear com Deus é meu desejo" (13,3). No texto a ser interpretado agora, dá-se a anunciada disputa judicial. Jó fala a Deus sob a forma de um litígio. Ele o faz não na tranquilidade dos aposentos, mas na presença dos amigos. Ele os exorta a silenciar (v. 13) e a prestar acurada atenção a seu discurso (v. 17).

O v. 14 até o 16 contêm tudo. A fim de entrar em contato com Deus, Jó está disposto a pôr em jogo até a própria vida. Os versículos contêm um sentido bem mais profundo do que uma primeira leitura possa dar a conhecer. Considerados no que é mais evidente, eles querem dizer que Jó gostaria absolutamente de entrar em contato com Deus. Nem sequer o preço de sua própria vida é para ele demasiado alto: "Ele pode me matar: mas não tenho outra esperança" (v. 15). No mais íntimo, ressoa a profunda tensão entre vida, morte e experiência de Deus. Será que Jó sente que ele só pode contemplar a Deus ao preço de sua própria vida (cf. Ex 30,20; Jz 13,22)? "Venha o que vier" (v. 13). Em prol disso ele lançará na balança seu corpo e sua alma (v.14). Intuitivamente, parece que ele experimenta que precisamente esta aposta de toda a sua vida "servir-lhe-á de salvação" (v. 16).

O que é dito aqui parece expressão de uma profunda experiência espiritual. No mais íntimo de sua existência, o ser humano foi feito para entrar em contato com Deus. Não raro, a dinâmica dessa ocasião só irrompe no sofrimento, quando formas exteriores da vida, consideradas seguras, desmoronam. Nesse desmoronamento, porém, mostra-se um caminho que conduz a Deus. A tormentosa pergunta que a muitos intimida também é feita por Jó: "Se alguém morrer, poderá reviver?" (14,14).

Jó está seguro daquilo que ele gostaria de apresentar a Deus (v. 18). Se existisse alguém que o contestasse, ele estaria disposto a morrer em silêncio (v. 19). Nos vv. 20-21, ele implora por uma situação de negociação livre do medo: ele está disposto a apresentar-se a Deus (v. 20), desde que ele retire a mão que pesa sobre ele e não lhe infunda nenhum terror (v. 21). Sob tais condições, Jó está pronto para aceitar o processo seguinte conforme seu opositor, Deus, assim o quiser: quem quer que tenha de perguntar ou responder, é-lhe indiferente (v. 22).

Depois que as condições do litígio estão esclarecidas, nos vv. 23 a 27, Jó vem ao assunto. Ele apresenta dois pontos de acusação: Primeiro: "Prova meus delitos e pecados" (v. 23). Segundo: "Por que ocultas tua face e me tratas como teu inimigo?" (v. 24). Jó queixa-se de que a atitude de Deus para com ele não está em adequada proporção a sua miserável situação: Deus o varre como folhas secas, ele o dispersa como palha ressequida (v. 25). No v. 26, Jó fala dos "pecados de sua juventude". Estaria com isso reconhecendo que atraiu, sim, culpa para si? – dificilmente. A afirmação realça muito mais a imensamente grande, sim, desumana dureza de Deus, que leva em conta até mesmo aqueles pecados pelos quais uma pessoa, devido à sua idade jovem, não pode ser completamente responsabilizada (cf. Sl 25[24],7). Para Gregório Magno, na "confissão de pecados" de Jó se mostra a alta sensibilidade ética dos santos.

> Porque nós chamamos de juventude (*adolescentia*) a primeira idade, na qual alguém é capaz de bons comportamentos, os homens justos, visto que progrediram bem em relação à maturidade de sua consciência, trazem à memória até o começo de seus comportamentos e, no que tange seus começos, fazem tanto mais censuras quanto mais eles, em razão da rigidez de sua sensível consciência, tenham avançado,

escreve ele acerca do v. 26. O v. 28 descreve, em dois quadros, a efemeridade do ser humano. O versículo faz a ponte com o tema do capítulo seguinte.

Quando as pessoas seriamente e em boa fé litigam entre si, elas dão a entender que não são indiferentes umas para com as outras. Acontece o mesmo no relacionamento humano com Deus. Jó não empreende a tentativa de se apresentar a Deus com uma humildade falsamente compreendida e numa submissão piegas. Ele lhe vai ao encontro em retidão, veracidade e dignidade e – se preciso for – também em altercação.

O destino do ser humano (14,1-12)

1 O homem, nascido de mulher,
tem a vida curta e cheia de tormentos.

2 É como a flor que se abre e logo murcha,
foge como sombra sem parar.

3 E é sobre alguém assim que cravas o olhos
e o levas a julgamento contigo?

4 Quem fará sair o puro do impuro?
Ninguém!

5 Se os seus dias já estão determinados
e sabes o número de seus meses,
se lhe fixaste um limite intransponível,

6 desvia dele teus olhos e deixa-o,
para terminar o seu dia como o assalariado.

7 A árvore tem esperança,
pois cortada poderá renascer,
e seus ramos continuam a crescer.

8 Ainda que envelheçam suas raízes na terra
e seu tronco esteja amortecido no solo,

9 ao cheiro da água reverdece
e produz folhagem, como planta tenra.

10 O homem, porém, morre e jaz inerte;
expira o mortal, e onde está ele?

11 As águas do mar podem sumir,
baixar os rios e secar:

12 jaz, porém, o homem e não pode levantar-se,
os céus se gastariam antes de ele despertar
ou ser acordado de seu sono.

Uma primeira leitura do Livro de Jó pode dar a impressão de que aqui estaria um infeliz atingido por um extraordinário golpe de infortúnio. Todo ser humano muito bem espera ser poupado de abalo semelhante. Com efeito, Jó é atingido por terrível desgraça. No jeito pelo qual procura compreensivamente atravessar seu sofrimento, ele rompe, no entanto, sempre mais o âmbito de sua experiência pessoal. Parece tornar-se-lhe claro que o sofrimento que o atingiu está ligado ao seu ser humano: "O homem, nascido de mulher, tem a vida curta e cheia de tormentos. É como a flor que se abre e logo murcha [cf. Is 40,6-8], foge como sombra [cf. Ecl 6,12] sem parar" (vv. 1-2). À luz de seu sofrimento, Jó descobre simplesmente o sofrimento do ser humano. Tal generalização antropológica já podíamos observar no capítulo 7,1-10. Ela é de fundamental importância para a compreensão do livro. Mostra que, na miséria de Jó, torna-se visível algo que está diante de qualquer pessoa que assume sua vida, desta ou daquela forma. Dessarte, no final da primeira rodada de discursos, o olhar de Jó se abre para a existência humana marcada pelo sofrimento, de modo geral. O lamento sobre *sua* infelicidade reflui em prol da queixa contra a miséria e a desesperança da vida humana.

As descomunais dimensões do infortúnio de Jó pertenceriam a uma forma de apresentação literária que nos ajuda a prestar bem atenção a algo que normalmente escapa à nossa não adestrada percepção cotidiana. Ao mesmo tempo, coloca-nos imperceptivelmente diante dos olhos o que deveras conta nesta vida. Desse modo, reparando bem, Jó não é alguém sobre quem, casualmente, caiu um sofrimento fora do comum, mas o exemplo de uma pessoa que vivenciou e padeceu, a *seu* modo, o sofrimento que está vizinho a todos os seres humanos.

De acordo com Jó, a vida humana é lamentável num tríplice aspecto. É breve e cheia de tormentos (vv. 1-2; cf. Sl 103[102],14-16). Além disso, acontece que Deus ainda sobrecarrega esta breve, desassossegada vida com atenta vigilância e julgamento (v. 3; cf. Sl 143[142],2), embora ele devesse saber que nenhum ser humano "nasce puro" (v. 4; cf. 4,17; Sl 51[50],7) – uma experiência na qual Jó se vê presentemente inserido (cf. 7,16-19). Se Deus já estreitou tanto as fronteiras temporais da via humana (v. 5), então ele poderia pelo menos deixar o ser humano em paz nesse breve tempo, a fim de que ele, quanto mais não seja, "goze seu dia como o assalariado" (v. 6). – No entanto, nem um traço disso! Não somente passado e presente são lamentáveis, também o futuro do ser humano é, pois, sem esperança. Diferentemente de uma árvore que, mesmo quando caída, ainda pode fazer brotar ramos (vv. 7-9; cf. Is 11,1), o ser humano padece morte *definitiva* (v. 10): ele jaz e "não mais pode levantar-se" (v. 12).

Sem esperança (14,13-22)

13 Oxalá me abrigasses no Xeol
  e lá me escondesses até se aplacar tua ira,
  e me fixasses um dia para te lembrares de mim:

14 pois, se alguém morrer, poderá sobreviver?
    Nos dias de minha pena eu esperaria,
    Até que chegasse o meu alívio.

15 Tu me chamarias e eu responderia;
    desejarias rever a obra de tuas mãos,

16 – enquanto agora contas todos os meus passos –,
    e não observarias mais meu pecado,

17 selarias em uma urna meus delitos
    e cobririas a minha iniquidade.

18 Mas, como o monte que acaba por desmoronar,
    e ao rochedo que muda de lugar,

19 a água que desgasta as pedras,
    à tormenta que arrasta a poeira do solo,
    assim é a esperança do homem que tu destróis.

20 Tu continuamente o abates e ele se vai,
    transtornas o seu semblante e o repeles.

21 Seus filhos adquirem honras, mas não o chegará a saber;
    caem em desonra, mas ele não o percebe.

22 Só sente o tormento de sua carne,
    só sente a pena de sua alma.

No lamento de Jó, a ira divina assume a forma do trágico. Jó pede a Deus que se digne protegê-lo de sua própria ira (v. 13). Conforme antiga e difusa concepção israelita, o Xeol é o lugar da ausência de Deus. Os mortos do Xeol estão privados do acesso divino: "Despedido entre os mortos, como as vítimas que jazem no sepulcro, das quais já não te lembras porque foram separadas de tua mão" (Sl 88[87],6). Contudo, aquilo que, de acordo com a compreensão geral, seria lamentado como um lugar do distanciamento de Deus e da desesperança, na situação simplesmente sem saída de Jó torna-se um ansiado lugar de refúgio contra a impiedosa perseguição da ira divina. No entanto, a quem deveria ele pedir para ser ocultado protegidamente no Xeol? Quem senão Deus poderia prestar-lhe este serviço salvífico? Mais uma vez Jó clama a (à misericórdia de) Deus contra (a ira de) Deus. Jó busca proteção não na proximidade de Deus, mas no distanciamento de Deus!

Parece operar-se uma fratura na esperança, pois Jó deseja que sua ansiada estada no refúgio do Xeol seja algo cronologicamente limitado: "[…] até se aplacar tua ira" (v. 13). Logo que a ira divina se retirasse, então Deus poderia pensar novamente nele e a ele, "a obra de suas mãos", chamá-lo do mundo dos mortos (v. 13 e 15). Ele sairia e poderia, finalmente, viver uma vida livre de mesquinhas e desapiedadas perseguições da parte de Deus (vv. 16-17).

Mas seria bom demais para ser verdade! Até mesmo o que é aparentemente impassível ("montanha") passa, o que parece inabalável ("rocha") é sacudido (v. 18). Assim como as águas constantemente correntes erodem até mesmo as duras pedras, como uma tormenta pode arrastar o solo firme, assim Deus derrete a esperança do ser humano (v. 19), não importa que ele seja tão firme quanto uma montanha (v. 18): "Tu continuamente o abates e ele se vai" (v. 20). Com "rosto transtornado" (v. 20), já aparece diante dos olhos de Jó a face de um morto. Com a morte, desfaz-se toda comunicação humana: nem sequer de seus filhos, a quem ele deu a vida e com quem se movia junto na correnteza da vida, o morto recebe qualquer notícia (v. 21). Reina o silêncio dos mortos. Tudo o que ele percebe é dor e luto por sua própria decadência (v. 22).

Na queixa de Jó, irrompem compacta e difusamente medos da morte. Para ele, a morte contém profunda notícia da ambiguidade. É um espaço de proximidade ou de distanciamento de Deus? No sofrimento, mas também numa vida aparentemente imperturbável, não raro as pessoas são assaltadas por medos da morte – muitas vezes em sonhos, nas passagens do dia para a noite. Na mensagem bíblica e não por último no Livro de Jó, somos encorajados a dialogar com tais experiências. Podemos abalar-nos, pois nem o Antigo nem o Novo Testamento nos prometem um caminho longe da morte. Para Jó, é um inconcebível pensamento, até mesmo um incômodo pensamento que Deus esteja presente no Xeol (v. 13). O próprio piedoso orante do Sl 139(138) deve reconhecer: "É um saber maravilhoso, e me ultrapassa, é alto demais: não posso atingi-lo" (v. 6).

ESPERANÇA FIRME (JÓ 15-21)

Tolo, ímpio, culpado (15,1-6)

1 Elifaz de Temã tomou a palavra e disse:

2 Acaso responde um sábio com razões balofas,
e enche seu ventre com vento leste,

3 defendendo-se com razões inconsistentes,
ou com palavras sem sentido?

4 Além do mais, destróis o temor de Deus,
desacreditas os piedosos diálogos diante de Deus.

5 Tua culpa te inspira tais palavras
e adotas a linguagem dos astutos.

6 Tua própria boca te condena, e não eu,
teus próprios lábios testemunham contra ti.

Com o discurso precedente de Jó (12–14), o primeiro ciclo de discursos (3–14) chega ao fim. Cada um dos três amigos falou uma vez. Nenhum deles se colocou ao lado de Jó. Com isso, as posições se demarcam. Agora tem início uma segunda série de diálogos (15–21). Uma vez mais, Elifaz começa com uma pergunta. Esta, porém, não é mais marcada pela consideração e pela simpatia, como a pergunta inicial de seu primeiro discurso podia ser compreendida (cf. 4,2). O tom torna-se áspero. Elifaz aproxima Jó dos tolos (vv. 2-3), dos ímpios (v. 4) e dos criminosos (vv. 5-6).

Sob a forma de uma pergunta retórica, ele qualifica o que foi dito por Jó como "razões balofas" e como "vento leste" (v. 2; cf. Ez 17,10; 19,12), prejudicial e ressecante. Ele assente ao anúncio de Jó em querer entrar numa disputa judicial com Deus (13,13-28), mas considera tal procedimento inadequado e inútil (v. 3). Conforme o julgamento de Elifaz, o comportamento de Jó pode ser tudo, menos sábio. Com isso ele contradiz a autoapreciação de Jó. Este havia contraposto seus amigos: "Mas também eu tenho inteligência, não sou inferior a vós" (12,3; cf. 13,2). Acaso um sábio dá como resposta um saber tão balofo? – contra-argumenta Elifaz.

Na sintética e integral concepção da vida do Antigo Testamento, noções e formas de conduta que na Modernidade se prefere manter separadas são vistas como estreitamente ligadas entre si. Estultícia e impiedade formam um par que dão à luz a injustiça. "O temor de Iahweh é princípio de conhecimento: os estultos desprezam sabedoria e disciplina" (Pr 1,7). De modo que não surpreende que a segunda repreensão seja a da impiedade: "Além do mais, suprimes a piedade, desacreditas os piedosos diálogos diante de Deus" (15,4). O que é descrito simplesmente como "temor" no texto hebraico significa aqui temor de Deus. Com isso, fundamentalmente se alude a todo o comportamento religioso, aquilo que compreendemos sob o nome de fé e práxis da fé, o que a segunda parte do versículo deixa claro: Jó perturba os devotos pensamentos diante de Deus (cf. Sl 119[118],97-99). Com essa censura, Elifaz dá um passo decisivo adiante, em relação ao seu primeiro discurso. Se lá ele ainda apelou para o temor de Deus da parte de Jó e não pôs em dúvida que Jó fosse temente a Deus ("Teu temor de Deus não é tua segurança?" – 4,6), agora ele já não recua diante da crítica da incredulidade. Nisso Elifaz não teria razão? Com efeito, algo aconteceu entrementes. Será que Jó não proferiu discursos ofensivos contra Deus? O próprio Jó havia dado a entender que ele, o derrotado, "não temia mais o Todo-Poderoso" (6,14). Aliás, nessa situação de miséria ele desejava "o amor do amigo". No entanto, para Elifaz, não parece ser possível conceder tal amor a uma pessoa que "destrói o temor de Deus".

Segue-se uma terceira reprimenda: Jó ter-se-ia tornado culpado (vv. 5-6). Com discursos astuciosos, Jó pretende desviar-se de sua culpa. Quem se escusa se acusa: "Tua própria boca te condena, não eu, teus próprios lábios testemunham contra ti" (v. 6). Se em seu primeiro discurso Elifaz aludiu cuidadosamente ao tema "culpa" ainda sob a forma de uma vaga suspeita, agora ele o expressa claramente. É evidente que os discursos de Jó não ficaram sem efeito. Conforme a tríplice censura de Elifaz, Jó é tolo, ímpio e culpado.

Que sabes tu que não saibamos nós? (15,7-16)

7 Foste, porventura, o primeiro homem a nascer,
    e vieste ao mundo antes das colinas?

8 Acaso foste admitido ao conselho de Deus
    e te apropriaste da sabedoria?

9   Que sabes que nós não saibamos?
    Que entendes que não entendamos?

10 Há também entre nós anciãos de venerandas cãs,
    muito mais velhos que teu pai.

11 Fazes pouco caso dessas consolações divinas
    e das palavras suaves que te são dirigidas?

12 Como te arrebata a paixão!
    E lampejas os olhos,

13 quando voltas contra Deus a tua cólera,
    proferindo teus discursos!

14 Como pode o homem ser puro
    ou inocente o nascido de mulher?

15 Até em seus Santos Deus não confia,
    e os Céus não são puros aos seus olhos.

16 Quanto menos o homem, detestável e corrompido,
    que bebe como água a iniquidade!

No Livro de Jó, trata-se não somente do sofrimento e da compaixão, mas também da verdade, da sabedoria e do conhecimento. No sofrimento, uma dimensão mais profunda da realidade pode revelar-se a uma pessoa. Mediante seu sofrimento, Jó será introduzido na verdade de sua humanidade: "O homem, nascido de mulher, tem a vida curta e cheia de tormentos. É como a flor que se abre e logo murcha, foge como sombra sem parar" (14,1-2). Uma pessoa amadurecida no sofrimento é vista normalmente como mais autêntica e sábia do que alguém que apenas desliza por aí na superfície da vida. Logo na primeira palavra de seu segundo discurso Elifaz alude a um tema que se sobressai de novo no curso da discussão até agora: "Um *sábio* – dá como resposta um saber tão balofo?" (15,2). Num primeiro lance, Elifaz procura, de algum modo, apresentar as palavras de Jó como tolas e ímpias, e seu sofrimento como provocado por sua própria culpa (15,1-6). Na primeira parte (15,7-10) do texto aqui comentado (15,7-16), ele retoma o tema da sabedoria e do conhecimento. Quem é sábio? Jó ou seus amigos? A partir de agora, essa palavra terá uma função.

Elifaz recorre ao testemunho do grande tesouro de experiência que se acumulou *na* tradição na qual ele e seus amigos se ancoram (v. 10). A seus olhos, Jó lança fora, em razão de uma simples experiência pessoal, o venerável conhecimento que abrange gerações: "Foste, porventura, o primeiro homem a nascer, e vieste ao mundo antes das colinas?" (v. 7). Elifaz deveria ser de opinião que Jó estaria conferindo a si e a sua situação demasiada importância. Será que ele pretenderia, pois, questionar a justiça e a ordem do mundo em razão de seu sofrimento *pessoal*? Aqui nos deparamos com um problema central da formação da tradição religiosa. De certa maneira, os amigos representam o conhecimento religioso objetivo. Jó, porém, não consegue mais harmonizar este conhecimento com sua experiência pessoal, com o que se *lhe* mostra, com *seu* saber. Assim, dá-se um desacordo entre Jó e seus amigos também *quanto à questão*.

Elifaz indica uma solução – certamente sem que ele próprio compreenda – quando ele repreensivelmente indaga a Jó: "Acaso foste admitido ao conselho de Deus e te apropriaste da sabedoria?" (v. 8). Com isso ele apresenta antecipadamente uma afirmação-chave que se encontra no poema sobre a sabedoria: "De onde vem, pois, a Sabedoria? Onde está o lugar da Inteligência? Só Deus conhece o caminho para ela, só ele sabe o seu lugar" (Jó 28,20.23). Elifaz parece pressupor, como evidente, que no seu saber e no de seus amigos a sabedoria assumiu uma forma verdadeira e obrigatória (cf. 11,6). São as "consolações divinas" que deveriam bastar para Jó (v. 11). Com isso se pretende indicar todas as exortações e indicações, "a que visam os discursos de todos os amigos" (cf. 5,8-27; 8,5-7; 11,13-20; F. Horst, *Hiob*, 4. ed. Neukirchen-Vluyn: Neukirchener,1983, p. 224). Jó, ao contrário, não consegue reconhecer nelas nenhuma consolação (cf. 12,2-3; 16,2). Ele se empenha em obter uma resposta da parte daquele que é o único a conhecer o caminho da sabedoria (cf. 13,2-3).

No fundo, ressoam aqui duas compreensões diferentes da revelação. Para Elifaz, parece que a revelação refere-se (exclusivamente) a algo comunicado por Deus, àquilo "que dizem os sábios" (15,18) – uma (má) compreensão que se pode encontrar ainda hoje na tradição cristã. Em contrapartida, Jó volta-se completamente para o *ato* da comunicação de Deus, para uma "resposta" de Deus. Ele sente que, quando a coisa é séria e tudo está em jogo, somente o encontro com Deus mesmo pode ajudar. Este encontro, pelo qual tanto anseia, contém uma "mais valia" que não deve ser contabilizada como "saber". Elifaz intui o que se deve esperar quando ele – quiçá um pouco nervoso – indaga Jó: "Que sabes que nós não saibamos? Que entendes que não entendamos?" (v. 9).

O medo do ímpio (15,17-24)

17 Escuta-me, pois quero instruir-te,
   vou contar-te o que vi,

18 o que dizem os sábios, o que eles não escondem,
   e que vem de seus pais,

19 somente a eles foi dada a terra,
   sem que nenhum estrangeiro tivesse passado entre eles.

20 A vida do ímpio é tormento contínuo,
   e poucos são os anos reservados ao tirano;

21 escuta ruídos que o espantam;
   quando está em paz, assalta-o o bandido;

22 ele não crê mais escapar das trevas,
   pois é espreitado pela espada;

23 anda vagando em busca de pão, por onde possa haver
   ele sabe que sua mão segura firmemente um dia de trevas.

24 Angústia e tormento aterrorizam-no
   eles o acometem como um rei que se prepara para o assalto.

Um tema que no primeiro ciclo de discursos (capítulo 3–14) já ressoou diversas vezes (cf. 4,8-11; 8,11-22; 11,20), mas que ainda não foi tratado pormenorizadamente, na segunda série de discursos (capítulo 15–21) se coloca no centro da discussão: o destino do ímpio. Cada um dos três amigos trata minuciosamente do assunto em seus discursos (Elifaz: 15,17-35; Baldad: 18,5-21; Sofar: 20,4-29). Se Jó falou da desesperança do ser humano (cap. 14), os amigos, por sua vez, falam da desesperança do ímpio. Jó discorre sobre o assunto, mas o inverte significativamente. Não fala da infelicidade do ímpio, mas de sua ventura: "Por que os ímpios continuam a viver, e ao envelhecer se tornam ainda mais ricos?... Suas casas, em paz e sem temor, a vara de Deus não as atinge" (21,7.9).

Na passagem ora interpretada, Elifaz trata sistematicamente do tema. Após breve introdução (vv. 17-19), primeiramente ele descreve a condição (vv. 20-24), a seguir, o comportamento (vv. 25-28) e, por fim, a consequência (vv. 29-35), seres humanos que levantam suas mãos contra Deus (v. 25). Suas descrições são, por um lado, marcadas por clichês; por outro lado, porém, deixam entrever refinada capacidade psicológica de observação.

Na introdução (vv. 17-19), em primeiro lugar, ele pede expressamente a Jó que preste atenção (v. 17) – um sinal de que agora algo importante deve ser dito. Ato contínuo, Elifaz menciona duas fontes de conhecimento para o que, a seguir, ele tem a relatar: de um lado, sua experiência pessoal (v. 17: "o que vi"); de outro, o legado sapiencial da tradição (v. 18: "o que dizem os sábios"; cf. 8,8-9). Na declaração: "o que vi" pode ressoar um significado duplo. Pode indicar a mera percepção exterior, o que alguém vê com seus olhos. No entanto, visto que no texto hebraico não se emprega a palavra costumeira para "ver", mas o termo que indica "percepção (interior)", típico da tradição profética, aqui se poderia aludir a uma percepção que rompe a aparência superficial e enxerga mais profundamente (cf. 4,12-21). O que Elifaz comunica a seguir está assegurado tanto por sua compreensão pessoal como pela ligação ao puro, genuíno ensinamento dos começos (v. 19).

Quanto ao tema "ímpio", a tradição bíblica encontra-se diante de um dilema. Por um lado, ela tem a firme convicção de que uma pessoa que se revolta contra Deus fracassará. Por outro lado, a experiência cotidiana mostra que os ímpios passam maravilhosamente bem. O orante do Sl 73[72] por pouco não perde o juízo a esse respeito: "Por pouco meus pés tropeçavam [...], vendo a prosperidade dos ímpios. Para eles não existem tormentos, sua aparência é sadia e robusta; a fadiga dos mortais não os atinge, não são molestados como os outros" (vv. 2-5). Ademais, os "fanfarrões" (Sl 73[72],9) são apreciados pelo povo: "O povo se volta para eles e sorvem suas palavras sofregamente" (Sl 73[72],10). Uma possibilidade de esclarecer tal dilema é-nos demonstrada por Elifaz. Ele inspeciona a condição interior do ímpio (vv. 20-24). Daí emerge algo espantoso: o ímpio é constantemente atormentado por medos profundamente arraigados. Ao mesmo tempo, ele é "um tirano" (v. 20). Por trás da fachada de violência e arrogância (cf. Sl 73[72],8 – "caçoam e falam maliciosamente"), escondem-se terrores viscerais, suscetibilidade e vulnerabilidade: "escuta ruídos que o espantam" (v. 21). A aparência exterior de glamouroso bem-estar é enganosa. Na realidade, a pessoa sem Deus (v. 25) é prisioneira das trevas (v. 22). Ele vagueia em profunda desorientação e não encontra alimento para sua vida ameaçada por todos os lados (v. 23). Se a pessoa que confia em Deus permanece firme na angústia (cf. Pr 10,25; Is 7,2.9; Mt 7,24-27), o ímpio é "vencido" pela angústia e pelo tormento (v. 24).

Jó, que escuta essas palavras, deve perguntar-se a contragosto: será que Elifaz não falou a meu respeito? "Sucede-me o que mais temia, o que mais me aterrava acontece-me" (3,25).

O destino do ímpio (15,25-35)

25 Porque estendeu a mão contra Deus
 e desafiou o Todo-Poderoso,

26 investindo contra ele de cabeça curvada,
 com escudo trabalhado em relevos maciços;

27 seu rosto estava coberto de gordura,
 a banha acumulou-se em seus rins.

28 Ocupara cidades destruídas,
 casas desabitadas
 e prestes a cair em ruínas.

29 Não será rico, nem sua fortuna terá consistência,
 sua sombra não cobrirá mais a terra,

30 Ele não escapará das trevas.
 A chama queimará seus rebentos
 A sua flor será arrebatada pelo vento.

31 Não se fie no seu porte grandioso,
 porque ficaria iludido.

32 Antes do tempo murcharão as suas palmas
 e seus ramos não ficarão mais verdes.

33 Como videira deixará cair seus frutos ainda verdes,
 e como a oliveira perderá sua floração.

34 Pois a raça do ímpio é estéril,
 um fogo devora a tenda do homem enganador.

35 Quem concebe o sofrimento gera a infelicidade
 e prepara em si um fruto de decepção.

Nos versículos 20 a 24, Elifaz havia posto a nu a verdadeira situação (interior) do ímpio. Nos versículos 25 a 28, ele descreve agora o comportamento, e nos versículos 29 a 35, o que sucede ao ímpio. A atitude do ímpio é a razão da infelicidade que o atinge. Aqui não se desencadeia furiosamente nenhum destino cego, mas uma ordem coerente. No fundo, o comportamento ímpio é uma insurreição contra Deus. Os versículos 25 a 28 podem ser compreendidos inteiramente nesse sentido. No caso, os dois primeiros versículos, 25 e 26, descrevem o ataque direto contra Deus: no versículo 25, o anúncio, sob a forma de um gesto ameaçador (cf. Ez 6,14; 35,3); no versículo 26, a realização sob a forma de uma guerra. Deus não esquecerá, sua existência não será negada, ele combaterá como um inimigo. Em suas queixas, será que Jó não se teria identificado com tal combatente contra Deus? O versículo 27 – "Seu rosto estava coberto de gordura, a banha acumulou-se em seus rins" – descreve em linguagem figurada o processo de adipose por culpa própria. O "coração endurecido" de Is 6,10 é – entendido literalmente – um coração adiposo (cf. Sl 73[72],7). Assim, o ímpio cinge-se com um cinto de gordura a fim de nada enxergar, nada ouvir, a fim de não se converter nem ser curado (cf. Is 6,10). O versículo 28 poderia já ser entendido como consequência de seu comportamento ímpio: como castigo, deve viver em cidades destruídas. Provavelmente, porém, quer significar outra coisa. Cidades, casas destruídas, nas quais ninguém habita, campos de ruína – ali abrigam-se avestruzes, chacais, cães selvagens e hienas, espíritos maus e demônios, poderes do mal (cf. Is 13,19-22; 34,11-15). Ali também mora o ímpio, ali é sua casa.

Da consequência propriamente dita de seu comportamento ímpio fala-se nos versículos 29 a 35. Aqui Elifaz discorre imparcial e figurativamente, com grande ênfase e com palavras impressionantes, tiradas da tradição sapiencial: a vida do ímpio não tem estabilidade – esta é a convicção fundamental dos amigos e da tradição, da qual procedem e continuam a transmitir, mas que eles, perante a queixa de Jó, ora veem profundamente questionada. A partir daí, é compreensível que os três amigos, na crise da tradição, reconheçam-se enfaticamente neste ensinamento.

Em seu primeiro discurso, Elifaz havia terminado ainda com um olhar esperançoso e dissera a Jó: "Conhecerás que tua tenda está em paz" (5,24). Agora as coisas mudaram. O tom exasperou-se. Jó ameaça tornar-se um caso sem esperança. A ampla e drástica descrição do destino dos ímpios deve certamente ser entendida como uma última advertência a Jó a fim de que abandone seu comportamento ímpio – aos olhos dos amigos. Não teria acontecido a Jó precisamente aquilo que o ímpio deve esperar? "Sua fortuna não terá consistência [...] Antes do tempo murcharão suas palmas" (vv. 29 e 32).

Quem gostaria de contestar o ensinamento dos amigos? "O caminho dos ímpios perece" (Sl 1,6). A partir daí, em sentido inverso, pode-se deduzir que cada pessoa que sucumbe é ímpia?

Belas palavras em vez de verdadeira confiança (16,1-6)

1 Jó tomou a palavra e disse:

2 Já ouvi mil discursos semelhantes,
sois todos consoladores importunos.

3 "Não há limite para discursos vazios?"
Ou ainda: "Que mal te força a te defender?"

4 Também eu poderia falar como vós,
se estivésseis em meu lugar;
poderia acabrunhar-vos com discursos
levantando sobre vós a cabeça,

5 vos reconfortar com palavras,
e depois deixar de agitar os lábios.

6 Se falo, não cessa minha dor;
se me calo, como ela desaparecerá?

O ensinamento exposto por Elifaz é absolutamente conhecido de Jó: "Já ouvi mil discursos semelhantes" (v. 2). De início, Jó não entra de forma alguma no conteúdo do ensinamento. Ele ainda o fará mais tarde (capítulos 21; 24). Em primeiro lugar, ele chama a atenção para o fato de que, na discussão aqui sustentada, ao lado do nível objetivo, um nível relacional é importante. E aqui algo vai de mal a pior. Jó e seus amigos falam entre si sem se entenderem por se acharem situados em lugares diferentes. Cada um fala completamente a partir de sua situação. O que falta é a capacidade de colocar-se na situação do outro. O próprio Jó afirma ser capaz de agir assim (v. 6). Mas ele sente falta disso da parte de seus amigos (vv. 2-3). Uma inversão de papéis traria isso à tona: "Também eu poderia falar como vós, se estivésseis em meu lugar" (v. 4). O que Jó experimenta faltar em seus amigos é uma autêntica capacidade de compreensão dos sentimentos alheios. Evidentemente, falta aos amigos a aptidão para compreender as experiências de Jó e reagir a elas de maneira adequada. Eles pronunciam "discursos vazios" (v. 3) e se tornam "consoladores da tribulação" (v. 2) – assim a tradução literal.

Nos versículos 4 e 5, Jó descreve que efeito produz nele a atitude dos amigos. Eles resplandecem em palavras, que pronunciam contra (ou também: sobre) ele. Interiormente, porém, eles meneiam a cabeça (v. 4) – um gesto de desprezo e de incompreensão (cf. 2Rs 19,21; Sl 22[21],8; Lm 2,15). A compaixão deles provém de seus lábios, não de seus corações. Eles reconfortam apenas com a boca (v. 5). Jesus Sirácida adverte veementemente contra tais pessoas:

> Na adversidade o inimigo não pode se esconder [...] O inimigo só tem doçura nos lábios, mas no seu coração maquina jogar-te no abismo [...] Se te ocorre um infortúnio, tu o encontrarás ali contigo e como quem socorre agarrar-te-ás pelo calcanhar. Sacudirá a cabeça, baterá palmas, porém, murmurando muito, mudará de semblante. (Eclo 12,8.16-18)

Em lugar da atitude dos amigos, Jó mostra como deveria ser a verdadeira consolação: "Se falo, não cessa minha dor; se me calo, como ela desaparecerá?" (v. 6). Aqui, inicialmente, demonstra-se, antes de mais nada, a requintada observação de que a força sanativa da consolação pode desenvolver-se não somente em palavras, mas também no silêncio. No entanto, a atitude unicamente a partir da qual o silêncio e a fala podem tornar-se verdadeiramente consolação medicinal é a genuína *com*-paixão ("não cessa minha dor"). No caso, não se trata de derreter-se de comiseração ou incorporar os sentimentos do outro, bem ao contrário, porém, estar verdadeiramente onde está o sofredor. A experiência mostra que isto só é possível quando alguém sabe o que significa sofrer – tal como Jó, cuja dor não cessaria se ele tivesse palavras de consolação (v. 6). Isso não significa que aquele que consola deva ter padecido o mesmo destino (exterior) do sofredor, antes, que ele – pelo menos inicialmente – reconheceu e assumiu o sofrimento que está ligado a *sua* vida, que ele, como se diz na tradição cristã, teve de tomar *sua* cruz e seguir o caminho que Jesus percorreu (cf. Mc 8,34; Mt 10,38). Dessa maneira, assim o mostra a experiência, a situação onde os sofredores se encontram não lhe é desconhecida. Ele pode ir até eles e pode, em palavras ou no silêncio, realmente estar com eles. De início, os amigos conheceram isso perfeitamente. Quando eles souberam do infortúnio de Jó, puseram-se a caminho, "para ir compartilhar sua dor e consolá-lo... Sentaram-se no chão ao lado dele, sete dias e sete noites, sem dizer-lhe uma palavra, vendo como era atroz seu sofrimento" (2,11-13). Não há nenhuma razão para duvidar de que a silenciosamente plena participação dos amigos não fosse autêntica. Contudo, o curso do diálogo aviado pela queixa de Jó demonstra que os amigos não conseguiram completar, também em palavras, interiormente, o impressionante gesto de participação. Aqui eles soçobram. Aqui eles não conseguem abandonar a própria posição, ab-rogar a própria visão e enxergar o mundo com os olhos do outro. Os amigos estão a tal ponto claramente confiscados pela propagação de suas próprias concepções que não conseguem desfazer-se de fato de suas "luminosas" palavras e envolver-se com Jó. Isso se torna evidente sobretudo na segunda série de discursos. Um amigo após outro faz uma exposição acerca do destino do ímpio. Em si mesmos absolutamente impressionantes, também em relação ao conteúdo não facilmente descartáveis, estes desesperançosamente corretos discursos, porém, mostram que os amigos, de maneira peculiar, "permanecem ao lado". Com suas palavras, eles ficam de fora e não alcançam Jó verdadeiramente. Assim, eles deixaram seu lugar apenas exteriormente. Interiormente, permaneceram lá onde estavam.

Deus mau (16,7-17)

7 Mas agora ele me extenuou;
 feriste com horror tudo o que me cerca,

8 e ele me deprime,
 meu caluniador tornou-se minha testemunha,
 levanta-se contra mim e me acusa diretamente;

9 sua ira persegue-me para dilacerar-me,
 range contra mim os dentes,
 meus inimigos aguçam os olhos contra mim.

10 Abrem contra mim a boca,
 esbofeteiam-me com suas afrontas,

11 Deus entregou-me a injustos,
 jogou-me nas mãos dos ímpios.

12 Vivia eu tranquilo, quando me esmagou,
 agarrou-me pela nuca e me triturou.
 Fez de mim seu alvo.

13 Suas flechas zuniam em torno de mim,
 atravessou-me os rins sem piedade,
 e por terra derramou meu fel.

14 Abriu-me com mil brechas
 e assaltou-me como um guerreiro.

15 Costurei um saco para cobrir a minha pele
 e mergulhei meu rosto no pó.

16 Meu rosto está vermelho de tanto chorar
e a sombra pesa sobre minhas pálpebras,

17 embora não haja violência em minhas mãos
e seja sincera minha oração.

Se na primeira parte de seu discurso Jó havia-se voltado diretamente para seus amigos e se queixado da incapacidade deles de transmitirem verdadeira consolação (16,1-6), agora ele direciona sua percepção mais uma vez totalmente para si próprio. E o que lhe vem ao encontro é seu insuportável sofrimento e, neste, um Deus que o combate como um guerreiro (v. 14). A parte do discurso que ora comentamos (16,7-17) é, na maior parte, *queixa contra Deus*. Apenas por duas vezes Jó apela a Deus diretamente, usando a segunda pessoa (vv. 7-8). As imagens nas quais Deus faz frente a Jó provêm de diversos campos da vida e, por vezes, sobrepõem-se. Jó experimenta Deus como alguém que o ataca – como uma fera de rapina que o dilacera e range os dentes contra ele (v. 9), como um combatente que o esmaga (v. 12), como um arqueiro cujas flechas zunem ao seu redor (v. 13), como um guerreiro que investe contra ele como contra uma cidade sitiada e, brecha por brecha, a reduz à ruína (v. 14). Jó sabe-se atingido no coração de sua vida: desapiedadamente, Deus transpassa seus rins (v. 13). Na antropologia veterotestamentária, os rins – juntamente com o coração – indicam o âmbito mais íntimo da existência humana. O orante do Sl 139[138] reconhece agradecido e admirado: "Pois tu me formaste os meus rins, tu me teceste no seio materno" (v. 13). Este Deus, que criou e modelou o ser humano tão maravilhosamente, Jó experimenta-o como um guerreiro impiedoso, que o aniquila no âmago mais arcano de sua existência (cf. 10,8).

Na interpretação que vimos fazendo até agora, já deve ter ficado claro que, no Livro de Jó, não se trata de fazer com que o sofrimento desapareça o mais rapidamente possível. É preciso compreendê-lo. Jó deseja compreender: "Por que ele concede a luz ao miserável e a vida a quem a amargura aflige" (3,20). Na altercação com seus amigos, torna-se sempre mais claro para Jó que, no final das contas, ele só pode compreender a si e ao seu sofrimento somente a partir de Deus. Dele é que anseia por uma resposta (31,35). Mas onde está esse Deus? Durante o tempo em que Jó, irrepreensível e honesto, temente a Deus e distanciado do mal (1,1), vivia em paz, então Deus o protegia, ali pairava a amizade de Deus sobre sua tenda (29,2-4). Naquela ocasião, logo dirá Jó, "o Todo-Poderoso ainda estava comigo" (29,5). "Eu vivia tranquilo" (v. 12). Aqui parecem desmoronar experiências fundamentais da vida humana (religiosa): "Quanto a mim, dizia tranquilo: 'Nada, jamais, me fará tropeçar!' Iahweh, teu favor me firmara sobre fortes montanhas; mas escondeste tua face e eu fiquei perturbado" (Sl 30[29],7-8). Deus tem dois lados, um luminoso e outro sombrio? Qual é seu lado verdadeiro? Às vezes, temos a tendência (na tradição cristã) de confessar o primeiro, o lado luminoso de Deus e da vida como seu verdadeiro lado. A partir do que acontece no Livro de Jó, alguém poderá igualmente dizer: Deus tem um terceiro lado. Com efeito, nota-se que Jó não tem saudades simplesmente de sua situação anterior. Ele gostaria de compreender o que lhe acontece *agora*: "Por que me tomas por alvo?" (7,20). Agora Jó descobre Deus e sua vida a partir do outro lado. Inutilmente os amigos tentam recordar-lhe sua situação antecedente, "quando o Todo-Poderoso ainda estava com ele" (cf. 29,5). No entanto, este caminho de volta está bloqueado para Jó. Seria – no verdadeiro sentido da palavra – um retrocesso. O que lhe resta é tão somente o caminho para frente. Jó parece entrever que, a partir daí, advém uma resposta que o conduz para além do que ele até agora havia (acreditava ter) experimentado de Deus.

A testemunha no céu (16,18-22)

18 Ó terra, não cubras meu sangue,
    não encontre meu clamor um lugar de descanso!

19 Tenho, desde já, uma testemunha nos céus,
    e um defensor nas alturas;

20 visto que meus amigos me escarnecem,
    volto meus olhos insones para Deus.

21 que ele julgue entre o homem e Deus
    e entre um ser humano e seu amigo.

22 Porque passarão os anos que me foram contados
    e empreenderei a viagem sem retorno.

Aqui Jó não pede mais a cura. Seu único desejo é: que a injustiça que lhe foi acrescentada e que continua a ser-lhe ajuntada não possa passar desapercebida. Se sangue for derramado, este eleva um grito – conforme a concepção bíblica – a partir do chão, a fim de que um vingador possa ajudar a vítima a alcançar seu direito e a ordem legal possa ser restabelecida. A tarefa intrínseca de Deus é colocar-se ao lado da vítima, que não tem nenhum assistente jurídico. "Ouço o sangue de teu irmão, do solo, clamar por mim!", diz Iahweh ao fratricida Caim (Gn 4,10). Com o grito do v. 18, Jó gostaria de apresentar sua "causa" e reivindicar seus direitos. O tempo urge, pois ele não viverá mais por muito tempo (v. 22). Sua esperança repousa em uma testemunha no céu (v. 19). Quem é essa testemunha? Convoca-se uma testemunha quando dois partidos litigam entre si e não se entrevê nenhum acordo. A testemunha fica fora da disputa. Ela pode testemunhar a circunstância que é de importância determinante para o esclarecimento da altercação.

Visualizemos a situação na qual Jó se encontra. Ele se acha numa contenda com Deus. Ele se sente atacado por Deus: "Assaltou-me como um guerreiro" (16,14). Aos olhos de Jó, a agressão de Deus é profundamente injusta, pois ele nada tem de imputável. No lamento imediatamente precedente – contrariamente à suposição de seus amigos –, Jó deixa isso inconfundivelmente claro: "Não há violência em minhas mãos, e minha oração é sincera" (16,17). Nessa situação, Jó confessa: "Tenho, desde já, uma testemunha nos céus, e um defensor nas alturas" (v. 19). Quem é essa testemunha?

Encontramo-nos em um ponto-chave do Livro de Jó. Dá-se um processo de purificação. Em Jó irrompe a certeza de que ainda existe "outro Deus" que não "aquele que o entrega nas mãos dos ímpios" (cf. 16,11). Jó confessa este "outro Deus" como "sua testemunha no céu" e "seu defensor nas alturas" (v. 19). Para este Deus é que ele volve seus olhos insones (v. 20). Que este Deus possa fazer justiça "ao homem", ou seja: Jó, e, na verdade, "perante Deus", ou seja: perante *aquele* Deus que esmagou Jó (16,12) e perante os amigos que o escarnecem (v. 21). Pela primeira vez Jó confessa expressamente – através da mediação da testemunha – um "Deus contra Deus".

O que aqui se passa pode ser compreendido como uma purificação interior da imagem de Deus. Quando consideramos a narrativa de Jó com toda sobriedade, forçosamente constatamos: a inimizade de Deus experimentada por Jó não coincide com o que diz o narrador onisciente. No plano da narrativa, em nenhuma parte se diz que *Deus* Jó *esmagou ou atacou a Jó*. Jó é quem o diz, jamais o narrador. Em todo caso, em 42,11 se dá a entender que Iahweh é indiretamente responsável pelo infortúnio, à medida que ele o permitiu, à medida que ele "lho enviou". No nível da narrativa, Jó foi atingido *por Satanás*, não por Deus. Obviamente, claro, Deus permitiu o golpe de Satanás. Em sentido estrito, trata-se, portanto, da *interpretação* que Jó dá ao que ele experimenta. Ela não se harmoniza com o que o narrador onisciente nos transmite como realidade objetiva. Isso pode soar de maneira cínica, visto que nós, compreensivamente, nos identificamos demais com Jó, colocamo-nos ao seu lado, dado que interpretamos tal como ele o pesado sofrimento que nos atinge. Aqui, porém, jaz um problema que é enfrentado corajosamente no Livro de Jó, e que devemos também fazer nosso, se quisermos levar a sério o livro e partilhar sua solução. Em Jó se consuma um processo de decantação no qual a diferença entre aquilo que ele percebe e aquilo que realmente é aparece sempre mais claramente. Em Jó brota um conhecimento de que ainda existe "outro Deus", diferente daquele que, em sua opinião, estaria a persegui-lo. No entanto, uma vez que na tradição, a partir da qual Jó fala, não existe nenhum outro Deus ao lado do *único* Deus, o "outro Deus", a quem Jó invoca como testemunha, outro não é senão o *único*, o verdadeiro Deus, que "lhe faz justiça": *Nemo contra Deum, nisi Deus ipse* (Ninguém contra Deus senão Deus mesmo) – este provérbio de origem desconhecida, com o qual Goethe, no vigésimo Livro de "Poesia e Verdade", caracteriza de maneira geral o demoníaco, poderia também figurar como epígrafe para Jó 16,18-22. Essas palavras, que inicialmente soam de maneira paradoxal, indicam que Jó é libertado da concepção de que Deus o perseguiria. No texto ora interpretado, tal experiência irrompe de maneira fulminante, mas ainda será necessário muito tempo e sofrimento até que ela tenha encontrado em Jó uma configuração fundamental e permanente.

Devem-se distinguir dois níveis no sofrimento de Jó: de um lado, a perda de seus bens, de seus filhos e de sua saúde; de outro, a *concepção* segundo a qual Deus lhe teria provocado tudo isso. No Livro de Jó, ambas as experiências de sofrimento são elaboradas e conduzidas a uma solução: a primeira, na narrativa que funciona como moldura (1–2; 42,10-17); a segunda, na parte dialógica (3–42,6). A solução da segunda demanda, de longe, requer muito mais tempo e energia do que a primeira. No Livro de Jó, ela parece ser vista como o problema que jaz mais profundamente. Trata-se da dimensão mental, espiritual do sofrimento.

Pelo fato de, em relação à "perseguição de Deus", tratar-se de uma *concepção* de Jó, isto não significa que ela não seja exteriormente dolorosa. O sofrimento provocado por falsa interpretação exige, de igual modo, solidariedade e confiança, como qualquer outro sofrimento. Ele é real e não pode ser desconsiderado. Ele pode, porém, ser suportado e sanado – este é o caminho que o Livro de Jó descreve, e a alegre notícia que ele encerra.

Restam-me apenas túmulos (17,1-16)

1 Meu espírito está quebrantado,
   meus dias se desvaneceram,
   restam-me apenas túmulos.

2 Só as zombarias me acompanham,
   sobre sua hostilidade pousam meus olhos.

3 Guarda contigo uma fiança em meu favor,
   pois quem, senão tu, me apertará a mão?

4 Fechaste-lhes a mente à razão,
   também não os deixarás triunfar.

5 Para a partilha, convida os amigos,
   enquanto os olhos de seus filhos enlanguescem,

6 tornei-me objeto de sátira entre o povo,
   alguém sobre o qual se cospe no rosto.

7 Meus olhos se consomem irritados
   e todos os meus membros são como sombras:

8 os justos assombram-se ao vê-lo,
   e o inocente indigna-se contra o ímpio;

9 o justo, porém, persiste em seu caminho,
   e o homem de mãos puras cresce em fortaleza.

10 Entretanto, voltai-vos todos, vinde:
   não acharei sequer um sábio entre vós!

11 Passaram-se meus dias, inúteis os projetos,
   os desejos de meu coração.

12 Querem fazer da noite, dia;
   a luz estaria mais próxima que as trevas.

13 Ora, minha esperança é habitar no Xeol
   e preparar minha cama nas trevas.

14 Grito à cova: "Tu és meu pai!";
   ao verme: "Tu és minha mãe e minha irmã!".

15 Pois onde, onde então, está minha esperança?
   Minha felicidade, quem a viu?

16 Descerão comigo ao Xeol,
   baixaremos juntos ao pó?

Apenas por um momento demasiado curto foi concedida a Jó a íntima certeza de que há uma testemunha, um defensor no céu que responde por ele, que se declara por ele (16,18-22). Agora, porém, ele retoma novamente sua miséria. Ele sente que chegou ao fim: "Meus dias se desvaneceram, restam-me apenas túmulos" (v. 1). Os altos e baixos dos sentimentos, o dilaceramento entre o mundo e o Xeol (cf. v. 13) indicam que ele entra na fase do morrer. Momentos da experiência de encobrimento mais profundo (16,18-22; 17,3), alternados com fases de exasperação e de desesperança (vv. 13-15). É um verdadeiro combate entre luz e trevas. O próprio Jó reconhece sua desorientação (v. 1) e suas palavras correspondem a isso. Elas lembram um pouco a primeira e a segunda fase de um processo de morrer. Sentimentos reprimidos e coisas inacabadas da vida tornam-se conscientes: "Passaram-se meus dias, inúteis os meus projetos, os desejos de meu coração" (v. 11). Ao mesmo tempo, o moribundo acompanha o que acontece ao seu redor. Jó sente a zombaria que é lançada contra ele (vv. 2 e 6). Seu clamor por cuidado perde-se no vazio (v. 10). Decepcionado com os amigos (v. 2), mais uma vez ele se volta para Deus: "Pois quem, senão tu, me apertará a mão?" (v. 3). Dos amigos, nada mais se pode esperar. Deus lhes fechou o coração ao entendimento (v. 4) – uma afirmação na qual ressoa o motivo do endurecimento divino. Se no v. 3 Jó ainda esperava obter garantia da parte de Deus, no v. 6 ele se sabe abandonado por Deus à zombaria das pessoas. Uma vez mais observamos o ir e vir entre Deus, o inimigo, e Deus, o único salvador. De difícil compreensão é o v. 5: "Para a partilha, convida os amigos, enquanto os olhos de seus filhos enlanguescem". Provavelmente trata-se de um provérbio que Jó elabora para Deus: para amigos (que estão longe), ele distribui generosamente seus bens, ao passo que seus próprios filhos (como Jó, cujo nome traduzido significa: "Onde está meu pai?") ele deixa debilitarem-se. O corpo de Jó se decompõe (v. 7). Cospem-lhe no rosto (v. 6), como a Jesus na Paixão (Mt 26,67; Mc 14,65). Aos olhos dos "justos e inocentes" a situação de Jó desperta horror. Seu sofrimento parece ser a comprovação de sua impiedade (v. 8). Na afirmação ressoa o quarto cântico do Servo de Iahweh: "Exatamente como multidões ficaram pasmadas à vista dele – pois ele não tinha mais figura humana... Era desprezado e abandonado pelos homens... Nós o tínhamos como vítima do castigo, ferido por Deus e humilhado" (Is 52,14; 53,3-4). Contudo, Jó, o justo, "persiste em seu caminho" (v. 9). Ele convoca à conversão seus amigos e todos os que dele zombam. No entanto, entre eles ainda não encontrou ninguém que seja sábio, que deveras compreenda o que lhe acontece (v. 10). Por certo os amigos falaram-lhe persuasivamente; com suas belas palavras, fizeram-lhe "a noite transformar-se em dia" e anunciaram uma luz que começa a irromper (v. 12; cf. 5,17-26; 8,20-21; 11,13-19). "Tua vida ressurgirá como o meio-dia, a escuridão será como o amanhã" (11,17); todavia, tais belas palavras não se sustentam perante a realidade: "Ora, minha esperança é habitar no Xeol e preparar minha cama nas trevas" (v. 13). Jó não clama a Deus, mas ao túmulo: "Tu és meu pai!" (v. 14). Sua queixa termina numa profunda desesperança (vv. 11-16).

A luz do ímpio apaga-se (18,1-21)

1 Baldad de Suás tomou a palavra e disse:

2 Até quando impedireis as palavras?
   Refleti e depois falaremos.

3 Por que nos consideras como animais,
   e passamos por limitados aos teus olhos?

4 Tu, que te desmembras em tua cólera,
   acaso ficará a terra desabitada por tua causa,
   ou os rochedos serão mudados de seu lugar?

5 A luz do ímpio se extingue,
   e a chama de seu fogo deixará de brilhar.

6 Os seus pés jogam-no na armadilha,
   e acima dele se extingue sua lâmpada.

7 Seus passos vigorosos encurtam-se,
   e seus próprios projetos o fazem tropeçar.

8 Os seus pés jogam-no na armadilha,
   e ele caminha entre as redes camufladas.

9 A armadilha prende-o pelo calcanhar,
   e o laço segura-o firme;

10 a corda está escondida no chão,
   e a armadilha em seu caminho.

11 Rodeiam-no terrores que o amedrontam,
   perseguindo-o passo a passo.

12 Seu infortúnio está faminto dele,
   e a desgraça se instala a seu lado.

13 A enfermidade consome-lhe a pele,
   devora seus membros o Primogênito da Morte.

14 Arrancam-no da paz de sua tenda,
   e tu o conduzes ao rei dos terrores.

15 Podes habitar a tenda que não é mais sua,
   e espalham o enxofre sobre o teu redil.

16 Por baixo secam suas raízes,
   por cima murcham seus ramos.

17 Sua memória desaparece de sua terra,
   seu nome se apaga na região.

18 Lançado da luz às trevas,
   ele se vê banido da terra,

19 sem prole nem descendência entre seu povo,
   sem um sobrevivente em seu território.

20 De seu destino espanta-se o Ocidente,
   e o Oriente enche-se de terror.

21 Não há outra sorte para as moradas da injustiça
   e o lugar daquele que não conhece a Deus!

Em profunda desesperação concluiu-se a queixa de Jó (capítulo 17). Agora, Baldad, o segundo amigo, responde. Nos versículos 2 e 3, ele parece dirigir-se a seus dois amigos ("vós"). Os amigos, bem como Baldad, até agora se contiveram em seus discursos, às suas palavras "impuseram um limite" (v. 2). Nos discursos precedentes, Jó fez a acusação de que Deus teria "fechado a mente de seus amigos à razão" (17,4). A isso parece referir-se, de maneira grosseira, a pergunta retórica de Baldad no v. 3: "Por que nos consideras como animais?". O que se pretende dizer: por que somos desprezados, da parte de Jó, como idiotas, como o gado (cf. Sl 49[48],21)? Baldad estimula seus amigos ("refleti!") a não impor a seus discursos nenhuma moderação. Ele advoga uma intensificação do ritmo e, com isso, prepara os desmedidos ataques da terceira série de discursos (22–27).

Com a afirmação do v. 4, Baldad volta-se para Jó. Ele vai logo ao cerne do conteúdo de seu discurso. Jó havia-se queixado de que a ira *de Deus* o teria dilacerado (16,9). Em contrapartida, Baldad considera que Jó dilacera a si mesmo em *sua própria* ira. A ideia do autodilaceramento é desenvolvida por Baldad na subsequente exposição do destino do ímpio (vv. 5-21). A ideia central soa assim: o ímpio orienta-se para a derrocada, "seus próprios projetos o fazem tropeçar" (v. 7). Este axioma é, então, desdobrado em imagens impressionantes: a descrição parte da habitação em tendas (vv. 5-6), passa pelo percurso do caminho (da vida) (vv. 7-11) e pelo tema do alimento (vv. 12-13) até seu fim definitivo (vv. 14-19) e o horror daqueles que veem tal coisa (v. 20). Tudo o que o ímpio faz, cai presa da perdição.

A exposição começa com a imagem da lâmpada que se extingue (vv. 5-6), muitas vezes empregada na Bíblia (Pr 13,9; 24,20). A Bíblia associa sentido, orientação, vida à luz. A fim de afugentar as caóticas trevas primordiais, nas quais nenhuma vida era possível, Deus criou por primeiro a luz (Gn 1,1-3). "Iahweh, tu és minha lâmpada; meu Deus ilumina minha treva", confessa o salmista (Sl 18[17],29; cf. Jó 29,3). Com a extinção da luz, a tenda do ímpio torna-se um lugar da desgraça e da morte iminente (cf. Ecl 12,2-6). Se o ímpio deixa sua tenda e enceta o caminho (da vida), ameaça-o nova adversidade. Com imagens tiradas da vida de caçador isso é apresentado de maneira memorável (vv. 7-11). Aqui não se fala da caçada com cães, mas da caçada com armadilhas escondidas. O ímpio presume estar em segurança, mas, na verdade – para usar uma imagem moderna, não menos pavorosa –, caminha sobre um campo minado, "entre redes camufladas" (v. 8). "Infortúnio" e "perdição" aparecem como fantasmas vingadores e feras selvagens, que estão famintas para devorar o ímpio (v. 12). Com a expressão "Primogênito da Morte" (v. 13) deve-se dar a entender uma grave enfermidade, na qual a morte impendente se anuncia. De maneira feroz Baldad alude ao destino de Jó. Nada sobra da tenda do ímpio (vv. 14-16), nenhuma sobrevivência da memória (v. 17), nenhuma continuidade da descendência (v. 19). Repetidamente ressoa o destino de Jó, que perdeu todos os seus filhos. O ímpio padece a morte definitiva. As pessoas olham isso horrorizadas (v. 20). Tal é a sina "daquele que não conhece a Deus" (v. 21), que nada quer saber de Deus.

Por vezes pode-se ouvir ou ler que o ensinamento sapiencial acerca do destino do ímpio teria sido suplantado pelo Novo Testamento. Tal juízo é falso (cf. Mt 7,19; lc 13,22; 2Pd 2,9). A pessoa que desdenha Deus, que se opõe voluntariamente e por livre decisão ao agir salvador e redentor de Deus, não pode ser salva contra sua vontade. O ensinamento que Baldad reproduz está correto. No entanto, ele o aplica erroneamente. Ele o utiliza de modo falso porque não se dá conta corretamente da situação na qual se encontra e para a qual se dirige. Jó não é nenhum ímpio, como Baldad e seus amigos enfatizam. A tradição bíblica diferencia entre o sofrimento do ímpio e o sofrimento do justo. O sofrimento do ímpio é consequência de seu esquecimento de Deus, e conduz à morte. O sofrimento do justo conduz à contemplação de Deus (42,5; cf. Mt 5,8). O discurso de Baldad, os discursos dos amigos em seu conjunto são um instrutivo exemplo de como uma teologia correta pode levar ao erro, quando a percepção daqueles que a representam está turvada.

Reconhecei que Deus me humilha (19,1-12)

1 Jó tomou a palavra e disse:

2 Até quando continuareis a afligir-me
e a esmagar-me com palavras?

3 Já por dez vezes me insultais,
e não vos envergonhais de zombar de mim.

4 Se de fato caí em erro,
meu erro só diria respeito a mim.

5 Quereis triunfar sobre mim,
lançando-me em rosto minha afronta?

6 Pois sabei que foi Deus quem me transtornou,
envolvendo-me em suas redes.

7 Grito: "Violência!", e ninguém me defende.
Peço socorro, e ninguém me defende.

8 Ele bloqueou meu caminho e não tenho saída,
encheu de trevas minhas veredas.

9 Despojou-me de minha honra
e tirou-me a coroa da cabeça.

10 Demoliu tudo em redor de mim e tenho de ir-me,
desenraizou minha esperança como uma árvore.

11 Acendeu sua ira contra mim,
considera-me seu inimigo.

12 Chegam em massa seus esquadrões,
abrem em minha direção seu caminho de acesso
e acampam em volta de minha tenda.

Encontramo-nos no meio da parte dialogal. Na discussão com seus amigos, Jó já proferiu quatro discursos (6–7; 9–10; 12–14; 16–17); quatro outros vão seguir-se (21; 23–24; 26; 27–28). Agora ele fala pela quinta vez (19). Neste quinto discurso, dá-se mais uma vez uma ruptura. Quanto à estrutura, corresponde à de seu discurso anterior ("Vejam, porém, agora: tenho, desde já, uma testemunha nos céus!" – 16,19), mas ela vai além: "Eu sei que meu Defensor está vivo!" (19,25). Prepara-se a ruptura para o saber libertador (vv. 23–27), mediante o contínuo processo de distanciamento de Jó em relação a seus amigos (vv. 2-6), a Deus (vv. 7-12), a seus parentes e conhecidos (vv. 13-22).

Na primeira parte do discurso ora interpretado, Jó dirige-se, mais uma vez, diretamente a seus amigos (vv. 2-6). O tom exaspera-se dos dois lados. Se, no discurso anterior, Jó lamentava a ausência de *consolo* da parte de seus amigos (16,2-6), sua queixa agora ultrapassa claramente este ponto: com suas palavras, os amigos lhe fazem violência; eles torturam Jó, eles "esmagam-no com suas palavras" (v. 2). "Já por dez vezes" (v. 3) deve ser aqui entendido no sentido de "quem sabe quantas vezes". O v. 4 desvela em que Jó se vê torturado e tratado injustamente por seus amigos. Eles o consideram culpado e veem nisso a justa razão de seu sofrimento. Jó defende-se: "Se de fato caí em erro, meu erro só diria respeito a mim". A afirmação pertence às poucas passagens no livro (cf. 6,24; 7,21; 13,26) nas quais Jó parece não excluir fundamentalmente uma culpa. A descrição aqui empregada diz respeito a pecados cometidos inconscientemente (cf. Lv 4,2; 5,2; 5,17-18; Nm 15,27). Trata-se de pecados leves, sobretudo no âmbito da pureza e impureza, dos quais alguém, inicialmente, não se dá conta de forma alguma. Jó não está consciente de tais "pecados sem conhecimento". Contudo, ainda que os tivesse cometido, eles não justificariam, em nenhum caso, as repreensões e a arrogância de seus amigos (v. 5).

A verdadeira razão de seu sofrimento, de acordo com Jó, não reside em uma culpa na qual ele pudesse ter incorrido, mas em Deus. Ele é quem o rebaixa. Ele é o caçador (v. 6; cf., em contrapartida, 18,8-10). Com a afirmação do v. 7, Jó justifica sua queixa. Ele se comporta como uma pessoa que foi injustiçada (cf. Dt 22,24; 2Rs 6,26; 8,3). Ele grita "violência!" e clama por socorro sem, porém, receber nenhuma resposta, não lhe é garantido nenhum direito (v. 7) – uma experiência da qual participou também o profeta Habacuc: "Até quanto, Iahweh, pedirei socorro e não ouvirás, gritarei a ti: 'Violência!', e não salvarás?" (Hab 1,2). A situação de Jó é sem saída (v. 8).

Mais uma vez, declarações de nobreza acerca do ser humano são invertidas: Deus pode até ter coroado o ser humano de glória e beleza (Sl 8,6), mas a este Jó sofredor despojou da honra e tirou-lhe a coroa da cabeça (v. 9). Se anteriormente Jó se queixava desnorteadamente ("Não tenho nenhuma esperança!" – 17,13; "Onde está minha esperança?" – 17,15), agora ele menciona cavalo e cavaleiro: "*Ele* (Deus) desenraizou minha esperança como uma árvore" (v. 10), "acendeu *sua* ira contra mim" (v. 11). Se, diante de Satanás, Deus havia-o reconhecido como seu servidor, seu servo fiel (1,8; 2,3), agora Jó se vê tratado por este Deus como um "inimigo de Deus" (v. 11). Com os "esquadrões de Deus", no v. 12, quer-se aludir a forças maléficas que Deus envia aos humanos (cf. 1Sm 30,8; 2Rs 6,23). Baldad viu a luz na tenda do *ímpio* extinguir-se (18,6); Jó vê sua *tenda*, a tenda de seu direito, atacada e sitiada pelos esquadrões funestos de Deus (v. 12).

Distanciamento de Jó em relação a parentes e amigos (19,13-22)

13 Ele afastou de mim os meus irmãos,
os meus parentes procuram evitar-me.

14 Abandonaram-me vizinhos e conhecidos,
esqueceram-me os hóspedes de minha casa.

15 Minhas servas consideram-me intruso,
a seu ver sou estranho.

16 Se chamo meu servo, ele não responde,
quando lhe imploro com minha boca.

17 À minha mulher repugna meu hálito,
e meu mau cheiro, aos meus próprios irmãos.

18 Até as crianças me desprezam
e insultam-me, se procuro levantar-me.

19 Todos os meus íntimos me têm aversão,
meus amigos voltam-se contra mim.

20 Meus ossos estão colados à minha pele e à minha carne,
ah! Se eu pudesse me livrar deles com a pele de meus dentes.

21 Piedade, piedade de mim, amigos meus,
pois me feriu a mão de Deus!

22 Por que me persegais como Deus,
e sois insaciáveis de minha carne?

Pessoas doentes são frequentemente evitadas por seus semelhantes. Esta é uma experiência que já é atestada em diversas ocasiões no Antigo Testamento. Existem várias razões para alguém se desviar do caminho de uma pessoa doente. Nada mais há que esperar de uma pessoa enferma. Ela é incômoda. Com toda clareza, o mestre de sabedoria Jesus Ben Sira alude a esta experiência: "Há amigo que é companheiro de mesa mas que não será fiel no dia de tua tribulação. Na tua prosperidade é como se fosse outro tu, na tua desgraça, ele se fasta de ti; se és humilhado, estará contra ti e se esconderá da tua presença" (Eclo 6,10-12). Não raro, nas doenças se divisam forças maléficas em ação (cf. 1Sm 16,14-15). Também Jó foi golpeado por Satanás (2,7). No ministério de Jesus, curas de enfermidades estavam amiúde associadas a expulsões de demônios (Mc 1,21-28; 1,32-34; 5,1-20; 7,24-30; 9,14-27 e textos paralelos; At 10,38). Quem entra em contato com doentes, muitas vezes sente-se, ele próprio, ameaçado pelos demônios que se apossaram dos doentes. O enfermos sentem que são rejeitados. Eles já não participam da vida cotidiana. A experiência de sentir-se excluído pode favorecer projeções. O enfermo não se sente apenas abandonado, mas também atacado e perseguido. De diversas maneiras são comprovadas tais experiências nos salmos de lamentação:

> Pelos adversários todos que tenho já me tornei escândalo; para meus vizinhos, asco, e terror para meus amigos. Os que me veem na rua fogem para longe de mim; fui esquecido, como morto aos corações, estou como objeto perdido. Ouço as calúnias de muitos, o terror me envolve! Eles conspiram juntos contra mim, projetando tirar-me a vida. (Sl 31[30],12-14)

> Amigos e companheiros se afastam da minha praga, e meus vizinhos se mantêm a distância. (Sl 38[37],12)

> Se um inimigo me insultasse eu poderia suportar; se meu adversário se elevasse contra mim, eu me esconderia dele. Mas és tu, homem como eu, meu familiar, meu confidente, saboreávamos juntos a intimidade, na casa de Deus andávamos com emoção! (Sl 55[54],13-15).

Com Jó não é diferente. Em praticamente nenhum outro lugar na Bíblia o estranhamento entre um enfermo e seu ambiente social é descrito de maneira tão detalhada e comovente quanto em Jó 19,13-22. Tal alheamento espelha-se na construção artística do texto. O movimento parte de fora para dentro. Começa no v. 13, com os parentes (neste sentido, aqui se deve entender os irmãos) e os conhecidos que se mantêm a distância. O curioso é que ELE, Deus, portanto, é que os distanciou de Jó. Prossegue com aqueles que são próximos de Jó (os parentes), e com os hóspedes de sua casa (v. 14). Segue-se a criadagem (servas e servos) que habita, com Jó, sob o mesmo teto (vv. 15-16). Com o v. 17, alcança-se o campo mais íntimo de uma vida social: "À minha mulher repugna meu hálito, e meu mau cheiro, aos meus próprios irmãos". Com os vv. 18-19, abandona-se, mais uma vez, o âmbito doméstico. O círculo fecha-se. Particularmente dolorosa é a experiência de que justamente aqueles a quem Jó ama revoltam-se contra ele.

Que a difusa e instintiva rejeição de doentes e pobres seja superada mediante uma consciente tomada de contramedidas, e que possa ser mudada em solidariedade, compaixão e amor efetivo pelos desvalidos, isto representa uma revolução na história da cultura humana. Acima de tudo, aqui, a tradição cristã influenciou culturalmente. No Cristianismo, a dedicação aos doentes e pobres é motivada e fortalecida mediante o reconhecimento, na fé, de que justamente nos que padecem necessidade o próprio Deus está presente (cf. Mt 25,31-46). Doentes e pobres podem tornar-se mestres divinos, pois na sina deles a verdade da vida humana vem à luz, e na atitude deles possivelmente se mostra um meio de se viver tal verdade. Jó é tal mensageiro divino. Seus amigos não conseguem francamente reconhecer isso. Consideram-no um negador de Deus (cf. 15,4). Num apelo dramático, Jó implora a seus amigos por piedade (v. 21). Os pedidos comuns dos salmos de lamentação são aqui invertidos. Jó pede ajuda a seus amigos contra o Deus que o persegue (v. 22) – um pedido inaudito para a tradição bíblica. Deus aqui assumiu o papel do inimigo, enquanto os amigos desempenham o papel do Deus (salvador) – eles, porém, não correspondem a essa função: comportam-se tão impiedosamente quanto o Deus (que o persegue). A partir desse impasse, Jó lança toda a sua esperança numa terceira figura: "Eu sei que meu Defensor está vivo" (v. 25).

Quem dera minhas palavras fossem escritas! (19,21-29)

21 Piedade, piedade de mim, amigos meus,
pois me feriu a mão de Deus!

22 Por que me perseguis como Deus,
e sois insaciáveis de minha carne?

23 Oxalá minhas palavras fossem escritas,
e fossem gravadas numa inscrição;

24 com cinzel de ferro e chumbo
fossem esculpidas na rocha para sempre!

25 Eu sei que meu Defensor está vivo
e que no fim se levantará sobre o pó:

26 sem minha pele, tão dilacerada,
e sem a minha carne verei a Deus.

27 Aquele que eu vir será para mim,
aquele que meus olhos contemplarem não será um estranho.
(ainda que) Dentro de mim consumam-se os meus rins.

28 E se disserdes: como o perseguiremos,
que pretexto encontraremos nele?

29 temei a espada,
pois a cólera queimará as faltas
e sabereis que há julgamento (um juiz)!

Os versículos a serem agora interpretados pertencem, indubitavelmente, aos mais conhecidos do Livro de Jó. Na tradição cristã, eles desenvolveram uma imensa história de resultados. De acordo com Jerônimo (347-419 d.C.), antes de Cristo ninguém falou tão claramente da ressurreição corporal quanto Jó. No *Messias*, de Händel, o v. 25, na tradução "Eu sei que meu salvador vive", é conhecido de muitos contemporâneos. Procuremos, em primeiro lugar, explicitar o sentido do texto a partir de seu contexto original.

O texto, que constitui a conclusão do quinto discurso de Jó e se acha no meio da parte dialogal, articula-se em quatro parágrafos: um clamor por misericórdia, dirigido aos amigos (vv. 21-22), um desejo de Jó de uma transcrição permanente por escrito de seu pedido (vv. 23-24), uma confissão de confiança (vv. 25-27) e uma advertência dirigida aos amigos (vv. 28-29).

O clamor por misericórdia dirigido aos amigos perde-se no vazio (vv. 21-22). Jó, porém, não desiste. Visto que ninguém escuta, nem Deus nem seus amigos, ele expressa o desejo de que suas palavras pudessem ser assinaladas (vv. 23-24). Por quê? A partir do anúncio profético, sabemos que palavras verdadeiras não podem surtir efeito quando o tempo, no qual elas foram proferidas, é cego e surdo para reconhecer seu conteúdo de verdade. Por tal razão, diz o profeta Isaías: "Conserva fechado o testemunho, sela a instrução entre os meus discípulos. Aguardo a Iahweh, que esconde a sua face da casa de Jacó, nele ponho minha esperança" (8,16-17). Provavelmente, aqui se trata da consignação de um rolo que contém o cerne da mensagem profética para o tempo no qual a hora de sua verdade chega.

Semelhantemente se diz em Is 30,8: "Vai agora e escreve-o em uma tabuinha, grava-o em um livro que se conserve para dias futuros, para todo o sempre" (cf. Hab 2,1-3). Jó acha-se diante da morte (v. 26). Se ela vier, então seus amigos terão tido razão aos olhos da posteridade. Contudo, Jó está seguro de sua inocência. Mas quem poderia atestar isso se ele estiver morto? Seus amigos não o fariam; seus parentes e conhecidos o desprezam (19,13-20) e Deus silencia. Nessa situação praticamente sem saída ele deseja que suas palavras fossem escritas: num rolo (v. 23), sim, ainda mais – visto que um rolo pode incendiar-se (cf. Jr 36) –, que fossem esculpidas na rocha, como uma inscrição permanentemente visível, indestrutível, vazada em chumbo (v. 24). Quais palavras devem ser escritas? Alguns exegetas acham que aqui se tem em mente as palavras que Jó profere nos vv. 25 a 27: "Eu sei que meu Defensor vive…". Provavelmente, a interpretação é outra: as palavras que devem ser escritas são, fundamentalmente, um resumo do que Jó havia dito até agora: sua queixa e sua acusação e, acima de tudo, por certo, a afirmação de sua inocência.

Os versículos seguintes, 25 a 27, pertencem às mais controversas frases do Livro de Jó. Inicialmente se discute o nexo com o desejo precedente de uma inscrição permanente de seu anseio (vv. 23-24). Se tais versículos dão continuidade ao pensamento, então dever-se-ia traduzir: *"Pois* eu sei: meu Defensor vive!"*. O sentido seria que o libertador (salvador), em razão da afirmação de inocência escrita, intervém em favor de Jó e ajuda a fazer-lhe justiça e à sua causa. O libertador (salvador), por assim dizer, "levantar-se-ia como último" e justificaria Jó antes da morte, nela ou depois dela. Outra possível interpretação, que também aqui é abraçada, afirma que o reconhecimento de um libertador (salvador) (vv. 25-27) interrompe o fluxo do pensamento precedente (vv. 23-24) e diz algo novo e diferente. Então dever-se-ia traduzir: "Eu, *porém*, sei: meu Defensor vive!". O desejo anterior de uma inscrição duradoura seria simplesmente descartado como ilusório e, no final das contas, sem prosseguimento. Em vez disso, Jó reconhece seu salvador (libertador). *Ele*, de quem Jó tem certeza, assumirá sua causa. Mas quem é esse libertador, e o que Jó espera dele?

Meu libertador vive (19,25-29)

25 Eu sei que meu Defensor está vivo
 e que no fim se levantará sobre o pó:

26 sem minha pele, tão dilacerada,
e sem a minha carne verei a Deus.

27 Aquele que eu vir será para mim,
aquele que meus olhos contemplarem não será um estranho.
(ainda que) Dentro de mim consumam-se os meus rins.

28 E se disserdes: como o perseguiremos,
que pretexto encontraremos nele?

29 temei a espada,
pois a cólera queimará as faltas
e sabereis que há julgamento (um juiz)!

Quem é o libertador e o que Jó espera dele? A palavra "salvador" ("libertador") (hebraico: *goel*) provém do direito familiar veterotestamentário. Ali, é descrito como "solvente" aquele parente a quem cabem o direito e a obrigação de resgatar a propriedade familiar que se perdeu ou parentes caídos na escravidão por dívidas: "Se teu irmão cair na pobreza e tiver de vender algo do seu patrimônio, o seu parente mais próximo virá a ele, a fim de exercer seus direitos de família (*goel*) sobre aquilo que o seu irmão vende" (Lv 25,25). O parente exerce o "resgate" da seguinte maneira: ele paga um preço a fim de readquirir o terreno vendido, não, porém, para ele próprio tomar posse, mas para restituí-lo ao seu dono original. Também para membros de família que se tornaram escravos por causa de dívidas havia também este tipo de direito de resgate. "Um de seus irmãos poderá resgatá-lo" (Lv 25,48). Um terceiro âmbito no qual alguém agiria como "solvente" era a instituição da vingança de sangue. Dos quarenta e quatro usos atestados da palavra "solvente" no Antigo Testamento, encontram-se apenas doze na combinação *goel haddam* ("vingador de sangue"). Vingança de sangue não significa aqui o ódio emocionalmente não clarificado. Numa sociedade na qual ainda não havia nenhuma ação penal ("procurador da república") controlada a partir do centro, o sistema legal, disturbado por um assassinato, era restabelecido mediante o exercício da vingança do sangue e, ao mesmo tempo, a vida das pessoas era protegida através de ameaça contra elas mesmas (cf. Dt 19,11-13). Esse ponto de vista ressoa quando Jó adverte seus amigos que o perseguem (v. 22): "Temei a espada!" (v. 29).

Somente em textos tardios do Antigo Testamento é que a noção de "salvador" ("libertador") é atribuída a Deus. Isso acontece sobretudo em Is 40–55 ("Dêutero-Isaías"). No caso, Iahweh torna-se "salvador (libertador) de Israel" à medida que "resgata" seu povo, ou seja: liberta do exílio e o reconduz à pátria. Com isso Iahweh não adquire nenhum bem estranho, mas ele "compra" de novo, para si, o que lhe pertence desde o tempo de Abraão (Is 41,8-14). Seu agir libertador significa aqui o restabelecimento do original: "Mas agora, diz Iahweh, aquele que te criou, ó Jacó, aquele que te modelou, ó Israel: não temas, porque eu te resgatei, chamei-te pelo teu nome: tu és meu" (Is 43,1; cf. 44,6).

Quem é, pois, o "salvador" ("libertador") em Jó 19,25? A partir do pano de fundo veterotestamentário da oração de lamentação, os versículos 25 a 27 devem ser compreendidos como confissão de confiança. Em meio à desgraça, o orante pode colocar sua confiança em Deus como expressão de íntima certeza da salvação. Jó sabe-se perseguido e abandonado de maneira tríplice: por seus parentes e conhecidos (vv. 13-20), por seus amigos (v. 22) e por Deus (v. 21). Nessa perseguição "por todos os lados", Jó confessa: "Eu, porém, sei: meu salvador vive!" (v. 25). No presente contexto, seu drama enaltece a confissão mediante o fato de Jó não colocar sua confiança no Deus que o persegue (vv. 22-23), mas num salvador (libertador) que "se levantará sobre o pó" (v. 25); este salvador (libertador), porém, – como deixa claro o curso subsequente do texto – outro não é senão o próprio Deus. Na pesquisa exegética, sempre se discutiu a questão de se o salvador não seria, contudo, uma figura que deveria ser diferenciada de Deus, talvez um anjo ou um intercessor celeste. Hoje isto é continuamente, e com razão, rejeitado. O libertador, acerca de quem Jó tem certeza de que vive e que, "como último, se levantará do pó, é o Deus a quem Jó contemplará" (v. 26) com seus próprios olhos, "não será um estranho" (v. 27). No final, este saber chegará, efetivamente, à plenitude (42,5).

Assim, o libertador de Jó 19,25 outro não é senão Deus mesmo. No entanto, é impressionante e merece reflexão o fato de aqui, no cume da miséria humana do abandono de Deus, bem a partir da íntima dinâmica da fé veterotestamentária em Deus, irromper uma diferenciação na qual um libertador resgata um ser humano de seu abandono de Deus, sim, salva-o de uma perseguição de Deus subjetivamente experimentada e, ao mesmo tempo, neste seu comportamento salvífico e libertador, revela-se como o único e verdadeiro Deus.

Do ponto de vista de Jó, poder-se-ia descrever o processo aqui descrito como mudança de sua imagem de Deus. Se *antes* de seu sofrimento Deus era para Jó o "Deus bom e justo", cuja amizade pairava sobre sua tenda (cf. 29,4), *em* seu sofrimento ele se torna um "Deus mau", um Deus ímpio (cf. capítulo 9), um "inimigo terrível" (30,21), um Deus perseguidor (19,22). Na confissão de seu libertador, irrompe então em sua consciência – semelhantemente à confissão de sua "testemunha e defensor no céu" (16,19) – uma realidade de Deus que transcende ambas as dimensões. Evidentemente, no nível do acontecimento narrado, esse Deus ainda não se mostrou. Jó, no entanto, sabe profundamente que ele se mostrará e que ele o contemplará (v. 27).

Contemplar a Deus (19,25-29)

25 Eu sei que meu Defensor está vivo
e que no fim se levantará sobre o pó:

26 sem minha pele, tão dilacerada,
e sem a minha carne verei a Deus.

27 Aquele que eu vir será para mim,
aquele que meus olhos contemplarem não será um estranho.
(ainda que) Dentro de mim consumam-se os meus rins.

28 E se disserdes: como o perseguiremos,
que pretexto encontraremos nele?

29 temei a espada,
pois a cólera queimará as faltas
e sabereis que há julgamento (um juiz)!

"Meu Defensor vive!" – Jó chegou a esta íntima convicção no ponto mais profundo de sua miséria. Seu salvador – inicialmente parece tratar-se de alguém diferente de Deus; a seguir, porém, mostra-se que o libertador, que "como último se levantará sobre o pó" (v. 25), outro não é senão o Deus a quem Jó contemplará (v. 26). Então, em que consiste a salvação (libertação)?

A partir de seu significado original, com a afirmação do v. 26 ("sem minha pele, tão dilacerada, e sem a minha carne verei a Deus") não se quer dizer que Jó somente *"depois* da morte" contemplará a Deus. A expressão "sem a minha pele" e "sem a minha carne" devem ser entendidas diferentemente. Consoante a tradição veterotestamentária, o ser humano consiste em pele, carne e ossos: "Meus ossos estão colados à minha pele e à minha carne" (19,20). Jó vivencia sua degeneração corporal. Sua pele e sua carne são corroídas: "Meu corpo cobre-se de vermes e pústulas, a pele rompe-se e supura" (7,5; cf. 30,30). Mesmo que sua pele e sua carne fossem completamente destruídas ("sem minha pele, tão dilacerada, e sem a minha carne verei a Deus"), ainda que lhe restassem apenas os ossos, como um tipo de esqueleto, ainda quando seus rins se atrofiassem no seu íntimo (v. 27b), mesmo assim – ainda "nesta vida", ainda "antes de partir, sem nunca mais voltar, para a terra de trevas e sombras" (10,21), ainda antes que tudo isso aconteça – ele contemplará a Deus. Esta é sua esperança: "Aquele que eu vir será para mim, aquele que meus olhos contemplarem não será um estranho" (19,27). Com efeito, no final, sua esperança se realizará plenamente: ele contempla a Iahweh com seus próprios olhos (42,5), diversos anos ("cento e quarenta") *antes* de sua morte (42,16-17).

Contemplar a Deus *antes* da morte e *antes* da recuperação da saúde e do vigor – esta é a solução que o Livro de Jó tem a oferecer e, certamente, ao mesmo tempo, a provocação que ele contém para nós. De acordo com o tema, como se deve entender tal solução? Por certo, de tal modo que no contemplar a Deus, alude-se a uma forma de percepção que rompe aquele plano sobre o qual o sofrimento era percebido. Na realidade externa, nada mudou ainda. Jó continua cravado completa e totalmente em seu sofrimento. Mas em sua percepção ("contemplação") ele já se depara com outra dimensão. O que muda é seu estado de consciência, não sua condição externa. Na verdade, Jó ainda não alcançou este estado de consciência. Ele espera, com íntima certeza, poder alcançá-la. Ele ainda não pode dizer: "Meus olhos te *contemplaram*" (42,5), mas antes: "Eu *contemplarei* a Deus, meus olhos o *verão*" (vv. 26-27). Consoante a compreensão bíblica, esse estado de consciência modificado, expandido não é nenhuma imaginação, nenhuma manifestação psicopatológica, mas uma forma profunda de percepção. O que é ali contemplado, quem é ali contemplado é *realidade*: Deus, o libertador. Ele pode ser contemplado porque "ele vive", porque "ele se levanta" (v. 25), porque se mostra, porque "fala", porque "dá uma resposta" (38,1).

A solução que o Livro de Jó apresenta não contradiz outras passagens das Sagradas Escrituras? De acordo com Ex 33,20, nenhum ser humano pode contemplar a Deus e continuar a viver. De fato, a história da interpretação cristã orientou Jó 19,26-27 na direção da assim chamada existência pós-morte do ser humano, de sua "vida para além da morte" e da ressurreição da carne. São Jerônimo traduz: "Pois eu sei que meu salvador vive e que eu, no último dia (*in novissimo*) ressuscitarei (*surrecturus sim*) da terra (*de terra*). E serei novamente revestido de minha pele e em minha carne (*in carne mea*) contemplarei a Deus".

Mas o que significa exatamente "depois da morte", e o que quer dizer "antes da morte"? Jó contemplará a Deus antes de sua morte – assim havíamos interpretado o v. 26 e acontecerá o mesmo no final (42,5). Na verdade, é concedida a contemplação de Deus a uma pessoa que perdeu tudo o que possuía e a quem seus amigos já lamentaram como a um morto (cf. 2,13). Visto dessa maneira, torna-se verdadeira, então, a Palavra de Deus em Ex 33,20: "O homem não pode ver-me e continuar vivendo".

Enredar-se com (in)verdades (20,1-29)

1 Sofar de Naamat tomou a palavra e disse:

2 Sim, meus pensamentos se agitam para replicar,
por causa da impaciência que toma conta de mim.

3 Ouço uma lição que me ultraja,
e agora meu espírito me convida a responder.

4 Não sabes que é assim desde sempre,
desde que o homem foi posto na terra,

5 que o júbilo dos ímpios é efêmero
e a alegria do malvado só dura um instante?

6 Mesmo que seu porte se elevasse até o céu
e tocasse as nuvens com a fronte,

7 pereceria para sempre como fantasma,
e aqueles que o viam dirão: "Onde está?".

8 Voará como um sonho inatingível,
dissipar-se-á como visão noturna.

9 Os olhos que o viam não mais o verão,
nem mais o reconhecerá sua morada.

10 Seus filhos terão que indenizar os pobres,
suas próprias mãos terão de restituir suas riquezas.

11 Seus ossos, ainda cheios de vigor juvenil,
deitar-se-ão com ele no pó.

12 Se a maldade tinha sabor doce em sua boca
e ele a escondia debaixo da língua

13 e a guardava, sem soltá-la,
retendo-a em seu paladar,

14 este manjar se corromperá em seu ventre,
   nas suas entranhas será veneno de víboras.

15 Vomitará as riquezas que engoliu,
   Deus as faz regurgitar de seu ventre.

16 Sugará veneno de serpentes
   e matá-lo-ão as presas da áspide,

17 Não mais verá os mananciais de óleo,
   nem os rios de leite e mel.

18 Perderá seus ganhos sem poder engoli-los,
   e não fruirá a prosperidade de seus afazeres:

19 porque destruiu as cabanas dos pobres
   e se apropriou de casas que não tinha construído.

20 Porque seu apetite mostrou-se insaciável,
   não salvará nada de seu tesouro.

21 Nada escapava à sua voracidade,
   por isso não durará sua prosperidade.

22 Em plena abundância sofrerá o golpe da penúria,
   com toda a sua força a miséria cairá sobre ele.

23 Deus derrama sobre ele o ardor de sua ira,
   lança-lhe na carne uma chuva de flechas.

24 Se escapar das armas de ferro,
   atravessá-lo-á o arco de bronze;

25 uma flecha sai de suas costas,
   e um dardo chamejante, do seu fígado.
   Terrores avançarão sobre ele,

26 todas as trevas escondidas lhe são reservadas.
   Devorá-lo-á um fogo não aceso por homem,
   Consumindo o que resta de sua tenda.

27 O céu revelará sua iniquidade,
   a terra se insurgirá contra ele.

28 O lucro de sua casa se escorre,
   como torrentes no dia da ira.

29 Esta é a sorte que Deus reserva ao ímpio,
   a herança que destina à sua pessoa.

Como último dentre os amigos, no contexto da segunda série de discursos (15–21), Sofar toma a palavra. Ele se vê atacado e ridicularizado pelo discurso de Jó (v. 3); por tal motivo "ele se mostra ansioso por responder, está agitado" (v. 2). Com um detalhado discurso doutrinal acerca do destino do ímpio (vv. 4-29), ele oferece a Jó uma resposta. Do ponto de vista do fluxo do diálogo, é perfeitamente coerente que também Sofar retome o tema "ímpio", tal como seus amigos em seus discursos precedentes, enquanto Jó, até o momento, não entrou no mérito da questão. Só o fará no discurso subsequente (21,7-21).

O discurso doutrinário de Sofar articula-se em quatro partes: (1) a felicidade do ímpio dura apenas breve tempo (vv. 4-9); (2) o ímpio destrói a si mesmo a partir de dentro (vv. 10-16); (3) a felicidade do ímpio não tem consistência (vv. 17-23); o fim prematuro do ímpio é horrendo (vv. 24-29).

A expressiva descrição do destino do ímpio pertence ao corpo doutrinal da literatura sapiencial veterotestamentária. O sentido de tais discursos consiste, sobretudo, em advertir os jovens contra maus comportamentos morais. Isto é feito mediante a apresentação, em forma literariamente agradável, das consequências de tal conduta. A fim de que o ensinamento fosse deveras inculcado, na arte da apresentação recorria-se a simplificações ("quadro em preto e branco"), repetições e imagens drasticamente vívidas. Ora, é óbvio que os mestres de sabedoria de Israel sabiam perfeitamente que a realidade é bem mais complexa do que aparecia em seus discursos didáticos acerca do destino do ímpio. Não tem razão o mestre de sabedoria Coélet quando constata: "Já vi tudo em minha vida de vaidade: o justo perecer na sua justiça e o ímpio sobreviver na sua impiedade" (Ecl 7,15)? Também o orante do Sl 73(72) por pouco não tropeçava quando via "a prosperidade dos ímpios" (Sl 73[72],3). Em seu discurso, Sofar entra em tais objeções e reservas quando admite que "o porte do ímpio se eleva até o céu e sua fronte toca as nuvens" (v. 6). Com uma excessiva dilatação temporal do nexo ato-consequência, ele procura dispersar tais objeções: o ímpio *ainda* prospera, mas *logo* desaparecerá – para sempre (vv. 7-9). Sua felicidade não resiste (v. 21).

Seria muita leviandade caracterizar o *conteúdo* deste discurso como simplesmente falso. O ensinamento a respeito do destino do ímpio tem seu "Sitz im Leben" ["situação vital"] original na educação dos jovens em busca de orientação para suas vidas. Jó, porém, é um homem adulto, que se portou de maneira íntegra (1,1), o que não escapou também a seus amigos (4,3-6). O discurso fere Jó, sem oferecer-lhe qualquer ajuda, porque insinua que ele se tenha comportado como um ímpio. Não deve Jó, mais uma vez, involuntariamente perguntar-se: Sofar já não falou a meu respeito? Já não reconheceu o próprio Jó que "sua (de Deus) ira persegue-me para dilacerar-me" (16,9)? Sofar parece confirmar a percepção de Jó e, ao mesmo tempo, acrescentar a razão de sua miséria: visto que Jó é um ímpio, "Deus derrama sobre ele o ardor de sua ira" (v. 23). Dessa maneira, "o céu revela sua iniquidade" (v. 27).

Verdadeiro em si, o discurso de Sofar torna-se falso mediante a situação na qual foi proferido. Jó não é nenhum ímpio. Ademais, o discurso vai de encontro ao critério da proporcionalidade (*aptum*), exigido pela retórica antiga: "Um mesmo tipo de discurso nem sempre é adequado para cada caso, muito menos para cada ouvinte, cada pessoa ou cada tempo" (Cícero). Sofar é exemplo de alguém que se enreda com (in)verdades. Assim, vale para ele também a advertência de Jó: "Temei a espada!" (19,29).

Silenciar e ouvir (21,1-5)

1   Jó tomou a palavra e disse:

2   Escutai, pois! Escutai, pois, minhas palavras,
    seja este o consolo que me dais.

3   Permiti que eu fale,
    e quando tiver terminado, zombai à vontade.

4   É de um homem que me queixo?
    Como não hei de impacientar-me?

5   Olhai para mim e empalidecei,
    ponde a mão sobre a vossa boca.

Contando-se o lamento de abertura do capítulo 3, Jó fala, pois, agora pela sétima vez. Finalmente, ele também se expressa a respeito do destino dos ímpios. No entanto, em primeiro lugar ele pede, enfaticamente, a atenção de seus amigos (vv. 1-5). Jó abre seu discurso com um duplo "Escutai, pois! Escutai, pois!" (v. 2a). Contemplativamente, harmoniza-se o desejo que implica um pedido: "Seja este o consolo que me dais" (v. 2b). Num discurso anterior, Jó queixou-se da falta de consolo da parte de seus amigos. "Sois todos consoladores importunos" (16,2b). Na ocasião, os amigos haviam dito diversas coisas, e alguma coisa daquilo que eles disseram tinha absolutamente a intenção de ser palavra de consolo (cf. 5,19-26; 11,16-19). Contudo, Jó já ouvira "mil discursos semelhantes" (16,2a). De modo que ele desejava de seus amigos acima de tudo uma coisa: o silêncio.

"Quem, portanto, vos imporá silêncio, a única sabedoria que vos convém" (13,5). "Silenciai, agora sou eu quem fala" (13,13).

Que o desejado silêncio dos amigos não signifique nenhum emudecer descompromissado pode-se perceber claramente na introdução do discurso agora interpretado: "Escutai, pois! Escutai, pois, minhas palavras... permiti que eu fale... olhai para mim... Ponde a mão sobre vossa boca!". O silêncio que Jó aqui solicita tão enfaticamente de seus amigos e que ele já pedira anteriormente é a condição indispensável para um verdadeiro ouvir. Somente quem consegue silenciar pode deveras ouvir. No caso, trata-se de um silenciar externa *e* interiormente, um aquietar e emudecer de todas as vozes que sufocam aquela voz que alguém se prepara para ouvir. Quem assim consegue escutar uma pessoa, sem interrompê-la interior ou exteriormente, é capaz até mesmo de ouvir mais do que se pode perceber numa escuta meramente superficial. Tal tipo de escuta é uma forma de cuidado (v. 5) e de tolerância (v. 3). Precisamente isso é que Jó pede a seus amigos. Aquele que é assim escutado, de modo que possa falar do fundo de sua alma (cf. v. 3), sem que precise constantemente lutar pelas condições de sua fala, este experimenta consolação – unicamente mediante *o fato de que* alguém o ouve. Com a afirmação do v. 2a – "Seja *este* o consolo que me dais" –, Jó refere-se criticamente a uma expressão de Elifaz. Noutra ocasião, esse dissera: "Fazes pouco caso destas consolações divinas e das palavras suaves que te são dirigidas?" (15,11). Da parte de seus amigos, Jó não espera *palavras* (uma pressuposta consolação), mas uma atitude de silêncio e de escuta. Se ele pudesse expressar-se sob tais condições, então – diz Jó – "vocês poderiam zombar à vontade" (v. 3). Aliás, a chacota deveria deixar os amigos, pois se eles escutassem com precisão ficar-lhes-ia claro que Jó tem todas as "razões para impacientar-se" e lamentar-se (v. 4b). Eles empalideceriam e se abalariam (v. 5a). Com isso Jó aponta para o que, a seguir, ele tem a dizer a respeito da sina dos ímpios (vv. 6-21). Baseia-se na experiência e deveria abalar os amigos em sua teoria firmemente acreditada. O pedido de cuidado dos amigos não é insolente. Afinal de contas, Jó não se queixa de nenhum ser humano, mas de Deus – assim se deve completar conforme o sentido (v. 4a; 7,11-21; 9; 10). No fundo e em primeiro lugar, a queixa de Jó não vale para os amigos, mas para Deus. De modo que eles não têm motivo algum para desviar-se dele.

Que a Jó interessem acima de tudo o silêncio e a escuta dos amigos demonstra-o mais uma vez seu pedido final: "Ponde a mão sobre vossa boca" (v. 5b). Com o gesto da mão sobre a boca a pessoa coloca-se na atitude de silêncio (cf. 29,9). Pode ser consequência de uma experiência chocante: "Que as nações vejam e se envergonhem, apesar de todo o seu poderio, que ponham a mão na boca" (Mq 7,16). Mas alguém também põe a mão sobre a boca quando concorda refletidamente com algo: "Se foste louco sem pensar, e depois pensaste, mão na boca!" (Pr 30,32). Será que os amigos se colocarão em tal atitude de *"re*-flexão", quando eles realmente ouvirem e se achegarem ao que Jó tem a dizer? Mas na arte pictórica veterotestamentária encontramos também o gesto da mão sobre a boca como expressão da oração. Aqui a oração parece ser, acima de tudo, atitude de escuta. No final, depois de ter vislumbrado Deus, Jó se torna ouvinte: "Eis que falei levianamente: que poderei responder-te? Porei minha mão sobre a boca; falei uma vez, não repetirei; duas vezes, nada mais acrescentarei" (40,4-5).

A felicidade do ímpio (21,6-21)

6 Só em pensar nisso, fico desconcertado,
um pavor apodera-se do meu corpo.

7 Por que os ímpios continuam a viver,
e a envelhecer se tornam ainda mais ricos?

8 Veem assegurada a própria descendência,
e seus rebentos aos seus olhos subsistem.

9 Suas casas, em paz e sem temor,
a vara de Deus não as atinge.

10 Seu touro reproduz sem falhar,
sua vaca dá cria sem abortar.

11 Deixam as crianças correr como cabritos,
e seus pequenos saltar.

12 Cantam ao som dos tamborins e da cítara
e divertem-se ao som da flauta.

13 Sua vida termina na felicidade,
descem em paz ao Xeol.

14 Eles que diziam a Deus: "Afasta-te de nós,
que não nos interessa conhecer teus caminhos".

15 Quem é o Todo-Poderoso, para que o sirvamos?
De que nos aproveita invocá-lo?

16 "Contudo, a felicidade não está em suas mãos;
o pensamento dos ímpios me é estranho"

17 Vê-se frequentemente a lâmpada do ímpio se extinguir,
a infelicidade cair sobre ele,
a ira divina distribuir sofrimentos?

18 São como palha diante do vento,
como debulho que o furacão arrasta?

19 "Deus reserva sua desgraça para seus filhos".
Que dê a ele mesmo o castigo merecido, para que o sinta!

20 Que seus próprios olhos vejam sua ruína
e ele mesmo beba a cólera do Todo-Poderoso!

21 Pois que lhe importam os de sua casa, depois de morto,
quando a quota de seus meses estiver preenchida?

Finalmente Jó expressa-se a respeito do destino dos ímpios. Por três vezes seus amigos lhe haviam mostrado como o caminho do ímpio conduz à ruína (15,17-35; 18,5-21; 20,4-29). E a cada vez Jó devia perguntar-se se ele mesmo, doente e enfraquecido, sentado sobre a cinza (2,8), não teria de padecer a sorte do ímpio, porque ele próprio seria tal. Jó, porém, não abre mão de sua inocência. Por conseguinte, se ele quiser assumir a forma de pensar de seus amigos, deve afirmar precisamente o contrário do que seus amigos expuseram. Ele deve subverter um venerável ensinamento. Isso abala religião e sociedade. Está em jogo a justa ordem cósmica. O próprio Jó fica "desconcertado, só de pensar nisso" (v. 6). No entanto, a experiência não mostra que, de fato, as coisas vão bem para os ímpios? Eles dizem a Deus: "Afasta-te de nós" (v. 14) e passam, então, seus dias "na felicidade e em paz descem ao Xeol" (v. 13). "Cantam ao som dos tamborins e da cítara e divertem-se ao som da flauta" (v. 12), "Suas casas, em paz e sem temor, a vara de Deus não as atinge" (v. 9). Jó, o justo servo de Deus (cf. 1,1.8), ao contrário, foi fulminado pela iria divina (cf. 16,6-17). Surge, então, a pergunta: "Quem é o Todo-Poderoso, para que o sirvamos? De que nos aproveita invocá-lo?" (v. 15). O destino de Jó demonstra: religião não traz nada. A fé em Deus é inútil. Pelo menos – assim se deve completar – assim parece ser.

A segunda parte do discurso (vv. 16-21) não é de fácil compreensão. Estaria Jó retomando algo do que ele acabou de dizer? A interpretação é controversa na exegese. É possível que Jó aqui entre numa discussão fictícia. Por conseguinte, nos versículos 16 e 19a ele estaria citando uma objeção que contradiz suas exposições precedentes (vv. 7-15). Ato contínuo, ele rejeita a objeção (vv. 17-18 e vv. 19b-21). Isso ficaria claro nos versículos 19 a 21: a afirmação do v. 19a atém-se ao ensinamento tradicional do nexo ato-consequência, defendido pelos amigos, só que agora direcionando cronologicamente a relação entre ação e consequência para a geração subsequente: na verdade, é forçoso admitir – é possível assim parafrasear o pensamento – que nem sempre o ímpio é pessoalmente atingido pelo infortúnio; seus filhos é que, mais tarde, serão vitimados. Deus mesmo se encarregará disso. Desse modo, permanece visível a diferença entre bem e mal e vigora a justa ordem cósmica. Jó replica: "Pois que lhe (ao ímpio) importam os de sua casa, depois de morto?" (v. 21). Oxalá Deus lhe dê a paga, para que *ele* sinta (19b) – e não seus filhos, dever-se-ia completar –, uma ideia que faz lembrar uma detalhada discussão presente no Livro do profeta Ezequiel: "Os pais comeram uvas verdes e os dentes dos filhos ficaram embotados?" (Ez 18,2).

O problema tratado aqui, sem cerimônia, por Jó, pervaga diversos escritos do Antigo e do Novo Testamento. Profetas e mestres de sabedoria discutem-no, ele aflige os orantes (dos salmos). Certamente tem sido – outrora como hoje – uma premente questão do "povo fiel", como podemos depreender do Livro do profeta Malaquias: "Vós dissestes: é inútil servir a Deus; e que lucro temos por ter observado os seus preceitos e andado de luto diante de Iahweh dos Exércitos? Agora, pois, vamos felicitar os arrogantes: aqueles que praticam a iniquidade prosperam; eles tentam a Deus e saem ilesos!" (Ml 3,14-15).

Quem reconhece a Deus como o fundamento de sua vida e se coloca no caminho da fé dificilmente pode evitar esta pergunta e esta experiência. Jó a experimentou e padeceu. Ele externa suas experiências e questões sem rodeios – também lá, onde elas contradizem ou parecem contradizer doutrinas piedosas. Satanás já havia tocado o cerne da fé quando perguntou a Deus: "É por nada que Jó teme a Deus?" (1,9).

Na morte, todos são iguais (21,22-34)

22   Acaso se pode ensinar a Deus o conhecimento,
     Àquele que julga os seres do Alto?

23   Este morre em pleno vigor,
     de todo tranquilo e em paz,

24 seus flancos bem roliços,
   e a medula de seus ossos cheia de seiva.

25 Aquele morre com a alma amargurada,
   sem ter saboreado a felicidade.

26 E, contudo, jazem no mesmo pó,
   cobrem-se ambos de vermes.

27 Ah, eu conheço vossas ideias,
   as intrigas que vós tramais contra mim!

28 Dizeis: "Onde está a casa do nobre,
   onde a morada dos ímpios?"

29 Não interrogais os viajantes,
   desconheceis os seus testemunhos?

30 No dia do desastre o ímpio é poupado,
   no dia do furor é posto a salvo.

31 Quem lhe reprova sua conduta
   e quem lhe dá a pagar pelo que fez?

32 É conduzido ao sepulcro,
   e se monta guarda sobre seu túmulo.

33 Leves lhe são os torrões do vale.
   Atrás dele toda população desfila.

34 Que significam, pois, vossas vãs consolações?
   Se nas vossas respostas não há mais que perfídia?

Nesta vida, as coisas não são piores para o ímpio do que para o justo. Em linguagem figurada, Jó desenvolveu esta ideia na parte precedente de seu discurso (vv. 7-21). Mas será que não existe uma justiça compensatória *na* morte (vv. 23-26) ou *depois* da morte (vv. 30-33)? Na última parte de seu discurso, ora interpretada, Jó entra nessa questão. Mais uma vez, ele apela para sua experiência: "Este morre em pleno vigor, de todo tranquilo e em paz... Aquele morre com a alma amargurada, sem ter saboreado a felicidade" (vv. 23.25). Quem iria questionar isso? Jó confronta o feliz e o infeliz. Ambos encontram a morte da mesma maneira. No caso, não tem nenhuma importância se eles viveram moralmente bem ou mal. A morte não é nenhum castigo para os ímpios. Ela atinge a todos de maneira igual: "E, contudo, jazem no mesmo pó, cobrem-se ambos de vermes" (v. 26).

No versículo seguinte, 27, Jó dirige-se novamente para seus amigos. Ele resume adequadamente o conteúdo de seus discursos (v. 28; "nobre" aqui indica o senhor rico, poderoso, que não se importa com o direito e a justiça). Jó reconheceu que o pensamento dos amigos, no fundo, voltava-se contra ele ("as intrigas que vós tramais contra mim"). Os discursos deles acerca do mau fim dos ímpios não eram de forma alguma "despropositados". A mensagem *sub*-liminar deles não deveria encontrar ouvidos moucos: o ímpio sucumbe na infelicidade. Jó está sucumbindo. Jó, portanto, é ímpio. O justo castigo de Deus o atinge.

Numa segunda tentativa, Jó busca demonstrar que a mundivisão dos amigos é falsa. Para isso, ele não se reporta mais unicamente à sua experiência pessoal. Ele aventa o saber de "pessoas experientes", de pessoas muito viajadas (v. 29). "Conhece muitas coisas aquele que muito viajou" (Eclo 34,9). O que podem contar pessoas experientes? Baldad tinha razão quando disse a respeito do ímpio: "Sua memória desaparece de sua terra, seu nome se apaga na região" (18,17)? No caso, dá-se o contrário! O mal recebe uma sepultura honrosa (v. 32). Ninguém lhe reprova sua má conduta moral (v. 31). Todo mundo o acompanha em seu último caminho (v. 33), "e se monta guarda sobre este túmulo" (v. 32). Igualmente Coélet pode referir: "Vi também levarem ímpios à sepultura (ou seja: aos seus pais, nos túmulos); quando saem do lugar santo, esquecem-se de como eles haviam agido na cidade... Há justos que são tratados conforme a conduta dos ímpios e há ímpios que são tratados conforme a conduta dos justos" (Ecl 8,10.14).

Dessarte, as palavras dos amigos são triplicemente refutadas: a situação dos ímpios não é pior do que a dos justos nem antes da morte (vv. 7-21), nem na morte (vv. 23-26), tampouco depois da morte (vv 30-33). As consolações dos amigos são um nada, sua "resposta permanece um engano" (v. 34)

ESPERAR EM DEUS (JÓ 22-31)

Jó: um delinquente? (22,1-11)

1   Elifaz de Temã tomou a palavra e disse:
2   Pode um homem ser útil a Deus?
     Não, o prudente só é útil a si mesmo.
3   Que importa ao Todo-Poderoso que sejas justo:
     aproveita-lhe a tua integridade?
4   É por tua piedade que te corrige
     e entra contigo em julgamento?
5   Não é antes por tua grande malícia
     e por tuas inúmeras culpas?
6   Exigias sem razão penhores de teus irmãos
     e despojavas de suas roupas os nus;
7   não davas água ao sedento
     e recusavas pão ao faminto;
8   entregavas a terra a um homem poderoso,
     para ali se instalar o favorecido;
9   despedias as viúvas com as mãos vazias,
     quebravas os braços dos órfãos.
10   Por isso te encontras preso nos laços,
     amedronta-te um terror improviso.
11   A luz se obscurece e não vês mais nada
     e te submerge um turbilhão de água.

Agora tem início a terceira e última série de discursos (capítulos 22–28). Tal como os dois primeiros ciclos de discursos, também este é introduzido por Elifaz, porta-voz dos amigos. A terceira rodada de discursos já não é tão harmoniosamente construída como as duas anteriores. Sofar não mais volta a tomar a palavra, e Baldad faz apenas uma breve afirmação (25,1-6). Jó, em contrapartida, põe-se a falar diversas vezes. No campo da exegese, por vezes tentou-se "colocar em ordem" a terceira série de discursos mediante transposições de textos e complementos. A esta altura, não é o caso de entrar em detalhes quanto a tal ponto. A "desordem externa" do terceiro ciclo de discursos é, em todo caso, um indício de que o diálogo entre Jó e os amigos "saiu dos eixos". Os nervos estão à flor da pele. Os amigos parecem descontrolar-se. Elifaz acusa Jó de ter perpetrado pesados delitos. Jó, por sua vez, contra-ataca com um terrível lamento a Deus: "Da cidade sobem os gemidos dos moribundos e, suspirando, os feridos pedem socorro, e Deus não ouve a sua súplica" (24,12).

Elifaz abre seu discurso com quatro perguntas retóricas (vv. 2-5). As três primeiras perguntas (vv. 2-4) devem ter "não" como resposta, enquanto a quarta pergunta (v. 5) deve ser respondida afirmativamente. No v. 2, Elifaz retoma a pergunta lançada por Jó a propósito da serventia da piedade (cf. 21,15). Assim fazendo, ele argumenta de maneira sapiencialmente esclarecedora: a Deus em nada aproveita a devoção humana. Deus não se prejudica quando o ser humano peca, e Deus nada ganha a mais quando o ser humano "é justo" (v. 3). O único a quem um comportamento inteligente e justo aproveita é o próprio ser humano: "O prudente só é útil a si mesmo" (v. 2). Na presente passagem da discussão, Elifaz quer dizer com isso que a razão para o sofrimento de Jó não está em Deus, como Jó reiteradamente afirmou (cf. 6,4; 7,11-21; 10; 16,7-17; 19,6-12). Deus não tem nenhum proveito ao castigar Jó. O motivo de seu sofrimento reside única e exclusivamente nele próprio. Elifaz pretende sublinhar o caráter conclusivo do fluxo do pensamento com a relativamente absurda pergunta do v. 4: "É por tua piedade que te corrige?". O agir de Deus não está determinado por interesses próprios. Se Jó fosse, portanto, temente a Deus, por que Deus o puniria por isto, visto que em nada lhe aproveita? Assim, resta como única possibilidade: a razão para o sofrimento de Jó só pode estar nele próprio. Em seu sofrimento, recai sobre ele mesmo o mal que praticou. E visto que seu sofrimento é imenso, também deve ser "grande sua malícia e sem número suas culpas" (v. 5).

Assim, a seguir, Elifaz apresenta os mais graves delitos que Jó deve ter cometido contra seus semelhantes (vv. 6-9). Trata-se de ações interditadas expressamente pela lei de Deus e frequentemente deploradas pelos profetas: injusta penhora de membros do próprio povo ("irmãos", v. 6; cf. Ex 22,25-26; Dt 24,10-13), negação de assistência em necessidades que ameaçam a vida (v. 7; cf. Is 58,7; Ez 18,7; Mt 25,42), exploração de viúvas e de órfãos (v. 9; cf. Gn 31,42; Ex 22,21-22; Mq 2,9; Dt 24,17-18; Is 1,17). O v. 8 cita o lema segundo o qual Jó agiu. É o direito do mais forte: "Entregavas a terra a um homem poderoso, para ali se instalar o favorecido". Elifaz quer dizer que Jó era (e continua a ser) um homem violento, que espezinha o direito e a justiça. Assim, agora ele é arrastado, com toda razão ("por este motivo"), "à consternação" (v. 10) e nas "trevas", nas quais ele nada mais enxerga, e é "submerso num turbilhão de água" (v. 11).

Nada no Livro de Jó indica que ele tenha cometido tais crimes. Trata-se de "pecados pré-fabricados", dos quais Elifaz o repreende, pecados que Jó *deve* ter cometido "em favor do verdadeiro ensinamento".

Deus onisciente e justo (22,12-20)

12 Não é Deus excelso como os céus?
   Vê como é alta a abóbada das estrelas!

13 E tu disseste: O que Deus conhece?
   Pode ele julgar através da nuvem escura?

14 As nuvens encobrem-no e impedem-no de ver,
   quando passeia pela abóbada do céu.

15 Queres seguir os velhos caminhos
   por onde andaram os homens perversos?

16 Foram arrebatados antes do tempo,
   quando uma torrente se lançou sobre seus fundamentos.

17 Eles diziam a Deus: "Afasta-te de nós.
   Que pode fazer-nos o Todo-Poderoso?".

18 Ele enchia de bens suas casas,
   – Contudo, o conselho dos ímpios mantinha-se longe de mim!

19 Os justos veem isto e se alegram,
   o inocente zomba deles:

20 "Eis destruídos nossos adversários!
   E que fogo devorou seus bens!".

Na segunda parte de seu discurso, ora interpretada, Elifaz entra no argumento apresentado por Jó. Ele começa com uma afirmação da sublimidade de Deus: "Não é Deus excelso como os céus?" (v. 12). A comparação com a altura dos céus é requestada com prazer na Bíblia a fim de ressaltar a proeminência de Deus e a incompreensibilidade de seus planos e de seu agir: "Com efeito, meus pensamentos não são vossos pensamentos, e vossos caminhos não são meus caminhos – oráculo de Iahweh. Quanto os céus estão acima da terra, tanto meus caminhos estão acima dos vossos caminhos, e meus pensamentos acima dos vossos pensamentos" (Is 55,8-9; cf. Sl 103[102],11). Depois deste antecipado ensinamento sobre Deus em formato abreviado, Elifaz reporta-se ao que foi dito por Jó. Ele reproduz adequada e inteiramente as palavras de Jó: "E tu disseste: O que Deus conhece? Pode ele julgar através da nuvem escura? As nuvens encobrem-no e impedem-no de ver, quando passeia pela abóbada do céu" (vv. 13-14). O que se pretende afirmar com isto é que, fundamentalmente, Deus não acompanha o que se passa sobre a terra. Ele se retrai por trás de nuvens escuras e não intervém. Cada um pode fazer ou deixar de fazer o que bem entender. Evidentemente, foi assim que Elifaz compreendeu as proposições de Jó acerca da sorte dos ímpios (21,6-21). Eles podem fazer ou deixar de fazer o que bem entenderem. Deus não intervém. Os ímpios escapam impunes. Com isso, chega-se a um tipo de ateísmo prático, veiculado de diversas maneiras no Antigo Testamento: os ímpios "contra o céu colocam sua boca" e dizem: "Acaso Deus conhece? Existe conhecimento no Altíssimo?" (Sl 73[72],9-11). Igualmente a famosa frase de Anselmo de Canterbury, citada como prova da existência de Deus: "Diz o insensato em seu coração: 'Deus não existe'" (Sl 14[13],1), no fundo visa a um tipo de ateísmo prático e fundamenta uma forma de vida na qual a diferença entre o bem e o mal torna-se enfraquecida. Os insensatos, que assim falam, praticam "ações corrompidas e abomináveis: ninguém age bem" (Sl 14[13],1; cf. Sl 53[52],2). Perspicazmente, Elifaz tira as consequências que resultam do discurso precedente de Jó: elas levam, se não teoricamente ("Deus não existe"), com certeza ao ateísmo prático: Deus nada vê, nada ouve, nada faz.

A subsequente admoestação de Elifaz vai na direção contrária. Ela é dirigida diretamente a Jó: "Quereis seguir os velhos caminhos por onde andaram os homens perversos? Foram arrebatados antes do tempo, quando uma torrente se lançou sobre seus fundamentos. Eles diziam a Deus: 'Afasta-te de nós. Que pode fazer-nos o Todo-Poderoso?'" (vv. 15-17). Não está excluído que aqui Elifaz não aluda à geração do dilúvio, a qual, devido à sua maldade, foi varrida por uma violenta correnteza (cf. Gn 6–9). É também possível que Elifaz aqui queira indicar, de maneira bem geral, o "velho conhecido caminho dos ímpios". E já percebe que Jó está neste caminho, não somente em seu agir (cf. 22,1-11), mas também em seu falar. Assim, ele o previne de prosseguir por essa via.

No contexto atual, o v. 18 parece de difícil compreensão. Diversos comentadores eliminam-no como acréscimo posterior. Contudo, o versículo adquire muito bem um sentido quando se compreende o fluxo do pensamento da seguinte maneira: nos vv. 15-16, Elifaz descreve o fim prematuro dos "homens de má conduta". São precisamente os homens dos quais Jó falou anteriormente, "que dizem a Deus: 'Afasta-te de nós!'" (v. 17). Com o v. 17, portanto, Elifaz refere-se literalmente ao discurso precedente de Jó (21,14), no qual ele descrevera a felicidade dos ímpios. Essa linha de interpretação expande o v. 18a: "Ele (Deus) enchia de bens suas casas". Portanto, Elifaz parece fazer concessão a Jó em que Deus permite perfeitamente que as casas dos ímpios sejam repletas de bens. A seguir, perfaz uma aguda inversão. Segundo um bem conhecido estilo, nos vv. 19-20 Elifaz descreve a derrocada dos ímpios. Ele o faz aqui completamente a partir da perspectiva dos justos. Eles verão e alegrar-se-ão com isso. O v. 18b: "Contudo, o conselho dos ímpios mantinha-se longe de mim!", poderia igualmente ser uma citação do discurso precedente de Jó (21,16b). Seria também possível entender a frase como uma espécie de fórmula de exorcismo, com a qual o próprio Elifaz se distancia dos sedutores planos dos ímpios.

Por conseguinte, Elifaz reage plenamente às observações e aos argumentos de Jó. Ele mostra que as palavras de Jó, se pensadas até o fim, conduziriam à negação de Deus. Ele adverte Jó para não prosseguir por esse caminho.

Torna-te amigo de Deus! (22,21-30)

21 Reconcilia-te com ele e terás paz:
desta maneira a felicidade virá sobre ti.

22 Aceita a instrução de sua boca
e guarda seus preceitos em teu coração.

23 Se voltares para o Todo-Poderoso serás reabilitado,
se afastares de tua tenda a injustiça,

24 se colocares o teu ouro sobre o pé,
o Ofir entre as pedras do riacho,

25 o Todo-Poderoso será teu ouro fino
e tua prata de primeira qualidade.

26 Então, sim, alegrar-te-ás no Todo-Poderoso
e erguerás para Deus teu rosto.

27 Ele ouvirá as tuas súplicas
e tu cumprirás teus votos;

28 decidir-te-ás por um projeto e realizar-se-á,
e a luz brilhará em teu caminho.

29 Porque ele abaixa quem fala com altivez,
e salva o homem de olhar humilde.

30 Ele liberta quem é inocente:
ele será liberto pela pureza de suas mãos.

O terceiro e último discurso de Elifaz (capítulo 22) deixa entrever uma clara sequência dos pensamentos. De certa maneira, ele pode ser visto como um resumo da teologia dos três amigos. Na primeira parte do discurso (22,2-11), Elifaz expôs: a razão para o sofrimento de Jó não deve ser buscada em Deus, mas no próprio Jó. Jó deve ter-se tornado culpado; não há outro jeito de compreender seu sofrimento. Na segunda parte de seu arrazoado (22,12-20), Elifaz tentara repelir o ateísmo prático que ele havia pressentido nas palavras de Jó. Agora se segue a terceira e última seção (22,21-30), um tipo de consolação e admoestação ao mesmo tempo. Para Elifaz, Jó não é absolutamente um caso perdido. Para ele existe a possibilidade de salvação. Com palavras impressionantes, Elifaz encoraja o amigo a fazer as pazes com Deus: "Reconcilia-te com ele e terás paz: desta maneira a felicidade virá sobre ti" (v. 21). Nessas palavras está resumido o conteúdo do que se segue. Uma reconciliação com Deus trará de volta a felicidade para Jó. Com isso, Elifaz refere-se ao fim de seu discurso (5,19-27). Ali ele profetizara a salvação de Jó da miséria: "Conhecerás paz em tua tenda" (5,24). Entrementes, após as idas e vindas do diálogo, a situação inicial modificou-se. Se no começo ainda não estava claro para os amigos que Jó seria um ímpio, agora, quando se aproxima o fim da discussão, está incontestavelmente assente: "Não é antes por tua grande malícia e por tuas inumeráveis culpas?" (22,5). Por essa razão, o cuidado divino pressupõe, da parte de Jó, a conversão: "Se voltares ao Todo-Poderoso serás reabilitado" (v. 23). Os versículos seguintes, 24 e 25, são de difícil compreensão e excluídos pelos comentadores como acréscimos posteriores. Provavelmente, com isso Elifaz quer dizer: "Deus é mais precioso do que a coisa mais preciosa que possamos possuir. Deus deve ser buscado para além da coisa mais preciosa do mundo ("ouro fino", "ouro de Ofir"). A imagem evoca a parábola do tesouro no campo (Mt 13,44). A respeito da Sabedoria, diz-se no Livro dos Provérbios: "Ganhá-la vale mais que a prata, e o seu lucro mais que o ouro" (Pr 3,14; cf. Jó 28,15-19). Se Jó se converter e voltar para Deus, então – assim lhe promete Elifaz – "alegrar--te-ás no Todo-Poderoso e erguerás para Deus teu rosto" (v. 26). Ele pinta um futuro magnífico para Jó: "A luz brilhará em teu caminho" (v. 28). A esse propósito, ele recorre a elementos da oração de ação de graças. Na oração de ação de graças, o orante volve o olhar para a angústia superada (cf. Sl 18[17]; 30[29]; 40[39]; 116[114 + 115]) e cumpre seus votos a Deus (v. 27; cf. Sl 22[21],26; 50[49],14; 61[60],6-9). Assim é Deus: "Ele abaixa quem fala com altivez e salva o homem de olhar humilde" (v. 29; cf. Pr 3,34; 29,23; Is 2,11-17; 1Sm 2,7-8; Lc 1,52-53).

Com a afirmação do v. 30, Elifaz resume suas exposições: "Ele (Deus) liberta quem é inocente: ele será liberto pela pureza de suas mãos" (em correspondência com a tradução latina da *Vulgata*). Contudo, de acordo com o texto hebraico, o versículo também pode ser traduzido diferentemente: "Ele liberta até mesmo aquele que *não* é inocente; ele será liberto pela pureza de *tuas* mãos".* Nesse sentido, Elifaz se torna "profeta contra a própria vontade". Aquilo que ele profetiza acontece verdadeiramente, ainda que tivesse a intenção de dizer outra coisa: os amigos, que *não* são inocentes, serão salvos pela intercessão de Jó, "pela pureza de *tuas* mãos", conforme Elifaz excelentemente previu. Com efeito, no final, diz o Senhor a Elifaz de Temã: "Meu servo Jó intercederá por vós. Em atenção a ele, não vos tratarei como merece vossa temeridade, por não terdes falado corretamente de mim (a mim), como fez meu servo Jó" (42,8).

Encontrar a Deus (23,1-17)

1   Jó tomou a palavra e disse:

2   Ainda hoje minha queixa é uma revolta;
    minha mão comprime meu gemido.

3   Oxalá soubesse como encontrá-lo,
    como chegar à sua morada.

4   Exporia diante dele a minha causa,
    com minha boca cheia de argumentos.

5   Gostaria de saber com que palavras iria responder-me
    e ouvir o que teria para me dizer.

---

* Tradução adotada pela Bíblia de Jerusalém (N.T.).

6 Usaria ele de violência ao pleitear comigo?
    Não, bastaria que me desse atenção.

7 Ele reconheceria em seu adversário um homem reto,
    e eu triunfaria sobre meu juiz.

8 Mas, se for ao Oriente, não está ali;
    ao Ocidente, não o encontro.

9 Quando ele age no norte, eu não o vejo;
    se me volto para o meio-dia, ele permanece invisível.

10 E todavia, o meu caminho ele o conhece!
    Que me ponha no crisol, dele sairei como ouro puro.

11 Meus pés apegaram a seus passos,
    segui seu caminho sem me desviar.

12 Não me afastei do mandamento de seus lábios
    e guardei no peito as palavras de sua boca.

13 Mas ele decide; quem poderá dissuadi-lo?
    Tudo o que ele quer, ele o faz.

14 Executará a sentença a meu respeito,
    com tantos outros dos seus decretos.

15 Por isso estou consternado em sua presença,
    e estremeço ao pensá-lo.

16 Deus abateu-me o ânimo,
    o Todo-Poderoso encheu-me de terror.

17 E, todavia, não me dou por vencido por estas trevas;
    ele, porém, cobriu-me o rosto com a escuridão.

No final de seu discurso, Elifaz aconselhara Jó a converter-se e a voltar-se para o Deus onipotente (22,23). Sua assertiva de que Jó possa ter cometido graves delitos (22,5-9) evidencia-se nesta "revolta" (v. 2). No entanto, voltar-se para Deus, "tornar-se seu amigo e manter a paz com ele" (22,21), isso deveria ser um bom conselho para toda pessoa humana, também para os justos. Mas é mais fácil falar do que fazer. Jó contrapõe: "Oxalá soubesse como encontrá-lo, como chegar à sua morada" (v. 3). Com isso, tocar-se-ia *o* problema central tanto do Livro de Jó quanto da fé. Recordemos o significado do nome de "Jó": "Onde está (meu) Pai (Deus)?". Entre Jó e os amigos existe um tácito entendimento. Todos eles esperam de Deus uma solução para o problema. Mas onde e como se pode encontrar esse Deus que traz a salvação (libertação) (cf. 19,25-27)? "Mas, se for ao Oriente, não está ali; ao Ocidente, não o encontro. Quando ele age no norte, eu não o vejo; se me volto para o meio-dia, ele permanece invisível" (vv. 8-9).

No Livro de Jó, encontram-se experiências fundamentais do caminho da contemplação. A palavra "contemplação" provém do latim *contemplari*, ou seja, "observar". Na contemplação, trata-se de observar Deus. A oração (*oratio*) pede (*petit*), a contemplação (*contemplatio*) encontra (*invenit*), diz Hugo de São Vítor (*Estudos*, 5,9). Também Jó, no final, será conduzido a uma contemplação de Deus (42,5). Contudo, agora, no início do terceiro círculo de discursos, ele ainda é, por inteiro, o buscador desesperado. As diversas angústias contra as quais Jó tem de lutar deveriam, não por último, fazer com que ele tivesse muitas apreensões. Ele rumina constantemente o que pretende expor a Deus (v. 4), o que Deus lhe responderá (v. 5), como Deus o tratará (v. 6). Desde já ele julga saber como quer encontrar Deus, *se* ele o descobrisse: "Exporia diante dele a minha causa, com minha boca cheia de argumentos" (v. 4). Ele reflete também sobre si mesmo (vv. 10-12). Aquilo que, no momento, lhe vem à mente é plenamente verdadeiro: "Meus pés apegaram a seus passos, segui seu caminho sem me desviar. Não me afastei do mandamento de seus lábios e guardei no peito as palavras de sua boca" (vv. 11-12). Visto que Deus conhece seu caminho e sabe que ele é inocente, Jó deve esperar confiantemente sair da provação de Deus "como ouro puro" (v. 10).

É perfeitamente natural que tais e semelhantes pensamentos surjam no caminho da busca de Deus. De modo especial no sofrimento, muita coisa "passa pela cabeça" de uma pessoa. Antes de Jó encontrar no silêncio (cf. 31,40; 40,4-5), é preciso que tudo o que existe nele seja exposto: sua angústia, que leva à queixa e à acusação de Deus, sua ânsia por uma resposta de Deus e também suas pressuposições a respeito de quem esse Deus possa ser, o que "possa tem em mente" a seu respeito (v. 14). Enquanto, porém, Jó ainda viver no mundo das ideias (de Deus) e das presunções, enquanto ele for a seu encontro "consternado em sua presença" (v. 15), o Todo-Poderoso "enche-o de pavor" (v. 16), fica "vencido pelas trevas" (v. 17), não pode encontrar a Deus (vv. 8-9).

O grito dos pobres (24,1-12)

1 Por que o Todo-Poderoso não marca o tempo
 e seus amigos não chegam a ver seus dias?

2 Os ímpios mudam as fronteiras,
 roubam rebanho e pastor.

3   Apoderam-se do jumento dos órfãos
    e tomam como penhor o boi da viúva.

4   Os indigentes devem se afastar do caminho,
    e os pobres da terra se esconder todos juntos.

5   Como onagros do deserto, eles saem para o trabalho,
    procurando desde a aurora uma presa,
    e, de tarde, o pão para os seus filhos.

6   Ceifam no campo que não lhe pertence (a seu possuidor)
    e rebuscam a vinha do ímpio.

7   passam a noite nus, sem roupas,
    e sem coberta para o frio.

8   Ensopados pelas chuvas das montanhas,
    sem abrigo comprimem-se contra o rochedo.

9   Os órfãos são arrancados do seio materno,
    os lactantes dos pobres são tomados como penhor.

10 Andam nus por falta de roupa,
    famintos carregam os feixes.

11 Entre suas muretas espremem o azeite,
    pisam as cubas, mas passam sede.

12 Da cidade sobe o grito dos moribundos,
    e, suspirando, os feridos pedem socorro,
    e Deus não ouve a sua súplica.

O capítulo 24, a ser interpretado aqui, pertence aos mais difíceis de todo o livro. De modo geral, diz-se que "o texto encontra-se em condições extremamente péssimas... Apesar de todas as tentativas, já não se pode obter de Jó 24 uma leitura coerente" (Melanie Köhlmoos, *Das Auge Gottes,* Tübingen: Mohr Siebeck, 1999, p. 59). Matthias Grenzer é de opinião completamente diversa: "[...] parece [...] uma composição extraordinariamente refinada, semelhante a um edifício construído artisticamente, no qual cada pedra assume seu lugar predeterminado" (*Análise poética da sociedade: um estudo de Jó 24,* São Paulo: Paulinas, 2006). Conforme Matthias Grenzer, o capítulo se articula em quatro seções. Na primeira seção (vv. 2-4), Jó discute uma séria de atos de violência contra os pobres, ao passo que na segunda seção (vv. 5-12) descreve o destino da vida dos pobres que daí resulta. Na terceira seção (vv. 13-17), Jó qualifica a violência reinante na sociedade como rebelião contra Deus e desprezo pelos dez mandamentos; na quarta e última seção (vv. 18-24), de maneira altamente irônica, ele discute o destino dos pobres na morte. No centro do texto, acha-se o v. 12: "Deus não ouve sua súplica".

Nos versículos 2 a 4, Jó descreve uma série de ações violentas contra os pobres. Graves crimes são enumerados, delitos que são expressamente proibidos e execrados pela Torá e pelos profetas (cf. Dt 19,14; 5,21; Ex 20,17; 22,21; 23,6; Dt 24,17-22; Ez 18,7.12). Aos pobres e aos carentes de proteção são destroçadas as condições fundamentais de sua existência econômica (vv. 2-3), é-lhes negado o direito (v. 4a), são banidos da sociedade (v. 4b). Fica em aberto a questão acerca de quem pratica os atos de violência.

No próximo segmento (vv. 5-12), o olhar volta-se para o destino dos pobres, resultante dos atos de violência que padecem. O sujeito da afirmação são os "humilhados da terra". Como burros selvagens no deserto, eles saem em busca de alimento para seus filhos (v. 5). Consequentemente, os *pobres* são atingidos pelo destino que, de acordo com a informação dos amigos, na verdade está reservado aos ímpios (cf. 15,23; 20,10). Com o v. 6, aparece pela primeira vez o ímpio. Ele parece ser o dono ilegítimo do campo no qual os humilhados da terra, fustigados pela fome (v. 5), respigam secretamente (v. 6). Dolorosas distorções sociais aparecem diante dos olhos. Terrível e pungente é a injustiça que é praticada contra os pobres: "Os órfãos são arrancados do seio materno, os lactantes dos pobres são tomados como penhor" (v. 9). No final, acha-se a morte: "Da cidade sobe o grito dos moribundos, e, suspirando, os feridos pedem socorro" (v. 12). E o cúmulo da injustiça: "E Deus não ouve sua súplica" (ou, numa tradução alternativa: "Deus não toma a peito o que é detestável"). A justiça de Deus não se impõe.

Aqui Jó não mais se queixa de si e de seu sofrimento. Ele lamenta o sofrimento dos pobres. Sua miséria abre-o para a miséria dos outros. Em seu destino, ele se sabe unido de maneira especial a todos os "humilhados da terra". Seu grito por socorro e o deles permanecem sem resposta.

Portanto, no Livro de Jó não se verbaliza somente o sofrimento de um indivíduo. O Jó sofredor enxerga em *seu* sofrimento o *padecer do mundo*. Nisso se mostra uma preocupação fundamental da tradição bíblica. Se o Livro de Jó oferece uma "solução" ("libertação"), se existe salvação para Jó, não é uma salvação longe do sofrimento dos outros.

Rebeldes à luz (24,13-17)

13 Existem também os rebeldes à luz,
que não conhecem seus caminhos
nem ficam em suas veredas.

14 É noite quando o assassino se levanta
para matar o pobre e o indigente.
Durante a noite ronda o ladrão,

15 O olho do adúltero aguarda o crepúsculo
dizendo: "Ninguém me verá",
e cobre o rosto com uma máscara.

16 Às escuras arromba as casas;
Durante o dia, escondem-se
os que não querem conhecer a luz.

17 Para eles todos, as trevas são semelhantes à manhã.
Na verdade, estão familiarizados com os terrores da sombra.

Em ambas as primeiras seções do capítulo 24 (vv. 1-12), os pobres estavam à vista. Agora a atenção se volta para aqueles "graças" aos quais os pobres padecem a miséria: os ímpios. Estes, de acordo com Jó, pertencem aos "rebeldes à luz" (v. 13). Num primeiro momento, isto é dito num sentido bem convencional: o assassino, o ladrão e o adúltero praticam suas ações "durante a noite", quando "não há luz" (v. 14), no "crepúsculo", quando "nenhum olho espreita" (v. 15). Para isso, ele cobre o rosto (v. 15), a fim de não ser reconhecido. Assim, "às escuras arromba as casas" (v. 16). Durante o dia, os praticantes do mal escondem-se (v. 16), a fim de não serem reconhecidos. Eles não *temem* o pavor das trevas, pois estão *familiarizados* com elas (v. 17) – uma completa inversão da ordem adequadamente vantajosa para o ser humano. Se o homem justo se alegra com o raiar da luz da manhã (Sf 3,5), se ele pode contemplar nela a força e o socorro de Deus (Ex 19,15-19; Sl 46[45],6; Mc 16,2; Lc 24,1; Jo 20,1), "sai o homem para sua faina, e para seu trabalho até à tarde" (Sl 104[103],23), para os "filhos das trevas" dá-se o contrário: para eles, as *trevas* são a manhã salvadora (v. 17); quando escurece, eles arrombam e têm sucesso. Baldad havia afirmado: "Rodeiam-no (ao ímpio) terrores que o amedrontam, perseguindo-o passo a passo" (18,11). Jó não consegue perceber nada disso. Nas trevas, as pessoas violentas sentem-se em casa, aqui eles se ocupam imperturbáveis com seus afazeres.

A contraposição entre luz e trevas evoca ainda um segundo nível de significação, que jaz mais profundamente. No v. 13b alude-se a ele: "Não conhecem seus caminhos nem ficam em suas veredas". Como se pode perceber facilmente a partir do contexto, com isso se indicam os caminhos e veredas de Deus. Dessa maneira, os rebeldes à luz são, em sentido próprio, rebeldes a Deus. Eles se revoltam contra ele e contra sua ordem prevista para o mundo. A palavra "luz", nas Sagradas Escrituras, muitas vezes é imagem de Deus. "O Senhor é minha luz e minha salvação; de quem eu terei medo?" (Sl 27[26],1; cf. Is 60,1.19-20; Mq 7,8: Jó 37,21-22). De modo especial, a luz remete para a "Palavra" que provém de Deus, para seus "Mandamentos", para a justa ordem que dele emana: "De mim sairá uma lei (Torá), farei brilhar meu direito como luz entre os povos" (Is 51,4; cf. Os 6,5). "Tua palavra é lâmpada para os meus pés, e luz para o meu caminho" (Sl 119[118],105). Por conseguinte, os ímpios, como inimigos da luz, são revoltosos contra uma ordem natural e sobrenatural do mundo. Diferentemente do que os amigos haviam afirmado, os ímpios não sucumbem de forma alguma nas trevas, *não* serão "conduzidos ao rei dos terrores" (18,14); ao contrário: nas trevas do alheamento de Deus, eles irrompem e nelas são bem-sucedidos. Ao que é deveras escandaloso neste acontecimento alude-se na última parte do discurso de Jó (vv. 18-25): a maldição com que se amaldiçoaram os fautores da violência passa ao largo deles; ela atinge os pobres, que são inocentes. Ninguém impede os rebeldes à luz no seu agir criminoso. Ao que parece, Deus não se atém a seu próprio direito.

Com isso, em sua censura contra Deus Jó dirige-se para um ponto culminante. Não somente Deus permite que os ímpios escapem imperturbáveis (21,9), como ainda mais: ele parece ser cúmplice deles. Onde está o Deus, a quem o profeta Sofonias confessa que intervém em favor do direito em meio à cidade manchada, opressora: "Iahweh é justo no meio dela, ele não pratica a iniquidade, manhã após manhã ele promulga o seu direito, à aurora não falta" (Sf 3,5; cf. Sl 101[100],8; Jó 38,12-15)?

Ele afugenta (24,18-25)

18 Rapidamente se encontra sobre a superfície das águas.
   Amaldiçoada é sua propriedade na terra,
   Não (mais) se dirige para o caminho da vinha.

19 (Assim como) seca e calor absorvem a água da neve,
   (também) vagueiam pelo Xeol.

20 Dele se esquece o ventre materno,
o verme se delicia com ele,
não se pensará mais nele.
Assim é arrancada a iniquidade como uma árvore.

21 Aquele que apascenta a estéril, a que não tem filhos,
as viúvas, a quem ninguém socorre.

22 Ele prende com força os tiranos;
quando aparece, ninguém está certo da própria vida.

23 Ele lhe concede segurança, nela ele se apoia;
seus olhos, porém, observam o caminho deles.

24 Exaltados por um breve tempo, já não se encontra lá.
São dobrados, agarrados com o punho,
E ceifados como pontas de espiga.

25 Se não é assim, quem me desmentirá
ou reduzirá ao silêncio minhas palavras?

A última seção do discurso de Jó a ser interpretada aqui apresenta para a exegese um desafio especial. Aqui, parece que Jó, como seus amigos anteriormente, fala da ruína prematura e lastimável dos ímpios. Tal compreensão, porém, contradiria o que Jó havia dito em seu discurso precedente (21,7-21). Ali, com efeito, ele se queixara de que ímpios *não* são castigados pelos seus crimes: eles envelhecem e se fortalecem. Passam seus dias na felicidade (21,7.13). Jó teria mudado de opinião? Na exegese, discutem-se, acima de tudo, três possibilidades de interpretação. *Uma* dessas explicações presume que os vv. 18-24 teriam sido deslocados para um lugar errado. Originalmente, assim se imagina, eles pertenceriam ao terceiro discurso de Baldad, imediatamente subsequente, o qual, em sua forma atual, ficou, aliás, bastante reduzido (capítulo 25), ou, alternativamente, eles constituiriam o terceiro discurso de Sofar, que está completamente ausente na forma em que foi transmitido o Livro de Jó. Uma *segunda* interpretação afirma: nos versículos 18 a 24, Jó não fala dos ímpios, mas dos pobres. Não os ímpios, mas *as vítimas da violência* padecem um fim rápido e brutal. E o pior nisso tudo: a mão de Deus está em jogo aí. Esta interpretação, defendida sobretudo por Matthias Grenzer, deve também fundamentar a explanação aqui apresentada. Com certeza, em alguns versículos deve-se levar bem em conta uma propositada ambiguidade. As reprovações são tão monstruosas que só são (podem ser) mencionadas por Jó de maneira velada e indireta; no entanto, todo mundo sabe o que se quer dizer – como também nós, com frequência, em determinadas situações, só nos referimos a "coisas ruins", como morte e doenças graves, de maneira insinuativa e encoberta, quando, porém, cada um dos envolvidos sabe do que se trata.

V. 18: "Rapidamente se encontra sobre a superfície das águas" – faz lembrar o bote de papiro do cuchita, o qual deslizava celeremente sobre a superfície das águas (Is 18,2). Ponto de comparação é a fugacidade da vida. Jó havia-se queixado de que ele próprio teria de padecer destino semelhante: "Meus dias correm mais depressa que um atleta e se esvaem sem terem provado a felicidade; deslizam como barcas de papiro, como a águia que se precipita sobre a presa" (9,25-26). Na palavra hebraica equivalente a "rápido" (*kal*), já ressoa a seguinte "amaldiçoado" (*kalal*): "Amaldiçoada é sua propriedade na terra" (v. 18). Em Jó 24,2 falava-se do deslocamento das fronteiras. Os pobres são "afastados do caminho" (24,4); açoitados pela fome, respigam na vinha do ímpio, colhem do campo de um proprietário ilegítimo (24,6). Diante desse pano de fundo, sugere-se que, no v. 18, o destino lamentado dos não mencionados deva ser compreendido como o destino dos pobres, "em quem ninguém pensa" (v. 20) e a quem, por conseguinte, ninguém também menciona. Os vv. 19 e 20 descrevem seu fim definitivo no Xeol. Não se pensa na iniquidade. Ela não é expiada, ela é "arrancada como uma árvore" (v. 20). A imagem recorda a lamentação de Jó acerca de sua própria sorte: "Demoliu tudo em redor de mim e tenho de ir-me, desenraizou minha esperança como uma árvore" (19,10).

Quem é o sujeito do v. 21: "Aquele que apascenta a estéril, a que não tem filhos, as viúvas, a quem ninguém socorre"? À primeira vista, fala-se de um "pastor", de um "apascentador". Na Escritura, amiúde Deus é caracterizado como o (bom) pastor, que "apascenta" seu povo (Is 40,11; Ez 34,13-16; Sl 23[22],1; 80[79],2). No entanto, o presente contexto mostra que aqui se confere um sentido negativo a "apascentar": um afugentar. Assim, nas palavras de Jó, invertem-se as tradições religiosas de Israel: Deus não é o bom pastor, que se compadece das viúvas; não é o Deus-rei que ouve o clamor das viúvas e dos órfãos, e que "faz perecer pela espada" (Ex 22,20-23) os que infringem o direito; ao contrário, é o cúmplice dos ímpios, o que "afugenta" os que carecem de proteção. Os vv. 23-24 parecem lamentar até mesmo uma atitude enganadora, francamente traidora de Deus: inicialmente, Deus concede "segurança" (v. 23) a uma pessoa, talvez a um pobre que se soergue novamente. A seguir, este tropeça, mas ele o deixa cair, "já não se encontra lá" (v. 24). Deus – para os pobres e vítimas da violência ilegítima – como para Jó –unicamente um grande (des-) engano? "Não é mesmo assim?" (v. 25).

Fim do discurso (25,1-6)

1 Baldad de Suás tomou a palavra e disse:

2 Soberania e terror estão junto dele,
 Aquele que produz a paz nas suas alturas.

3 Pode ser contado o número de suas tropas?
 E sobre quem não se levanta a sua luz?

4 Como pode o homem justificar-se diante de Deus?
 Ou mostrar-se puro quem nasceu de mulher?

5 Se até a própria lua não brilha
 e as estrelas não brilham resplendentes a seus olhos,

6 quanto menos o homem, essa larva,
 e o filho de homem, esse verme?

Com o terceiro discurso de Baldad, interrompe-se o diálogo entre Jó e seus três amigos. Ele não levou a uma solução. A abrupta interrupção parece também ser formalmente indicada. O discurso de Baldad é extraordinariamente breve. Consiste em retalhos de outros discursos e elementos hínicos, que se justapõem de maneira bastante improvisada. Tem-se a impressão de que Baldad teria desistido interiormente. Ele ainda cospe alguns elementos-chave teológicos, consciente, porém, de que também com eles já não há nada a fazer por Jó – tão chocante foi o que este dissera imediatamente antes. A quebra do diálogo é também indicada pelo fato de que Sofar, o terceiro dos amigos, não mais toma a palavra. Os amigos parecem emudecer. Eles não sabem como prosseguir. Esta será precisamente a censura que Eliú lhes fará mais tarde. Sua ira inflama-se contra os três amigos "porque não acharam resposta para declarar Jó culpado" (32,3). "Desconcertados, já não respondem, faltam-lhes as palavras" (32,15).

O que Baldad ainda tem a dizer? Em suas palavras, parece espelhar-se o impasse da situação. Ele vê Deus e o ser humano face a face em uma distância intransponível. No início, Baldad não pronuncia de forma alguma a palavra "Deus" (vv. 2-3). Ele fala "dele", de "suas tropas", de "sua luz". "Soberania e terror estão junto dele" (v. 2). Ele pode até produzir a paz, mas (somente) "em suas alturas" (v. 2). Onde fica a paz (*shalom*) do ser humano sobre a terra, paz por que Jó tanto anseia (cf. 3,13-26)? Ela só é concedida aos ímpios? "Suas casas, em paz e sem temor, a vara de Deus não as atinge", dissera Jó ainda há pouco (21,9).

O Deus sublime está diante "do pequeno ser humano", "o que nasceu de mulher" (v. 4). Este é frágil, sórdido e efêmero, "uma larva, um verme" (v. 6). Até mesmo a lua e as estrelas, que eram vistas e veneradas como divindades no Antigo Oriente, astros reluzentes, não são puros aos olhos de Deus e "não brilham resplendentes a seus olhos" (v. 5). Com isso, Baldad também se refere aos protestos de inocência de Jó. Com o v. 4: "Como pode o homem justificar-se diante de Deus? Ou mostrar-se puro quem nasceu de mulher?", ele retoma uma ideia já expressa por Elifaz (4,17; 15,14). O senhorio de Deus excede toda compreensão e medida humanas. Por acaso Jó pretenderia ser deveras puro perante os olhos de Deus? Ele fala sério quando diz que poderia desafiar Deus para um litígio e aí levar a melhor?

Efetivamente, Baldad condensa em palavras experiências fundamentais da fé: a sublimidade e a incompreensibilidade de Deus, a miséria e a decadência mortal do ser humano. Também o orante do Sl 22(21) deve confessar de si mesmo: "Quanto a mim, sou verme, não homem, riso dos homens e desprezo do povo" (Sl 22[21],7). Se o ser humano quiser compreender a si mesmo, não pode escapar a este discernimento. Contudo, de acordo com o testemunho da Escritura, com este discernimento ainda não se alcança o fim do reconhecimento humano. De modo que o orante também pode dizer: "Vós que temeis a Iahweh, louvai-o! […] Temei-o, descendência de Israel! Sim, pois ele não desprezou, não desdenhou a pobreza do pobre" (Sl 22[21],24-25).

Também aos amigos de Jó não ficou ignorado o conhecimento acerca do agir salvífico de Deus (cf. 5,19-27; 8,20-21; 11,16-19; 22,21-30). No entanto, parece que não se abriu para eles nenhum acesso próprio, interior, a esse conhecimento. De modo que, em razão de seu conhecimento fechado, no final eles devem emudecer. No entanto, onde o ser humano se cala a Palavra de Deus ainda se levanta.

Defensor indefeso (26,1-4)

1 Jó tomou a palavra e disse:

2 Como podes socorrer sem poder?
Como podes salvar com um braço sem vigor?

3   Como sabes aconselhar sem sabedoria?
    No entanto, distribuis conselhos em profusão!
4   A quem dirigiste tuas palavras?
    E de onde provém o espírito que sai de ti?

Depois que os três amigos, os "defensores de Deus", concluíram seus discursos, Jó, o "acusador de Deus", toma mais uma vez a palavra. Ele o faz de maneira copiosa. Com três discursos imediatamente subsequentes (capítulos 26–31) ele põe fim ao diálogo. Faz um tipo de discurso conclusivo antes de Deus, "o juiz", pronunciar a sentença (capítulos 38–41).

O "tu", repetido seis vezes (respectivamente "ti"), do texto a ser agora interpretado, cuja tradução dos vv. 2-3 segue uma sugestão de Felix Gradl (*Das Buch Ijob*, Stuttgart, 2001, p. 233), deveria estar relacionado a Baldad. Ele fora o último dos amigos a falar. No entanto, as afirmações são de natureza tão fundamental que certamente os dois outros amigos devem estar implicados. Jó levanta a questão: quem pode realmente ajudar? Visto que se trata de uma pergunta retórica, a resposta já está incluída. Ela deve ser deduzida do modo como a questão é suscitada. De maneira completamente justificada, Jó atribui aos amigos uma intenção originariamente boa: eles querem ajudar, salvar, aconselhar (vv. 2-3). – Mas são capazes disso? Jó questiona a competência profissional deles: "Como podes socorrer sem poder?". São trivialidades negligenciadas com demasiada facilidade pelas pessoas. Só pode ajudar quem possui a capacidade de ajudar, que é "competente". "Como podes salvar com um braço sem vigor?" (v. 2b). A escolha das palavras indica que aqui se exige uma competência de natureza divina. A respeito de Deus, professa o orante do Sl 89[88]: "Esmagaste Raab como um cadáver, dispersaste teus inimigos com teu *braço poderoso*" (v. 11; cf. Lc 1,51). Deus disse a Moisés: "E vos farei sair de debaixo das corveias dos egípcios, vos libertarei da sua escravidão e vos resgatarei com o braço estendido" (Ex 6,6). "Com mão forte e braço estendido" Deus libertou seu povo da escravidão do Egito (Dt 4,34; cf. Is 62,8). Mais adiante, Jó indaga: "Como podes aconselhar sem sabedoria?" (v. 3a). Conforme a tradição bíblica, o aconselhamento é tarefa dos sábios (cf. Jr 18,18). Os amigos não economizaram conselhos, tal como observa Jó, com exatidão: "Distribuis conselhos em profusão" (v. 3b). Nesse caso, no contexto do Livro de Jó, essa declaração também adquire uma abertura para Deus. Os amigos consideravam-se sábios (5,27; 15,2.17-18), o que Jó já havia ironicamente satirizado (12,2.12; 13,5). Em breve ele falará de maneira axiomática: "Mas a Sabedoria, onde se pode encontrá-la? Onde está o lugar da Inteligência? O homem não conhece o estrato onde ela jaz; ela não se encontra na terra dos viventes [...] Deus somente conhece o caminho para ela, só ele sabe o seu lugar" (28,12-13.23; cf. já 12,12-13).

A razão para a impotência dos amigos reside em que suas palavras não provêm da experiência do divino. Jó põe o dedo na ferida quando pergunta a Baldad: "De onde provém o espírito que sai de ti?" (v. 4b). De acordo com Gn 2,7, o ser humano traz em si o sopro divino: "Então Iahweh Deus modelou o homem com a argila do solo, *insuflou em suas narinas um hálito de vida* e o homem se tornou um ser vivente". Eliú, o quarto amigo que ainda aparecerá mais tarde, dirá: "Mas é o espírito no homem, *o alento do Todo-Poderoso* que dá sabedoria" (32,8). Com a pergunta: "De onde provém o espírito que sai de ti?" (v. 4b), Jó duvida "claramente de que as sábias palavras de Baldad sejam pronunciadas com o auxílio divino e em virtude de uma inteligência movida por Deus. Tal sabedoria de vida não tem origem divina, como eles próprios reiteradamente afirmam... Por conseguinte... elas não podem verdadeiramente ajudar o ser humano" (Georg Fohrer, *Das Buch Hiob*, Gütersloh: Gerd Mohn, 1963, p. 379).

No Livro de Jó, discute-se um problema que não mais pode ser resolvido por seres humanos. A solução do problema, indica-o o curso do diálogo até agora e ficará claro no final do livro, vem de Deus. Isso o sabem também os amigos. Reiteradas vezes eles alertam Jó acerca do poder salvífico de Deus: "Ele ouvirá as tuas súplicas" (22,27). Os amigos, porém, não estão em condições de fazer realçar de maneira correta seu conhecimento a respeito do agir salvador de Deus. As palavras deles não são transparentes em relação àquela realidade da qual elas falam e da qual unicamente se deve esperar a salvação. Nelas torna-se evidente a tragédia de um cura d'almas que, a princípio, tem boa intenção, mas ao mesmo tempo "dissimula" Deus, porque dele não brota o "hálito do Todo-Poderoso". Dessarte, a Jó não resta praticamente outra escolha senão, em seu caminho para Deus, despedir-se de seus amigos, "meros charlatães" (13,4).

Quem pode entender? (26,5-14)

5   As sombras contorcem-se
    sob as águas e seus habitantes.

6   O Xeol está nu a seus olhos
    e a Perdição está sem véu.

7   Estendeu o setentrião sobre o vazio
    e suspendeu a terra sobre o nada.

8   Ele prende as águas nas nuvens,
    sem que estas se rasguem com seu peso.

9   Encobre a face da lua cheia
    e estende sobre ela sua nuvem.

10 Traçou um círculo sobre a superfície das águas,
    onde a luz confina com as trevas.

11 As colunas do céu se abalam,
    assustadas com sua ameaça.

12 Com seu poder aquietou o Mar,
    com sua inteligência aniquilou Raab.

13 O seu sopro clareou os Céus
    e sua mão traspassou a Serpente fugitiva.

14 Tudo isso é o exterior das suas obras,
    e ouvimos apenas um fraco eco.
    Quem compreenderá o estrondo do seu poder?

Encontramo-nos no grande, tripartido discurso conclusivo de Jó (26–31). De saída, Jó provara a seu "amigo" Baldad – e juntamente com ele, certamente, também aos outros dois amigos – a incapacidade deles de realmente ajudá-lo, o sofredor: sem sabedoria, sem poder, sem vigor são eles e suas palavras (26,1-3).

Agora Jó designa, por assim dizer, a razão *teo*-lógica da incapacidade deles. Ele começa bem de baixo, do "reino dos mortos". As sombras (v. 5) são os espíritos dos mortos que, sob a forma de uma existência diminuída, como "seres das sombras" habitam o Xeol. Quando alguém morre, então sua carne se putrefaz, seus ossos ressecam-se, mas uma cópia fantasmagórica de seu ser desce para uma imensa, subterrânea morada de mortos (cf. Is 14,4-21). Diferentemente da cultura egípcia, não nos foi transmitida na literatura veterotestamentária nenhuma concepção clara, desenvolvida, do mundo dos mortos. Encontram-se, porém, alguns indícios a indicar que em Israel – pelo menos em tempos primordiais – houve um culto aos ancestrais. No âmbito da piedade familiar, os (espíritos dos) mortos eram "cuidados" mediante sepultamento, objetos fúnebres e sacrifícios. Numa situação desesperadora, ameaçado pelos filisteus que se aproximavam, abandonado por Iahweh que, consultado, não lhe deu nenhuma resposta, "nem por sonho, nem pela sorte, nem pelos profetas" (1Sm 28,6), Saul recorre a uma necromante, a fim de obter "poder" do defunto profeta Samuel. Numa sessão dramática, na qual Saul, completamente enfraquecido, "imediatamente caiu estendido no chão" (1Sm 28,20), manda subir da terra o espírito do defunto Samuel. A necromante vê "deuses subirem da terra" (1Sm 28,13; numa tradução que se afasta da Bíblia de Jerusalém). Isso indica que, no mundo dos mortos, ao lado dos parentes mortos, habitam também os heróis e "deuses" do tempos imemoriais. Iahweh privou-os do poder e baniu-os para o mundo dos mortos: "Eu declarei: 'vós sois deuses, todos vós sois filhos do Altíssimo; contudo, morrereis como qualquer homem, caireis como qualquer, ó príncipes" (Sl 82[81],6-7). Estas são aproximadamente as noções que o poeta e seus leitores contemporâneos tinham a respeito do mundo dos mortos e de seus habitantes. Jó 26,5-6 retoma tais ideias, a fim de apontar para o poder do Deus aqui não mencionado: o Xeol, o mundo dos mortos, inacessível e inquietante para o ser humano, jaz a descoberto ("nu") diante de Deus (v. 6). Seus habitantes, ainda marcados pelo combate da morte, "contorcem-se" – uma imagem do desamparo e do pavor (v. 5).

Do mundo inferior o olhar dirige-se para o alto, nos versículos 7 a 9, para o "mundo superior". Na topografia veterotestamentária, "superior" aponta igualmente para o norte, onde se encontra a "Montanha de Deus" (cf. Sl 48[47],3; Is 14,13). O setentrião ("o Norte"), Deus "o estendeu sobre o vazio (*tohu*) e suspendeu a terra sobre o nada" (hebraico: "não algo"; v. 7). Aqui ressona o *Tohuwabohu*, o caos primordial "antes" da criação em Gn 1,2. A narrativa de Gn 1 não fundamenta uma "criação a partir do nada" (*creatio ex nihilo*). O fio condutor é, antes, a convicção de que Deus formou uma "casa da vida" a partir de um *caos mortal* primevo. De acordo com Gn 1, esta é propriamente a maravilha da criação. O caos inicial não foi, portanto, alijado por Deus, mas delimitado: as trevas para o tempo da noite, a maré primordial ao circunscrito âmbito do mar e da água "sobre o firmamento". Por conseguinte, consoante a mundivisão bíblica, o caótico faz parte do universo, obviamente uma parte "subjugada" por Deus. Perante esse horizonte é que se articulam simultaneamente admiração *e* terror na *teo*-cosmologia de Jó 26,5-13. A admirável ordem do universo é uma ordem "à margem do caos". Ela é mantida somente mediante a força e o poder de Deus. O que acontece, porém, quando o estrondo de Deus "sacode as colunas do céu" (v. 11)?

Na verdade, esta parte do discurso alcança sua meta no v. 14: o espantoso e pavoroso de Deus que se pode perceber neste mundo são apenas "notícias periféricas", apenas "as orlas de suas obras". A palavra que o ser humano crê ouvir dele não passa de um "murmúrio" quase imperceptível. E onde "o estrondo de seu poder" não pode passar despercebido, Jó levanta a lancinante pergunta: "Quem o pode compreender?" (v. 14).

Somos facilmente inclinados a considerar "ultrapassado" este discurso mitologicamente colorido sobre Deus. De fato, porém, nele se mostra um conhecimento do mundo no qual irrompe algo arcaico-original. A percepção do mundo, tal como ele é, livre do véu de uma interpretação obtusa, pode assustar profundamente as pessoas. O discurso de Jó sobre Deus transpira este pavor original, que abala a ele próprio. Ele leva a sério o abismo, o sem-fundo, o nada. Ainda que, sob a perspectiva do conteúdo, os amigos de Jó tenham falado de maneira semelhante (cf. 11,7-10; 22,12-14), seus discursos eram completamente diferentes. Eles falavam da distância, da tranquilidade de um saber intelectual – uma "teologia enlatada".

Quem já conhece o livro por inteiro sabe que, no final, Jó compreende a Palavra de Deus – certamente um Jó a quem, anteriormente, o incompreensível poder de Deus na criação assustara profundamente.

Piedade sincera (27,1-6)

1 Então Jó continuou seu discurso e disse:

2 Tão certo como vive Deus, que me nega justiça,
pelo Todo-Poderoso que me amargura a alma,

3 enquanto em mim houver um sopro de vida
e o alento de Deus nas narinas,

4 meus lábios não dirão falsidades,
nem minha língua pronunciará mentiras!

5 Longe de mim dar-vos razão!
Até o último alento manterei minha inocência,

6 fico firme em minha justiça e não a deixo;
minha consciência não me reprova nenhum de meus dias.

"Então Jó continuou seu discurso e disse" – esta forma de introdução ao discurso dá a impressão de que Jó havia acabado sua fala e esperado para ver se algum dos amigos ainda tomaria a palavra. Com efeito, de acordo com o fluxo do diálogo até agora, esperar-se-ia que se seguisse um discurso de Sofar. Este, no entanto, fica de fora. Os amigos, ao que parece, chegaram ao fim de sua sabedoria.

Jó começa a continuação de seu discurso com uma fórmula de juramento: "Tão certo como vive Deus" (v. 2). Mediante uma fórmula de juramento, o orador ratifica a verdade do que ele disse sob apelo a Deus, que pessoalmente comandara: "Não pronunciarás em vão o nome de Iahweh teu Deus, pois Iahweh não deixará impune aquele que pronunciar em vão o seu nome" (Dt 5,11). Por vezes, na Bíblia, a fórmula de juramento é ampliada por uma declaração acerca da ação salvífica de Deus: "Tão certo como vive Iahweh, o salvador de Israel" (1Sm 14,39). Conforme Jr 23,7, tal expansão parece ter sido até mesmo comum: "Tão certo como vive o Senhor, que fez subir os filhos de Israel da terra do Egito". Jó igualmente se serve de uma dilatação da fórmula de juramento, na qual, aliás, ele segue uma direção completamente diferente: "Tão certo como vive Deus, *que me nega justiça*, pelo Todo-Poderoso, *que me amargura a alma*" (v. 2). Aqui se desvela a "perspectiva religiosa" que Jó assume presentemente: ele permanece "crente", visto que confessa sua inocência *sob apelo a Deus*; ao mesmo tempo, porém, tornou-se "incréu", dado que evita as asserções salvíficas sobre Deus, familiares à tradição religiosa, e ainda mais: muda-as em algo funesto. A base dessa "mudança" continua a ser sua experiência concreta. Ele experimenta Deus como alguém que lhe nega seu direito, que lhe tortura a alma.

O conteúdo de seu discurso encerra um duplo sentido. De um lado, Jó confirma sua vontade de continuar a manter-se firme em sua conduta correta. Também no futuro, nada de injusto deverá sair de seus lábios; sua língua não deve falar com falsidade (v. 4). Com isso, ele refuta Satanás (2,5) e, mais uma vez, no fundo, rejeita a sugestão de sua esposa, que o havia aconselhado: "Amaldiçoa a Deus e morre duma vez!" (2,9). No entanto, ele teria todas as razões para isso. Por meio de um sutil jogo de palavras, o poeta parece insinuar: Deus "negou" a Jó seu direito (v. 2; hebraico: *hesir*); ao mesmo tempo, Jó "não permitirá que se lhe tire" a integridade (v. 5; hebraico: *hesir*). Dessa forma, Jó se reconhece pessoalmente naquilo que o narrador inicialmente dissera a seu respeito: "Apesar de tudo isso, Jó não cometeu pecado com seus lábios" (2,10). Contudo, isso significa também que tudo o que Jó até agora dissera a Deus e sobre ele não é visto por ele mesmo como pecado. Ele nada mais disse do que a verdade. Também o rebelde Jó permanece piedoso, enquanto o hálito de Deus estiver em suas narinas (v. 3; cf. Gn 2,7).

A segunda coisa que Jó tem a dizer refere-se a um esclarecimento em relação a seus amigos: "Longe de mim dar-vos razão! Até o último alento manterei minha inocência" (v. 5). Vimos que a discussão entre Jó e seus amigos girou sobretudo em torno da questão acerca de uma possível culpa de Jó. Os amigos simplesmente não podem imaginar que Jó deva sofrer sem alguma razão. No final, Elifaz foi tão longe a ponto de declarar Jó culpado, contrariamente aos próprios protestos de inocência deste último: "Não é antes grande tua malícia e inumeráveis tuas culpas?" (22,5). O Antigo Testamento conhece bem a propensão dos seres humanos ao pecado (cf. Sl 38[37],5; 130[129],3) e a força libertadora do reconhecimento da culpa (cf. Sl 32[31],1-7). No entanto, na pessoa de Jó é-nos colocado diante dos olhos alguém que é inocente, que deve sofrer sem culpa evidente ou oculta. Ele próprio sabe disso também e, não obstante as "piedosas" tentativas da parte de seus amigos, não se deixa abalar neste seu saber. Jó resiste à tentação de querer ser "piedoso" à custa da verdade, de confessar uma culpa em que ele não incorreu. Assim, em atitude de piedade verdadeiramente honesta, sincera, ele segue em busca de uma resposta de Deus.

Quem é o ímpio? (27,7-23)

7   Tenha o meu inimigo a sorte do ímpio,
    e meu adversário, a do injusto!

8   Que proveito pode esperar o ímpio
    quando Deus lhe retira a vida?

9   Acaso Deus escuta seus gritos,
    quando o surpreende a aflição?

10 Encontrará seu conforto no Todo-Poderoso,
    e invocará a Deus em todo o tempo?

11 Instruir-vos-ei acerca do poder de Deus,
    não vos ocultarei os desígnios do Todo-Poderoso.

12 Todos vós bem o vedes,
    por que vos perdeis em discursos vãos?

13 Esta é a porção que Deus reserva ao ímpio,
   a herança que o tirano recebe do Todo-Poderoso:

14 Se tiver muitos filhos, cairão pela espada,
   seus descendentes não terão o que comer.

15 Quem sobreviver será enterrado pela Peste,
   e suas viúvas não os chorarão.

16 Ainda que acumule prata como pó
   e amontoe vestidos como barro,

17 ele amontoa, mas é o justo quem os vestirá;
   quanto à prata, é o inocente quem a herdará.

18 Construiu uma casa como uma teia de aranha,
   construiu uma cabana para a guarda.

19 Deita-se rico – mas será pela última vez –:
   ao abrir os olhos não terá mais nada.

20 Em pleno dia surpreendem-no terrores,
   de noite arrebata-o um turbilhão.

21 O vento leste levanta-o e fá-lo desaparecer
   e varre-o de seu lugar.

22 Precipita-se sobre ele sem piedade,
   enquanto procura fugir de seu alcance.

23 Aplaudem a sua ruína,
   assobiam contra ele por onde ele vai.

Tal como seus amigos anteriormente, aqui Jó parece falar do fim mau dos ímpios. Teria ele abandonado sua posição e assumido a dos amigos? Mais uma vez é o que parece (24,18-25). No entanto, uma leitura cuidadosa do texto poderia mostrar que Jó, de maneira velada, quase que com as palavras de seus amigos, diz algo diferente. Este parece ser também o caso no texto a ser aqui comentado. Jó assume formalmente o ensinamento dos amigos. Ele concorda em que é vã a esperança do malvado (v. 8), que Deus não escuta seu grito por socorro (v. 9), que seus filhos caem vítimas da espada (v. 14). Os amigos davam por descontado quem seria o ímpio, aquele a quem tudo isso teria acontecido e continuaria a acontecer: Jó, naturalmente! Este, porém, parece inverter a lança quando diz: "Tenha o meu inimigo a sorte do ímpio, e meu adversário, a do injusto!" (v. 7). A frase enseja três possibilidades de compreensão: (1) uma vez que Jó, no capítulo 30,21 descreveu Deus como seu medonho inimigo, numa primeira leitura a frase pode ser referida a Deus. Por conseguinte, Deus seria o inimigo e o adversário de Jó (cf. 16,7-17), no fundo, um ímpio. Inúmeras vezes Jó falou desta forma (cf. 9,24; 24,1-25). A ideia parece ecoar, mas é novamente abandonada nos versículos seguintes. (2) Então se oferece uma segunda possibilidade de interpretação. Na expressão hebraica equivalente a "meu inimigo" (*ojebi*) ressoa a palavra "Jó". Tal ressonância encontra-se também em duas outras passagens do Livro de Jó. Em 13,24, Jó lançou a Deus a censurável pergunta: "Por que ocultas (Deus) tua face e me tratas como teu inimigo?" (cf. 33,10). Assim, a partir do v. 7, pode-se também inferir a pergunta sobre se, como os amigos enfatizam, Jó, inimigo de Deus, não seria ímpio. (3) Contudo, a partir do percurso do diálogo até agora, relacionar o v. 7 com os amigos apresenta-se como a compreensão mais coerente. Também eles são adversários de Jó; tal como Deus, eles o perseguem (19,22), eles se perdem em discursos vãos (v. 12).

Inicialmente, o discurso de Jó pode ser compreendido como uma concessão aos amigos: é forçoso admitir que o ímpio sucumbe. Completamente aberta, porém, é a questão de quem, no final, será o ímpio. Jó e seus amigos não chegam a um consenso. Sua discussão termina empatada. Parece, então, que não existe outra possibilidade senão que Deus faça valer sua autoridade (cf. 38,1) e leve a disputa a uma clarificação. No final, ele dirá quem não falou corretamente e quem necessita da oração de intercessão e dos sacrifícios (cf. 42,7-9). Jó não dissimula o que ele desde já pensa a respeito, quando indaga a seus amigos: "Por que vos perdeis em discursos vãos?" (v. 12).

Sabedoria: onde encontrá-la? (28,1-12)

1 Pois há um local onde a prata pode ser encontrada,
  um lugar onde o ouro é depurado.

2 O ferro extrai-se da terra,
  ao fundir-se a pedra, sai o bronze.

3 Impõe-se um limite às trevas,
  sonda-se até o extremo limite
  a pedra escura e sombria.

4 Estrangeiros perfuram as grutas
  em lugares não frequentados,
  e suspensos balançam longe dos homens.

5 A terra, que produz o pão,
  por baixo é devorada pelo fogo.

6 Suas pedras são jazidas de safiras,
   seus torrões encerram pepitas de ouro.

7 Tais veredas não as conhece o abutre,
   nem as divisa o olho do falcão;

8 não as percorrem as feras altaneiras,
   nem as atravessa o leão.

9 O homem lança mão da pederneira,
   desarraiga as montanhas pela raiz.

10 Na rocha abre galerias,
   o olhar atento a tudo o que é precioso.

11 Explora as nascentes dos rios
   e traz à luz o que está oculto.

12 Mas a Sabedoria, onde pode ser encontrada?
   Onde está o lugar da Inteligência?

Os versículos a serem comentados aqui constituem a primeira estrofe da conhecida canção sobre a sabedoria (capítulo 28). Formalmente, ainda pertencem ao discurso de Jó. Sob o aspecto do conteúdo e da motivação, ele se destaca como texto autônomo.

O Antigo Testamento conhece vários textos que celebram a maravilha da criação e fazem ressoar o louvor de seu criador: "Os céus cantam a glória de Deus, e o firmamento proclama a obra de suas mãos" (Sl 19[18],2). Nosso texto admira um portento humano: a exploração de minas. Com empreendimentos engenhosos e arrojados, o ser humano extrai do interior da terra o que há de mais precioso: prata e ouro (v. 1), ferro e bronze (v. 2) e a preciosa pedra de safira (v. 6). Como, com o fogo, a terra é rebuscada em sua profundidade, e ao mesmo tempo é obrigada a entregar suas preciosidade (v. 10). O ser humano pode encontrar coisas que estão ocultas profundamente nas trevas da terra; pode entrar em lugares que, no fundo, são impraticáveis (v. 4). Aves de rapina, que conseguem enxergar mil vezes mais penetrantemente do que o ser humano, não conseguem divisá-los (v. 7); feras selvagens, que se movimentam de forma mais hábil e segura do que os seres humanos, não os podem alcançar (v. 8). Até aqui, a fascinação pela capacidade humana, o louvor de uma razão técnica. O texto poderia aplicar-se imediatamente ao nosso tempo, se não fosse a questão: "Mas a Sabedoria, onde pode ser encontrada? Onde está o lugar da Inteligência?". A indagação mostra que o texto se deixa guiar por uma pressuposição, a qual ele já não expressa porque, para os que estão familiarizados com a tradição sapiencial bíblica, é algo completamente indiscutível: ou seja, com efeito, existe "algo" que é muito mais precioso do que tudo o que o ser humano possa encontrar ou inventar no mundo: a sabedoria. Já as palavras "prata" e "ouro" no primeiro versículo de nosso texto dão uma indicação. No Livro dos Provérbios se diz: "Feliz o homem que encontrou a sabedoria, o homem que alcançou o entendimento! Ganhá-la vale mais que a prata, e o seu lucro mais que o ouro. É mais valiosa do que as pérolas; nada que desejas a iguala" (Pr 3,13-15). Em seu discurso, Jó pressupõe tacitamente a apreciação aqui assumida. Agora, porém, ele dá um passo decisivo à frente e indaga: "Mas a Sabedoria, onde pode ser encontrada? Onde está o lugar da Inteligência?" (v. 12). Nessa pergunta, são retomadas duas palavras do primeiro versículo: a palavra "encontrar/local" e a palavra "lugar". A pergunta acerca do local da sabedoria se impõe quando se tem diante dos olhos, mais uma vez, o curso da discussão entre Jó e seus amigos. Aí *também* se tratou da questão: "Quem é sábio?" (cf. 11,6; 12,2-3; 13,1-5; 15,2-3.17-18; 18,2). Quem pode penetrar filosoficamente de tal maneira a horrível situação de Jó, a ponto de se mostrar um caminho de compreensão e de interpretação? Os amigos haviam tentado, mas depararam-se com a incompreensão de Jó: "Quem, portanto, vos imporá silêncio, a única sabedoria que vos convém!" (13,5). Assim, o diálogo como busca conjunta por uma compreensão complementar termina em lugar nenhum. Sem consenso, chega-se a uma ruptura do diálogo, a uma situação de empate da qual Eliú, um quarto amigo, escandalizar-se-á. A essa altura, em certa medida, a poesia sobre a sabedoria detém-se, introduz uma pausa. Ela indaga a respeito da pressuposição do diálogo silenciosamente assumida: aquilo que Jó e seus amigos queriam encontrar, ou pressupunham ter encontrado, pode deveras ser achado? "Mas a Sabedoria, onde pode ser encontrada? Onde está o lugar da Inteligência?" (v. 12).

Onde é o lugar da Inteligência? (28,12-20)

12 Mas a Sabedoria, onde pode ser encontrada?
   Onde está o lugar da Inteligência?

13 O homem não lhe conhece o caminho,
   nem se encontra na terra dos viventes.

14 Diz o Abismo: "Não está em mim":
   responde o mar: "Não está comigo".

15 Não se compra com o ouro mais fino,
    nem se troca a peso de prata,

16 não se paga com ouro de Ofir,
    com ônix precioso ou safiras.

17 Não a igualam o ouro, nem o vidro,
    não se paga com vasos de ouro fino.

18 Quanto ao coral e ao cristal, nem falar!

19 Não se iguala ao topázio de Cuch,
    nem se compra com o ouro mais puro.

20 Donde vem, pois, a Sabedoria?
    Onde está o lugar da Inteligência?

Encontramo-nos na segunda estrofe da poesia de três estrofes sobre a sabedoria. Jó fala. Com a pergunta: "Mas a Sabedoria, onde pode ser encontrada? Onde está o lugar da Inteligência?" (v. 12), encerra-se esta estrofe. Duas ideias marcam o texto ora comentado. De um lado: a sabedoria é mais valiosa do que tudo no mundo. Por outro: a sabedoria não é encontrada na terra dos viventes. Que a sabedoria seja mais valiosa do que todas as preciosidades da terra já fora indicado na primeira estrofe da canção (vv. 1-12). Agora tal pensamento é expresso abertamente e desenvolvido. Os metais nobres mais preciosos (ouro e prata) e as pedras preciosas (ônix, safira e topázio), oriundas de países distantes e legendários (Ofir e Cuch), vidro, cristal e pérolas preciosas não se igualam em valor à sabedoria (vv. 15-19). A enumeração das preciosidades é elaborada de forma artística. Emolduradas por duas enumerações nos versículos 15 e 19, encontram-se no meio (vv. 16-18) três vezes três (nove, portanto) preciosidades; isto resulta numa soma de doze mais um, treze, portanto. É preciso visualizar vividamente o que é dito aqui a fim de compreender sua provocação. É simplesmente muito natural que uma pessoa, por assim dizer, dê tudo com o fito de conseguir coisas de valor duradouro. Também Jesus pressupôs como evidente esta disposição inerente ao ser humano (cf. Mt 13,44-46). Quem encontra uma pérola que supera em valor todas as pérolas, a este – assim parece – nada mais pode acontecer. O desafio de nosso texto consiste, pois, em que aqui se afirma a existência de algo que, de um lado, superaria, de longe, o valor da prata, do ouro e das pedras preciosas, e que, por outro lado, não poderia ser encontrado no mundo. Quem ou o que isso pode ser? "O homem não lhe conhece o caminho, nem se encontra na terra dos viventes" (v. 13). E com isso já aludimos à segunda ideia do nosso texto. Com inteligência, com admirável técnica, com coragem e talvez também com um pouco de sorte, o ser humano extrai da profundidade da terra ouro, prata e pedras preciosas (vv. 1-11). Contudo, a mais valiosa de todas essas preciosidades é a sabedoria. "Onde ela pode ser encontrada?" (v. 12).

Estamos diante de um paradoxo. O texto cria uma tensão imensa. Terminará em ceticismo e resignação? A questão ainda está aberta. No entanto, uma solução insinua-se. A coisa mais preciosa, a sabedoria, o ser humano não consegue encontrá-la mediante o prolongamento ou a intensificação de seus esforços no intramundano. Quando o ser humano permanece no exterior, quando ele, de fora, chega ao extremo do externo, até a maré primordial e até o oceano (v. 14) – para sua pergunta "Onde pode ela ser encontrada?" ele receberá apenas *uma* resposta: "Não está em mim; não está comigo" (v. 14).

Nosso texto corteja a compreensão para uma diferença fundamental. Ela pertence ao cerne da tradição ocidental, sim, de todas as grandes religiões e culturas. Estamos falando da diferença entre poder e saber, de um lado, sabedoria e inteligência, de outro lado. O poder e o saber humanos, extremamente admiráveis, são apresentados na primeira estrofe de nosso poema (vv. 1-12), mediante a impressionante técnica de mineração daquele tempo (e, com certeza, do nosso tempo também). Este engenho extrai o que há de mais valioso: ouro, prata e pedras preciosas. O sucesso de tal poder *des*-encaminha o ser humano, fazendo-o buscar, no mesmo nível, aquilo que excede em valor o ouro, a prata e as pedras preciosas: a sabedoria. E o ser humano vai ao extremo do que é externo em seu mundo, até a maré primordial e até o oceano, mas não a encontra (v. 14). A fim de compreender o que aqui se quer dizer, a tradição fala de uma mudança, de um retorno para dentro, de uma conversão. Na terceira estrofe (vv. 21-28) ela será desdobrada. Pela primeira vez, aqui se fala de Deus na poesia. E com isso se indica uma via para aquela figura buscada por Jó e pelos amigos, mas certamente por todos os seres humanos, que "está oculta aos olhos dos viventes e até às aves do céu está escondida" (v. 21).

Dessa maneira, nosso poema delineia um caminho com idas e vindas, o qual já foi percorrido no Livro de Jó mas que ainda deve ser palmilhado: de uma impressionante disputa entre pessoas que sabem muito a uma resposta de Deus, "que conhece o caminho para ela (para a sabedoria), que sabe o seu lugar" (v. 23).

O caminho da Sabedoria (28,20-28)

20 Donde vem, pois, a Sabedoria?
   Onde está o lugar da Inteligência?

21 Ela está oculta aos olhos dos viventes
   e até às aves do céu está escondida.

22 A Perdição e a Morte confessam:
   "Com nossos ouvidos, dela ouvimos apenas um murmúrio".

23 Deus somente conhece o caminho para ela,
   só ele sabe o seu lugar.

24 Pois contempla os limites do orbe
   e vê quanto há debaixo do céu.

25 Quando assinalou seu peso ao vento
   e regulou a medida das águas,

26 quando impôs uma lei à chuva
   e uma rota para o relâmpago e o trovão,

27 ele a viu e avaliou,
   penetrou-a e examinou-a.

28 Ele disse ao homem:
   "O temor do Senhor, eis a Sabedoria;
   fugir do mal, eis a Inteligência".

A terceira e última estrofe do poema sobre a Sabedoria dá uma resposta à pergunta feita inicialmente: "Mas a Sabedoria, onde pode ser encontrada? Onde está o lugar da Inteligência?" (v. 12). Por vezes, a resposta a uma pergunta é preparada antecipadamente mediante o fato de que, primeiramente, antes de seguir-se a resposta, a pergunta seja "feita corretamente". Acima de tudo, conhecemos esta maneira de condução de uma conversa a partir dos *Diálogos* de Sócrates. Em nosso texto parece existir algo semelhante. Com efeito, a pergunta citada inicialmente pelo v. 12 é repetida no v. 20 com uma pequena mas decisiva modificação. Em vez de "Mas a Sabedoria, onde pode ser encontrada?", agora se diz: "*De onde vem, pois, a Sabedoria?*". Com esta diminuta variante, indica-se uma mudança na direção do olhar. Certamente, como sempre, o discurso gira em torno de um "lugar da Inteligência" – a palavra "Inteligência", neste contexto, tem continuamente o mesmo significado da palavra "Sabedoria" –, mas agora se fala também, pela primeira vez, de uma *vinda da Sabedoria*. Se até o momento tinha-se a impressão de que a Sabedoria, habitante de um lugar inacessível, seria (se é que seria) alcançada tão somente por meio de um movimento que *partiria do ser humano*, agora o olhar se abre para a bilateralidade do acontecimento. Sabedoria e Inteligência não são evidentemente experimentadas somente e talvez nem sequer, em primeiro lugar, mediante uma busca que parte do ser humano – semelhantemente à procura por tesouros ocultos na mineração (cf. vv. 1-11). Ao contrário, a Sabedoria parece ser uma figura que "vem", que – poder-se-ia perguntar – vem ao encontro do ser humano?

A mudança da direção do olhar assim introduzida agora é feita com precisão no v. 23. Pela primeira vez aqui, na poesia, se fala de Deus. Sem rodeios e com ênfase na primeira palavra, diz-se: "Deus somente conhece o caminho para ela, só ele sabe o seu lugar". No presente contexto, isso significa: Deus e não o ser humano (v. 13) conhece o lugar da Sabedoria. Tal é a resposta à pergunta feita no começo.

No entanto, com isso ainda não se disse tudo. De fato, existe – algo completamente surpreendente, depois do que foi dito na primeira estrofe – também para os seres humanos um caminho para a Sabedoria. Esse caminho é um desvio, mas, conforme instrução do texto, é a única via que conduz à Sabedoria. O desvio passa por Deus: "O temor do Senhor, eis a Sabedoria; fugir do mal, eis a Inteligência" (v. 28). Aqui está a segunda parte da resposta.

Semelhante resposta, com a alusão a Deus, pode ser facilmente deixada de lado e não levada deveras a sério. Na realidade, porém, aqui se diz algo muito fundamental e também bastante vinculativo para as religiões e para as culturas. Quando o ser humano coerentemente e com toda a seriedade de sua existência se depara com o fundamento do mundo e de sua vida e quer compreendê-lo, ele não passa ao largo daquilo a que se chama "Deus". Também as sutras da perfeita sabedoria (*prajnaparamita*), no Budismo mahayana, para o qual a palavra "deus" parece ser estranha, no âmago são religiosas. Suas sentenças são, como o observa o jesuíta e internacionalmente renomado conhecedor do Budismo Heinrich Dumoulin, "abertas à transcendência". Trata-se de uma última experiência intuitiva. Aqui também "o religioso é aquilo que fundamenta, e alguém só pode apropriar-se dele por meio da meditação" (*Geschichte des Zen-Buddhismus*, Band I: Indien und China, Bern-München: Francke, 1985, p. 47).

Dessa forma, a partir também desta página, do poema sobre a Sabedoria, mais uma vez deveria jorrar uma luz sobre a discussão entre Jó e seus amigos: Jó e seus amigos buscam uma Inteligência que só pode ser adquirida se ela "vier", que só pode ser reconhecida quando se dá a conhecer. Em outras passagens do Antigo Testamento isso é dito explicitamente: "Porque virá a sabedoria ao teu coração e terás gosto no conhecimento" (Pr 2,10). Conforme o ensinamento cristão, Jesus Cristo, "poder de Deus e Sabedoria de Deus" (1Cor 1,24), veio ao mundo, mas não foi reconhecido pelos príncipes deste mundo (1Cor 2,8).

Tal vinda ainda é esperada no Livro de Jó. Certamente esta só pode ser reconhecida quando quem a quiser reconhecer estiver pronto para abrir-se e deixar-se abrir para este conhecimento. Quanto a Jó, parece que, em relação a isso, ele não está em má situação. Efetivamente, com as expressões "temor do Senhor" e "fuga do mal", no v. 28 ele designa duas qualidades que o próprio narrador lhe atribuíra no começo da história. "Jó", diz ele ali, "temia a Deus e se afastava do mal" (1,1). Se ele conservar esta atitude, se ele, a partir desta postura, grita e clama por Deus em seu sofrimento, então – pode-se supor – ele já *é* sábio, pois *é* inteligente: "O temor do Senhor *é* Sabedoria, fugir do mal *é* Inteligência" (v. 28). O curso posterior do acontecimento teria, pois, a função de levá--lo à consciência de seu ser e incluí-lo em sua força salvífica. Esse nexo é indicado através de um eco de 42,5 em 28,22. Em 28,22, Perdição e Morte confessam: "Com nossos ouvidos, ouvimos (apenas) sua notícia (murmúrio, ouvir dizer)". Em retrospecção, Jó reconhece que também ele, a respeito de Deus, até gora só ouvira uma notícia, um murmúrio, um ouvir dizer: "(Apenas) em relação à notícia (ao murmúrio, ao ouvir dizer) do ouvido eu te ouvi; agora, porém, meus olhos de contemplaram" (42,5). Dessarte, Jó, aquele que foi levado até a Perdição e a Morte, é conduzido para além da Perdição e da Morte.

Os abençoados tempos passados (29,1-11)

1   Jó continuou a exprimir-se em sentenças e disse:

2   Quem me dera voltar aos meses de antanho,
    aos dias em que Deus velava por mim;

3   quando sua lâmpada brilhava sobre minha cabeça
    e à sua luz eu andava na escuridão;

4   Tal qual eu estava nos dias do meu outono,
    quando a amizade Deus protegia minha tenda

5   e o Todo-Poderoso ainda estava comigo
    e meus filhos me rodeavam!

6   Banhava meus pés em creme de leite,
    e a rocha vertia rios de azeite!

7   Quando me dirigia à porta da cidade
    e tomava assento na praça,

8   os jovens ao ver-me se retiravam,
    os anciãos se levantavam e ficavam de pé,

9   os chefes interrompiam suas conversas,
    pondo a mão sobre a boca;

10 emudecia a voz dos líderes
    e sua língua se colava ao céu da boca.

11 Quem me ouvia falar felicitava-me,
    quem me via dava testemunho de mim (de minha felicidade).

Com o texto a ser agora interpretado começa algo novo. A discussão entre Jó e seus amigos está concluída. No poema acerca da Sabedoria (28), ressoava um eco que dava o que pensar: afinal de contas, o "caso-Jó" teria solução? Ou nos deveríamos contentar com a insolubilidade?

Agora Jó dá início a uma espécie de discurso de defesa conclusivo. Isto é indicado claramente por meio de uma nova introdução ao discurso em 29,1. Ele elabora seu discurso final por conta própria. Após este longo discurso no qual Jó, mais uma vez, expõe tudo o que há para dizer a respeito de seu caso, ele só tomará a palavra por mais duas vezes e, na verdade, mui brevemente, como resposta ao discurso de Deus (40,3-5; 42,1-6).

O grande discurso conclusivo de Jó articula-se em três partes. A perspectiva condutora parece ser a sucessão cronológica de passado – presente – futuro: em primeiro lugar, ele lança um olhar retrospectivo para um *passado* abençoado, para os dias de seus primeiros anos, quando a amizade de Deus pairava sobre sua tenda (29). A seguir, volta o olhar para seu horrendo *presente*, quando seu interior ferve, seus ossos ardem em febre (30). E, por fim, dirige seu olhar para frente, para um *futuro* aberto e incerto (31): existe alguém que o escuta (31,35)? Jó desafia o Todo-Poderoso a uma resposta (31,35-40). Seu grande discurso conclusivo acaba aqui. Por isso é que é chamado também de "o discurso de desafio" de Jó.

No texto ora comentado, surge diante de nossos olhos a ventura imperturbável que envolvia Jó (vv. 2-6), e o grande respeito de que ele gozava na opinião pública (vv. 7-11). Saudosamente, ele deseja que esse tempo pudesse voltar (v. 2). O que ele vivia antigamente não era apenas uma felicidade superficial. Uma profunda segurança o rodeava. Ele a relaciona francamente com Deus: "[...] aos dias em que Deus velava por mim, quando sua lâmpada brilhava sobre minha cabeça [...] quando a amizade de Deus protegia minha tenda" (vv. 2-4). A felicidade do passado não é um idílio sem perigos. Também naqueles dias havia trevas em sua vida, mas ele as podia atravessar à luz de Deus (v. 3). A ele parece ter acontecido o mesmo que ao orante do Sl 23[22]. Este também deve caminhar pelo desfiladeiro tenebroso, mas não teme nenhum mal, "pois tu (Iahweh) estás comigo" (Sl 23[22],4). Para a experiência do *estar com* de Deus Jó utiliza as mesmas palavras do Sl 23[22],4: "[...] quando o Todo-Poderoso ainda estava comigo [...]" (cf. Gn 28,20; 31,5; Sl 46[45],8.12).

Jó era muito respeitado na sociedade (vv. 7-11). Até mesmo os idosos se levantavam e silenciavam (v. 8), sempre que ele, passando pela porta, dirigia-se à cidade, a fim de assentar-se no lugar que lhe era destinado, em praça pública. Aqui se pressupõe que Jó morava nas cercanias, mas fora de um povoado. Ele costumava ir ali a fim de participar das reuniões do conselho da comunidade. Logo que entrava, cessava o burburinho, as conversas eram interrompidas, "os chefes punham a mão sobre a boca" (v. 9). Todos ouviam Jó e olhavam apenas para ele (v. 11). Ele era o homem mais ilustre da comunidade. Sua felicidade não era nenhum fingimento. Os estrangeiros outra coisa não poderiam fazer senão declará-lo bem-aventurado: "Quem me ouvia falar felicitava-me, quem me via dava testemunho de mim (de minha felicidade)" (v. 11).

A felicidade de Jó é consequência da bênção divina. Felicidade terrestre e bênção divina, em contrapartida, são consequência de sua justiça, da qual se fala na seção subsequente: *"Porque* eu livrava o pobre que pedia socorro e o órfão que não tinha auxílio" (v. 12). Assim, antigamente Jó vivia em um arranjo são e sensato. Agora isso foi quebrado. Jó busca uma razão para o fato. A "pergunta-por quê?" marca sua queixa inicial (3,11.20). As respostas de seus amigos não lograram nada. Assim, agora Jó coloca a si mesmo e sua causa diante de Deus.

A justiça de Jó (29,12-25)

12 Porque eu livrava o pobre que pedia socorro
 e o órfão que não tinha auxílio.

13 A bênção do moribundo pousava sobre mim,
 e eu alegrava o coração da viúva.

14 A justiça vestia-se como túnica,
 o direito era meu manto e meu turbante.

15 Eu era olhos para o cego,
 era pés para o coxo.

16 Era o pai dos pobres
 e examinava a causa de um desconhecido.

17 Quebrava as mandíbulas do malvado,
 para arrancar-lhe a presa dos dentes.

18 E pensava: "Morrerei no meu ninho,
 depois de dias numerosos como a fênix.

19 Minhas raízes estendidas até a água,
 o orvalho pousando em minha ramagem,

20 minha honra ser-me-á sempre nova,
 em minha mão o meu arco retomará força.

21 Ouviam-me com grande expectativa,
 e em silêncio escutavam meu conselho.

22 Quando acabava de falar, ninguém replicava,
 minhas palavras ficavam gotejando sobre eles;

23 eles me esperavam como a chuva,
 como quem abre a boca ávida para a chuva de primavera.

24 Sorria para eles, mal o acreditavam
 e não repeliam a luz de minha face.

25 Sentado como chefe, eu escolhi seu caminho;
 como um rei instalado no meio de suas tropas,
 como alguém que consola os enlutados.

O bem-estar de Jó nos dias antigos fundamentava-se em sua justiça. Na seção precedente se falou de sua felicidade pregressa (29,2-11). Agora se menciona a *razão* de sua felicidade prévia. Por isso nosso segmento começa com a palavrinha "porque" (v. 12).

Nosso texto descreve a imagem ideal de uma pessoa justa. O justo percebe a carência do próximo e intervém em favor dele. Jó inteira-se sobretudo das necessidades dos fracos, e seu incondicional empenho é mitigá-las: "Eu livrava o pobre que pedia socorro e o órfão que não tinha auxílio" (v. 12). Conforme a tradição bíblica, o compromisso com os pobres e privados dos direitos inclui eventualmente que o auxiliador confronte o malfeitor enérgico e com violência: "Quebrava as mandíbulas do malvado, para arrancar-lhe a presa dos dentes" (v. 17). Assim é que também Deus salva, como o reconhece o salmista: "Pois golpeias no queixo meus inimigos todos, e quebras os dentes dos ímpios" (Sl 3,8).

Obviamente, naquilo que de bom Jó fez, também pensou algo: "Morrerei no meu ninho, depois de dias numerosos como a fênix" (v.18). Aqui certamente se alude ao mito da fênix, que, ao morrer, incinera-se com seu ninho e, das cinzas, ressurge como nova fênix, como antigo símbolo da vida eterna. Na recepção cristã, transformou-se em imagem da ressurreição de Cristo (cf. Clemente de Roma, *Carta aos Coríntios*, 25s). Tomando-se o texto literalmente, então a benevolência de Jó não era sem intenção. Contudo, nosso texto não condena isso de forma alguma. Ele parte naturalmente da praticamente natural, humana compreensão de que o bem que alguém garante a outrem redunda em bem a si mesmo. Na exegese veterotestamentária, chamamos a isso de "nexo entre ato e consequência". Em sua mentalidade, Jó e seus amigos estão marcados igualmente por tal concepção. "Ao justo nada acontece de mal, mas os ímpios estão cheios de infelicidade" (Pr 12,21).

Agora Jó será conduzido para além dessa noção. Deus manda uma provação. É preciso provar se Jó teme também a Deus quando não possui nada disso. Isso o lança numa profunda crise. "É por nada que Jó teme a Deus?" – indagara Satanás (1,19). No entanto, seria miopia se o Livro de Jó fosse lido apenas como livro do justo sofredor. Ele não é *apenas* um livro da crise, uma "crise da Sabedoria", como se diz amiúde. É, acima de tudo, um livro da fé, de uma fé que, mediante a crise da superficialidade, é conduzida à profundidade. A história de Jó mostra quanto custa direcionar a vida completamente para Deus. Ela não silencia, porém, a respeito da recompensa que o buscador de Deus recebe, porque ele não mais esperara por ela (cf. 42,10-17).

A derradeira seção de nosso texto (vv. 21-25) retoma, uma vez mais, o começo (vv. 2-11): respeitado como um rei que consola os enlutados (v. 25), sim, como a própria bondade de Deus ("a luz de minha face", v. 24; cf. Nm 6,25; Sl 4,7), pela qual esperam ansiosamente os seres humanos e não são decepcionados, assim era Jó "no meio de suas tropas" (v. 25). Ele, que era um "pai para os pobres" (v. 16), agora tornou-se, ele mesmo, pobre e doente. A outros ajudou, mas não encontra quem o ajude.

Desprezado por todos (30,1-15)

1 Mas agora zombam de mim moços mais jovens que eu,
   a cujos pais teria recusado
   deixar com os cães do meu rebanho.

2 Para que me serviriam seus braços,
   se suas forças se consumiram?

3 Mirrados pela penúria e pela fome,
   ruminavam a estepe,
   lugar sombrio de ruína e desolação;

4 colhendo malvas entre os arbustos,
   fazendo pão com raízes de giesta;

5 banidos da sociedade dos homens,
   a gritos, como ladrões,

6 morando em barrancos escarpados,
   em covas e grutas do rochedo.

7 Ouvem-se os seus rugidos entre as moitas,
   comprimidos entre as urtigas:

8 gente vil, homens sem nome,
   são rejeitados pela terra!

9 Mas agora sou alvo de suas zombarias,
   o tema de seus escárnios.

10 Cheios de medo, ficam a distância
   e atrevem-se a cuspir-me no rosto.

11 Porque ele deteve meu arco e me abateu,
   perdem toda a compostura diante de mim.

12 À minha direita levanta-se a canalha,
   eles fazem escorregar meus pés
   e abrem contra mim seus caminhos sinistros;

13 desfazem minha senda,
   trabalham minha ruína
   e não há quem os detenha.

14 Irrompem por uma larga brecha
   e são jogados sob os escombros.

15 os terrores estão soltos contra mim,
minha segurança se dissipa como vento,
minha esperança varrida como nuvem.

Passado abençoado (capítulo 29), presente horroroso (capítulo 30), nova reivindicação de inocência (31,1-34) – neste trítono, Jó traz a si mesmo e a sua vida perante Deus. Em agudo contraste com a felicidade de seu passado acha-se o infortúnio de seu presente (v. 1: "Mas agora [...]"). Quanto à forma, o capítulo 30 é uma lamentação. Ela se articula em três seções, introduzidas respectivamente por "mas agora" (vv. 1-8; 9-15; 16-31).

Na primeira seção (vv. 1-8), Jó queixa-se de sua infelicidade atual, tendo como pano de fundo uma sociedade articulada de forma rigorosamente hierarquizada. Se Jó, em seu passado venturoso, encontrava-se "bem no alto", agora, em seu horrendo presente, "encontra-se" "bem embaixo". Até mesmo jovens, a cujos pais, em seus belos dias, ele não teria sequer agregado aos cães de seus rebanhos, olham-no sobranceiramente e desdenham dele (v. 1). Jó encontra-se ainda abaixo daqueles que, fora da sociedade humana, levam vida miserável e desprezível, que moram em cavernas e grutas de rochedos, que gritam entre as moitas e se comprimem entre urtigas (v. 5-7).

Na segunda seção (vv. 9-15), Jó continua seu lamento. Não fica muito claro quem são aqueles que agora zombam de Jó. Poderiam ser tranquilamente os "subumanos" do parágrafo precedente (vv. 1-8). É mais provável, porém, que se trate de pessoas semelhantes a ele, que se afastam dele, que se envergonham dele, que lhe cospem no rosto (v. 10). O v. 11 indica quem é responsável pelo infortúnio de Jó. Na verdade (a Bíblia de Jerusalém traduz corretamente), a palavra "Deus" não aparece, mas somente ele pode estar aqui implicado como aquele que abate Jó. Se Deus era quem o protegia em seus dias bons (29,2-5), agora se afastou de sua direita e a entregou desamparada como flanco aberto aos poderes do mal (v. 12).

Nosso texto mostra quanto o prestígio de uma pessoa na sociedade, a qual simplesmente costuma seguir o curso "natural" das coisas, é determinado pelo que ela "apresenta". Antigamente, Jó era rico e são, pleno de vigor (29,17) e de sabedoria, "revestido de justiça" (29,14). Nos dias de antanho, reinava "como um rei no meio de suas tropas" (29,25). Agora ele é pobre e enfermo, corporalmente desfigurado, próximo à morte. "Mas agora sou alvo de suas zombarias, o tema de seus escárnios. Cheios de medo, ficam a distância e atrevem-se a cuspir-me no rosto" (vv. 9-10). O que Jó experimenta é consequência de uma atitude que deve ser compreendida como um tipo de naturalismo inquebrantável. Ele não dá o ar da graça somente em nosso tempo, era também conhecido no mundo antigo e está assim formulado no Livro da Sabedoria, com uma clareza dificilmente excedida: "Oprimamos o justo pobre, não poupemos a viúva nem respeitemos as velhas cãs do ancião. Que nossa força seja a lei da justiça, pois o fraco, com certeza, é inútil" (Sb 2,10-11). A tradição judaico-cristã fez malograrem as pretensões de tal mentalidade. "Quanto a mim, sou pobre e indigente, mas o Senhor cuida de mim" (Sl 40[39],18). Isso lhe atraiu a censura de que seria desprezadora da vida, uma religião dos fracos e dos que ficam para trás. "A noção de 'deus' criada como ideia-antítese à vida – nela [...] concentrada numa tremenda unidade toda a inimizade mortal contra a vida! [...] Dionísio contra o Crucificado [...]" – o Deus da embriaguez e do prazer de viver contra o Deus dos cristãos, que renega a vida, – assim se conclui o tratado *Ecce Homo. Wie man wird, was man ist* [Eis o Ser Humano. Como alguém se torna aquilo que é], de Friedrich Nietzsche.

Tal censura refere-se a um grave mal-entendido. As Sagradas Escrituras alegram-se com o vigor e a beleza dos seres humanos (cf. Sl 92[91],11), com a vitalidade da juventude (cf. Ct 1,15–2,3; 4,1-7; 5,9-16; 6,4-10; 7,7-10), o dom de uma velhice abençoada (cf. Pr 16,31), e elas convidam a gozar a vida aqui e agora (Eclo 14,5-19), "pois no Xeol, para onde vais, não existe obra, nem reflexão, nem conhecimento e nem Sabedoria" (Ecl 9,10). Na beleza da vida brilha o esplendor divino. Não percebê-lo nem aceitá-lo seria ingratidão para com aquele que a garante. Ao mesmo tempo, porém, as Sagradas Escrituras conhecem também o perigo do engano. Beleza e vigor, "tomados em si mesmos", sem percepção daquilo que neles se revela, é expressão de cegueira e impiedade. Conforme instrução do salmista, o "mais belo de todos os seres humanos" é "aquele que ama o direito e odeia a impiedade" (Sl 45[44],3.8).

A felicidade de Jó era expressão da bênção divina. Ele próprio assim o compreendeu (29,2-5), e o narrador não o questiona. Sua infelicidade, que "agora" sobre ele se abateu, é vivida por ele como distanciamento de Deus, como ataque de Deus: "Porque ele deteve meu arco e me abateu" (v. 11). *Na verdade*, porém, agora, no "ponto mais baixo" de sua vida, Deus não está (mais) longe dele. Em breve ele o contemplará. "Os males do justo são muitos, mas de todos eles Iahweh o liberta" (Sl 34[33],20).

Assim, observando-se bem, em seu sofrimento Jó não é excluído da presença do Deus que o liberta (cf. 19,25). Perceber tal presença, livre das formas nas quais, até agora, ela lhe era familiar, é o doloroso caminho que lhe será indicado.

Tu me conduzes à morte (30,16-23)

16 A minha alma agora se dissolve:
os dias de aflição apoderam-se de mim.

17 De noite um mal penetra meus ossos,
minhas chagas não dormem.

18 Ele me agarra com violência pela roupa,
segura-me pela orla da túnica.

19 Joga-me para dentro do lodo
e confundo-me com o pó e a cinza.

20 Clamo por Ti, e não me respondes;
insisto, sem que te importes comigo.

21 Tu te tornaste meu verdugo
e me atacas com teu braço musculoso.

22 Levantas-me e me fazes cavalgar o vento
e me sacodes com a tempestade.

23 Bem vejo que me conduzes à morte,
ao lugar de encontro de todos os mortais.

O lamento acerca do desprezo que o atinge da parte de seus semelhantes (30,1-15) volta-se agora, de novo, mais fortemente, para dentro, para sua dor corporal e espiritual. Seu interior se desmancha (v. 16). Sua decadência corporal progride inexoravelmente. Se em 19,26 ele ainda esperava contemplar a Deus, "sem sua pele e sem sua carne", na figura precisamente de um esqueleto ainda vivente, agora é atacada a substância interior de seu corpo, seus ossos (v. 17; cf. 7,5; 19,20). As lancinantes dores não descansam. Jó encontra-se diante da morte (v. 23).

Não resta nenhuma dúvida acerca de quem é o responsável por sua desdita. Ele se queixa *de* Deus (vv. 18-19), e se queixa *a* Deus (vv. 20-23). A queixa contra Deus utiliza imagens de um combate desigual. Deus, que aqui é designado apenas por um anônimo "ele", agarra Jó e lança-o por terra como um lutador, de modo que ele se torna como pó e cinza (v. 19). "Ser semelhante ao pó e à cinza" significa aqui: assemelhar-se à morte, "pois tu és pó e ao pó tornarás" (Gn 3,19; cf. Ecl 12,7).

Nos versículos 20-23, Jó dirige-se a Deus "tuteando-o". Ele o censura por não responder à sua queixa, por não dar atenção a seu veemente pedido (v. 20). Jó permaneceu fiel a si e a Deus; Deus, porém, mudou. Tornou-se inimigo de Jó: "Me atacas com teu braço musculoso" (v. 21; cf. 13,24; 16,9; 19,11). Agradecido, o orante do Sl 18[17] confessa, a respeito de Deus, "que plana sobre as asas do vento", que ele "do alto estende a mão e me toma, tirando-me das águas torrenciais" (Sl 18[17],11.17). Deus também elevou Jó no vento, mas não a fim de livrá-lo da miséria, mas sim para deixá-lo cair, de modo que se espatifasse no chão (v. 22). Se em 19,25 Jó ainda confessara: "Eu sei que meu Defensor está vivo", agora ele deve admitir: "Bem vejo que tu me conduzes à morte" (v. 23).

O lamento de Jó contém um motivo que muito aflige crentes de todos os tempos e que concede aos descrentes um argumento para sua incredulidade: Deus nem ouve nem ajuda quando alguém clama por ele. "Clamo por Ti, e não me respondes; insisto, sem que te importes comigo" (v. 20). Não é esta, de fato, uma experiência que leva muitos fiéis ao desespero?

Gregório Magno (540-604 a.C.), a quem devemos um extenso comentário ao Livro de Jó, procura, tateando, dar uma resposta. Contudo, esta só deverá ser corretamente compreendida se tivermos diante dos olhos o círculo de destinatários para os quais Gregório interpreta o livro, a seu modo de ver, de difícil compreensão: os monges de seu Mosteiro de Santo André, uma comunidade contemplativa que lhe havia solicitado desvendar as profundas verdades e segredos deste livro. Gregório demonstra plena compreensão do lamento. Ao mesmo tempo, ele chama a atenção para uma experiência que frequentemente é negligenciada. Quando Deus, em razão de um desígnio elevado (*alto consilio*), não inteligível pelos seres humanos, não ouve os pedidos de seus santos, eles parecem ser desprezados e rejeitados por Deus. Na realidade, porém, opera-se neles uma transformação. Eles *parecem* perder, mas na verdade ganham. Cresce o anseio (*desiderium*) deles; a partir do desejo, cresce o conhecimento (*intellectus*), e deste brota um amor ainda mais ardente por Deus (*in Deum ardentior affectus aperitur*). A interpretação de Jó 30,20, dada aqui por Gregório, certamente não isenta de experiência pessoal, corresponde, de fato, ao fluxo do Livro de Jó. Jó é ouvido, Deus lhe responde – aliás, somente depois de grande delonga. E mediante este processo, Jó é colocado na condição de contemplar a Deus (42,5).

Esperança decepcionada (30,24-31)

24 Acaso não estendi a mão ao pobre,
quando na penúria clamava por justiça?

25 Não chorei com o oprimido,
não tive compaixão do indigente?

26 Esperei felicidade, veio-me a desgraça;
esperei luz, veio-me a escuridão.

27 Fervem dentro de mim as entranhas sem parar,
dias de aflição vêm ao meu encontro.

28 Caminho ensombrecido, sem sol,
e na assembleia levanto-me a pedir auxílio.

29 Tornei-me irmão dos chacais
e companheiros dos avestruzes.

30 Minha pele se enegrece e cai,
meus ossos são consumidos pela febre.

31 Minha cítara está de luto
e minha flauta acompanha os pranteadores.

Com esta seção, termina a segunda parte do grande discurso conclusivo de Jó: o lamento sobre seu horrendo presente (capítulo 30). Ao mesmo tempo, porém, ele estende o arco retroativamente até a primeira parte de seu discurso final – a descrição de seu passado abençoado e a justiça que ele então praticava (capítulo 29). A ligação torna-se evidente logo nos dois primeiros versículos da seção ora interpretada aqui. O v. 24 poderia ser um provérbio no qual se exprime a exigência de uma medida mínima de humanidade. Contra uma pessoa que já está caída por terra, que "em sua miséria grita por socorro", ninguém estende a mão para a destruição. Tal resto de humanidade parece faltar em Deus. Que a palavra se refira a Deus no presente contexto deduz-se claramente do versículo imediatamente precedente. Jó, que em sua infelicidade clama a Deus por ajuda, não apenas é desprezado por Deus (30,20), como também é até mesmo ativamente combatido (30,21), jogado ao vento e abandonado à queda (30,22), conduzido à morte (30,23). Meio morto, jaz Jó por terra (cf. Lc 10,30), mas não é ajudado, e Deus dá-lhe o golpe de misericórdia. Pelo menos é assim que Jó percebe a si e à sua situação. O que Jó experimenta é-lhe tanto mais incompreensível porque ele próprio continuamente agira de forma diferente. Ele "chorara com o oprimido, ele tivera compaixão do indigente" (v. 25; cf. Rm 12,15). A imagem do justo Jó, tal como esboçada em 29,12-17, recebe aqui um complemento importante. Jó não apenas interveio para salvar e ajudar os pobres e oprimidos: ele experimentou também autêntica compaixão. Desse modo, ele tinha todas as razões para esperar o bem para si. Entretanto, o contrário é o que lhe aconteceu: "Esperei felicidade, veio a desgraça; esperei luz, veio-me a escuridão" (v. 26). Que Jó tenha ajudado a outras pessoas, confirma-o também seu amigo Elifaz: "Tu que a tantos davas lições e fortalecias os braços desfalecidos, com tuas palavras levantavas o trôpego e sustentavas joelhos cambaleantes" (4,3-4). Agora, porém, ao encontro dele mesmo "vêm dias de aflição" (v. 27). Todavia, ele não encontra quem o ajude (v. 28). Da parte de amigos e de parentes, chega-lhe apenas o desprezo (cf. 19,13-20; 30,1-15); da parte de Deus, indiferença (30,20) e tortura até a morte (30,21-23).

Nos versículos 27 a 31, Jó lamenta mais uma vez sua miséria. As pessoas que são atingidas por graves enfermidades podem, às vezes, distinguir dois níveis de percepção: de um lado, a séria doença; de outro, o que provoca tal moléstia. Há pessoas que são afetadas por uma doença incurável, dolorosa, mas que sabem ocultar-se interiormente em certa serenidade. Não é o caso de Jó. Ele está "exteriormente" muito doente: sua pele, em consequência da lepra, está escurecida (v. 30a), seu corpo arde em febre (v. 30b). Ao mesmo tempo, "fervem dentro de si as entranhas sem parar" (v. 27a). Que se deva distinguir um lado interior e um lado exterior do problema de Jó infere-se a partir do fim do livro. A dimensão interior é o lado especificamente religioso-espiritual da miséria. No decurso do acontecimento, ela se salienta sempre mais. No final, o que Jó ainda deseja apenas é entrar em contato com Deus. O desejo de ser curado desvaneceu-se completamente: "Este é meu desejo: que me responda o Todo-Poderoso!", é uma de suas últimas palavras (31,35). Com efeito, primeiramente este desejo é realizado: "Então Iahweh respondeu a Jó do seio da tempestade..." (38,1), e Jó sente-se aliviado, "no pó e na cinza" (42,6) – ainda antes de recuperar a saúde.

No entanto, ainda não chegou tão longe. "Tornei-me irmão dos chacais e companheiro dos avestruzes" (v. 29). Em árabe, a palavra "chacais" significa "filhas do uivo". "Quando alguém os ouve a distância, muitas vezes se tem a impressão de ouvir meninos adolescentes a chorar", escreve Georg Fohrer em referência a Alois Musil (*Arabia Petraea*, v. III, Viena, 1908, p. 18). Especialmente à noite, os avestruzes lançam gritos lancinantes e gementes. Juntamente com os chacais e outras feras selvagens, são considerados habitantes de um mundo humano contraposto (cf. Is 13,21-22; 34,13; Jr 50,39). Jó tornou-se seu coabitante. Dessarte, aconteceu na vida de Jó uma horrenda transformação: "Minha cítara está de luto e minha flauta acompanha os pranteadores" (v. 31).

O voto de purificação de Jó (31,1-12)

1   Eu fiz um pacto com meus olhos:
    para não olhar para uma virgem.

2   Que galardão me reserva Deus lá do alto,
    que herança o Todo-Poderoso lá dos céus?

3   Acaso não é o desastre para o criminoso,
    e o infortúnio para os malfeitores?

4   Não vê ele os meus caminhos,
    não conta todos os meus passos?

5   Caminhei com a ilusão,
    acertei passo com a fraude?

6   Que Deus me pese numa balança exata
    e reconhecerá minha integridade.

7   Se se desviaram do caminho os meus passos,
    e o meu coração seguiu as atrações dos olhos,
    se se apegou alguma mancha às minhas mãos,

8   que outro coma o que semeei,
    e que arranquem minhas plantações!

9   Se o meu coração se deixou seduzir por mulher
    e estive à espreita à porta do vizinho,

10 que minha mulher gire a mó para outrem
    e outros se debrucem sobre ela!

11 Pois isso seria uma infâmia,
    um crime digno de castigo,

12 um fogo devoraria até à perdição,
    destruindo até à raiz todos os meus bens.

Na terceira parte de seu grande discurso conclusivo, Jó reafirma novamente sua inocência (capítulo 31). O protesto de inocência é descrito prazerosamente como "voto de purificação". Sob a forma de automaldições condicionais, ele jura sua inocência. Na confissão está entretecida a instigação dirigida ao Todo-Poderoso para que, finalmente, conceda uma resposta ao seu apelo (vv. 35-37). No conjunto, resulta um total de quatorze gestos dos quais Jó *não* se fez culpado. O número quatorze (duas vezes sete) deve certamente expressar certa plenitude. Em nenhuma outra parte, até agora, Jó protestou de maneira tão fundamental e sistemática sua inocência. Antes de, pela última vez, implorar uma resposta de Deus, faz uma "confissão geral", a qual, justamente, não se trata de nenhuma confissão, nenhum reconhecimento de culpa, mas sim a confissão de sua inocência. Por essa razão, esta parte de seu discurso ora comentada é também chamada de "confissão negativa de pecados".

Em comparação com os Dez Mandamentos (Ex 20; Dt 5) e outros resumos da ética veterotestamentária (cf. Ex 34,12-26; Sl 15[14]; 24[23]), duas coisas chamam a atenção em Jó 31: de um lado, o acento desloca-se das ações realizadas para a atitude. Poder-se-ia caracterizar Jó 31 como um aprofundamento ético-comportamental do Decálogo. De outro lado, faltam à enumeração comportamentos cúlticos como, por exemplo, a observância sabática, ao passo que as atitudes sociais se expandem. Ambas as coisas correspondem ao pensamento sapiencial, no que não se deve esquecer que Jó não é nenhum israelita (cf. 1,1).

Os quatro primeiros delitos, os quais Jó confessa não ter cometido, são a luxúria (vv. 1-4), a fraude (vv. 5-6), a cobiça (vv. 7-8) e o adultério (vv. 9-12). Que toda a ênfase, desde o início, seja posta na atitude e disposição interiores, torna-se evidente desde o começo da enumeração dos delitos. Em completa sintonia com a tradição bíblica, Jó conhece bem o perigo dos olhos. Muitas vezes o pecado parte do olhar. Este foi já o caso do pecado original no jardim do Éden (Gn 3,6), e vale sobretudo para aquele pecado, "para o qual o ser humano facilmente se inclina" (Georg Fohrer, *Das Buch Hiob*, Gütersloh: Gerd Mohn, 1963, p. 432). Até mesmo Davi, o "ungido do Senhor" (1Sm 16,13; Sl 89[88],39), caiu vítima deles (2Sm 11,2). Por isso, adverte o mestre de sabedoria enfaticamente: "Desvia teu olho de mulher formosa, não fites beleza alheia" (Eclo 9,8). Jó também está ciente desse perigo e combate-o, por assim dizer, antecipadamente, mediante uma inteligente política de pacto – um traço muito sábio de seu nobre caráter: "Eu fiz um pacto com meus olhos: para não olhar para uma virgem" (v. 1). A imagem coloca diante dos nossos olhos uma pessoa de olhar contido, interiormente "controlado", mantém a serenidade, cheio de vigor, e assim não se torna vítima de uma paixão incontrolável e de uma errante e irrequieta basbaquice. Os dois versículos seguintes mostram que Jó, diante de seu sofrimento – bem como seus amigos –, era partidário da doutrina da retribuição. Os versículos mencionam o motivo de sua probidade: ele não queria sofrer o "desastre de um ímpio" e o "infortúnio dos malfeitores" (v. 3); por isso é que ele fez um pacto com seus olhos para jamais olhar (concupiscentemente) para uma virgem, pois Deus vê o caminho do ser humano (v. 4). A tragédia de Jó é que, precisamente ele, o inocente, depara-se com o destino dos culpados.

No v. 5, Jó assegura jamais ter agido com falsidade e não ter cometido nenhuma fraude (cf. Dt 25,13-16; Am 8,5; Pr 20,10.23). Se ele comparecesse perante o tribunal de Deus, este reconheceria (deveria reconhecer) sua inocência (v. 6). A imagem da "balança da justiça", com a qual Deus mede as pessoas, ou seja, o coração delas, é uma representação que se encontra também na tradição egípcia do julgamento dos mortos.

Estreitamente aparentado com o pecado da luxúria, mencionado inicialmente, encontra-se o pecado da cobiça, pelo qual o coração segue os olhos (vv. 7-8; cf. Nm 15,39). Jó jamais se apropriou de um bem alheio (cf. Ex 20,17; Dt 5,21). Caso contrário, ele estaria disposto a padecer a perda de sua própria colheita (v. 8) – um sinal do castigo divino (cf. Lv 26,16; Am 5,11; Mq 6,15).

Nos versículos 9 a 12, trata-se do adultério, um crime proibido pelo Decálogo (Ex 20,14.17; Dt 5,18.21), contra o qual se adverte veementemente na literatura sapiencial (Pr 6,24-35; 7,4-23; Eclo 9,8). Mais uma vez a ênfase não recai sobre a ação realizada, mas sobre as maquinações e sobre as manobras que conduzem à atitude interditada e a preparam. Espreitar e esperar à porta do vizinho, até que este deixe a casa e "parta em longa viagem" (Pr 7,19), a fim de se esgueirar pela sua casa e "debruçar--se" sobre sua mulher (v. 10), "isso seria uma infâmia, um crime digno de castigo" (v. 11). Outra vez Jó está disposto a sofrer um castigo exemplar, caso tenha cometido tal infâmia: "Que minha mulher gire a mó para outrem e outros se debrucem sobre ela!" (v. 10; cf. Dt 28,30).

A ética e o etos expressos aqui pertencem ao núcleo firme da antropologia bíblica. Sua ideia fundamental é a ordenação dos afetos. A partir dela, constrói-se um convívio ordenado, profundamente favorável ao bem-estar das pessoas. A "ordenação do amor", porém, só é possível à medida que o ser humano orienta-se para Deus, ordena-se para Deus e se deixa regular por ele. Jó viveu a partir dessa tradição. Tanto mais surpreendente e desorientador é o fato de que justamente ele seja jogado no caos de um incompreensível sofrimento.

Pai dos pobres (31,13-23)

13 Se deneguei seu direito ao escravo ou à escrava,
 quando pleiteavam comigo,

14 que farei quando Deus se levantar,
 que lhe responderei quando me interrogar?

15 Quem me fez a mim no ventre não o fez também a ele?
 Quem nos formou a ambos não é um só?

16 Se fui insensível às necessidades dos fracos,
 se deixei tristes os olhos da viúva,

17 enquanto comi meu bocado sozinho,
 sem reparti-lo com o órfão;

18 – na verdade, desde minha infância Deus criou-me como um pai,
 e desde o seio de minha mãe guiou-me; –

19 se vi um miserável sem roupas,
 e um pobre sem cobertor,

20 e não me agradeceram seus flancos,
 aquecidos com a lã de minhas ovelhas;

21 se levantei a mão contra o órfão,
 sabendo-me importante na Porta,

22 que minha espádua se desprenda de minha nuca,
 e que meu braço se quebre no cotovelo!

23 Porque o castigo de Deus seria meu terror,
 não subsistirei diante da sua majestade.

Em seu grande protesto de inocência, Jó continua a passar em revista delitos que ele não cometeu. Se os quatro primeiros pecados pertencem ao âmbito da cobiça e da avareza (vv. 1-12: luxúria, fraude, avidez, adultério), agora se seguem quatro delitos que pertencem ao campo do direito e da justiça social. Começa-se com o *direito do escravo e da escrava* (vv. 13-15). Escravos e escravas, escravos por dívidas e escravas por dívidas são entregues demasiado facilmente ao arbítrio de seus senhores. Com muito mais razão, a legislação veterotestamentária esforça-se por defender tais pessoas que foram levadas à escravidão. A lei mais antiga em prol da proteção desse grupo de pessoas limita o tempo de servidão a seis anos (Ex 21,2-6), e protege a escrava da exploração sexual de seu senhor e respectiva família (Ex 21,7-11). A lei deuteronomista dá um passo além e dispõe que seja concedido a um escravo ou escrava, que tenham sido libertados de sua escravaria por dívidas, um tipo de empréstimo para fundação da própria existência – o qual, aliás, não deveria jamais ser devolvido –, a fim de que eles pudessem reerguer-se economicamente sobre as próprias pernas (Dt 15,14). O direito veterotestamentário é realista e sabe que as pessoas – culpadas ou inocentes – podem ser arrastadas à miséria e à dependência econômica. Mas ele traça um limite que não deve ser transposto, a fim de preservar a dignidade das pessoas que dificilmente podem defender-se contra abusos. Nos Dez Mandamentos, escravos e escravas têm assegurado até mesmo direito ao descanso do trabalho no sétimo dia da semana (Ex 20,10; Dt 5,14) – um avanço decididamente revolucionário para a Antiguidade. Jó, que "possuía servos em grande número" (1,3), tratou sua criadagem de forma primorosa. Ele preservou o "direito de seu escravo e de sua escrava" também em caso de conflito (vv. 13-14). Digna de nota é a fundamentação. Jó aponta para o *único* Deus como o criador do "senhor *e* do escravo" – um belo exemplo da história efetiva do monoteísmo bíblico e da teologia da criação relacionada com ela (cf. Gn 1,26s), no que diz respeito a uma ética dos direitos humanos com pretensão de valor universal. Para além de todas as diferenças sociais, existe uma dignidade comum a todas as pessoas, a qual consiste em que todas são criaturas de Deus. Dessa forma, no confronto com seus servos Jó não se encontra apenas na postura de "senhor", mas, acima de tudo, está ligado com eles, como criaturas de Deus, em um "nós" comum: "Quem *me* fez a mim no ventre não *o* fez também a ele? Quem *nos* formou a ambos não é um só?" (v. 15). Tanto mais amargo deve ser para Jó o fato de que *ele*, que sempre temeu a Deus e evitou o mal (1,1.8; 2,3), que pessoalmente observou o direito de seu escravo e de sua escrava, não receba nenhuma atenção da parte de *seu* Senhor.

Nos versículos 16 a 23, trata-se de possíveis transgressões contra pobres e necessitados. São mencionados os três grupos das assim chamadas *personae miserabiles*, as pessoas especialmente dignas de dó nas sociedades do antigo Oriente e da Antiguidade: os pobres, as viúvas e os órfãos (vv. 16-17). Em 31,32, menciona-se também o estrangeiro. Para todas essas pessoas Jó demonstrou-se francamente generoso e prestativo. Ele cuidou dos pobres com alimento (vv. 16-18) e vestimenta (vv. 19-20), e defendeu os órfãos em litígio (vv. 21-23).

Embora Jó, como não israelita, não conhecesse a lei veterotestamentária, agiu em completa assonância com a Torá, que em multifacetadas maneiras exige a proteção de tais pessoas (cf. Ex 22,20-26; 23,1-8; Dt 24,17-18; Is 58,7; Tb 4,7-11). Jó era um justo que – como diz Gregório Magno –, "sem lei, viveu de acordo com a lei" (*sine lege legaliter vixit*). Sob a perspectiva cristã, ele seria – dito com Karl Rahner – um "cristão anônimo".

Se Jó tivesse agido impiedosamente em relação aos pobres, então – assim ele o admite – "que me atingissem o terror e a ruína de Deus" (v. 23). De fato, porém, terror e ruína agora o atingiram. De modo que é perfeitamente compreensível que ele, que "foi pai para os pobres", exija de Deus uma informação.

Confiar em Deus (31,24-34)

24 Se pus no ouro minha confiança
e disse ao ouro mais puro: "És minha segurança";

25 se eu me comprouve com minhas grandes riquezas,
com a fortuna amontoada por minhas mãos;

26 se olhei para o sol resplandecente
ou para a lua que caminha com esplendor,

27 e meu coração se deixou seduzir secretamente,
e minha mão lhes enviou um beijo;

28 também isto seria crime digno de castigo,
pois teria renegado ao Deus do alto.

29 Se me alegrei com a desgraça do meu inimigo
e exultei com a infelicidade que lhe sobreveio,

30 ou permiti que minha boca pecasse,
e reclamasse a sua vida com uma maldição;

31 se homens de minha tenda disseram:
"Oxalá nos deixassem saciar-nos de sua carne!".

32 Na verdade, o estrangeiro nunca pernoitou à intempérie,
abri sempre minha porta ao viandante.

33 Se ocultei meu delito aos homens
escondendo no peito minha culpa,

34 por temor diante da gritaria da multidão
e por medo do desprezo dos parentes,
a ponto de me manter calado sem pôr os pés fora da porta.

Em seu grande protesto de inocência, até agora Jó havia mencionado oito delitos que ele confessa, sob a forma de uma automaldição condicionada, não ter cometido (31,1-23). Eram, acima de tudo, crimes sociais, pecados contra os semelhantes, especialmente contra os pobres e os fracos. Lidos à luz do Decálogo, alude-se aqui, antes de mais nada, aos mandamentos da segunda tábua. Os dois delitos subsequentes, com os quais o texto ora interpretado começa, pertencem, quanto ao conteúdo, à primeira tábua do Decálogo. Trata-se de transgressões religiosas em sentido estrito, violações da proibição respeitante aos deuses estrangeiros e às imagens. Até o momento, Jó foi caracterizado continuamente como alguém abastado. No entanto, ele jamais se deixou corromper por sua riqueza. Como homem rico, opulento e influente, ele sempre tomou o partido dos pobres e jamais se apartou de Deus. O Antigo Testamento conhece o perigo da riqueza. "Quando vossa riqueza prospera não ponhais nela vosso coração!" (Sl 62[61],11). Ímpios e pessoas insensatas "confiam na sua fortuna e se gloriam de sua imensa riqueza" (Sl 49[48],7). Todavia, na morte nada levam consigo (Sl 49[48],18). Destarte, adverte a sabedoria veterotestamentária: "Quem confia na riqueza cairá" (Pr 11,28). Jó caiu tão profundamente porque teria colocado sua confiança em sua riqueza? De forma alguma! O homem piedoso coloca em Deus sua esperança (Sl 78[77],7; Pr 3,26), não no ouro. Ele diz *a Deus*: "Tu és meu refúgio!" (Sl 40[39],5; 65[64],6), e não ao ouro puro. Assim é que Jó se comportou ao longo de toda a sua vida.

Se Jó não venerou sua riqueza como a um deus, muito menos o fez em relação aos astros. O sol e a lua eram considerados divindades pelas antigas religiões orientais. Eles eram reverenciados e adorados. Resquícios de tal prática ainda se pode encontrar também no Antigo Testamento. A conhecida palavra de adjuração de Josué – "Sol, detém-te em Gabaon, e tu, lua, no vale de Aialon" (Js 10,12) – indica que os antigos deuses protetores de Jerusalém, o sol e a lua, foram "bloqueados" por Iahweh e, assim, no fim das contas, privados do poder. Na religião oficial de Iahweh era interditada a veneração dos astros: "Levantando teus olhos ao céu e vendo o sol, a lua, as estrelas e todo o exército do céu, não te deixes seduzir para adorá-los e servi-los!" (Dt 4,19). Contudo, na vivência da piedade cotidiana, a adoração (celestial) de divindades astrais, em determinados períodos e em alguns círculos, deverá ter desempenhado absolutamente uma função. "Estavam prostrados para o Oriente, diante do sol", diz-se em Ez 8,16 (cf. Jz 8,21.26; Is 3,18; 2Rs 21,3; 23,5; Jr 8,2). Jó, porém, jamais tomou parte nisso. Ele não renegou o *único* Deus "lá no alto" (vv. 26-28).

O mandamento do amor ao inimigo, tal como foi transmitido no Sermão da Montanha do Evangelho de Mateus (5,43-48), pertence, sem dúvida, às declarações mais formidáveis da ética bíblica. A ética veterotestamentária não lhe é inferior: "Se teu inimigo tem fome, dá-lhe de comer; se tem sede, dá-lhe de beber" (Pr 25,21). Não se alegrar com a infelicidade do inimigo pressupõe considerável dose de pureza de espírito e de maturidade moral. "Se teu inimigo cai, não te alegres, e teu coração não exulte se ele tropeça" (Pr 24,17). Jó alcançou esta medida visto que ele não se rejubila com o infortúnio de seu inimigo (vv. 29-30). Tampouco tornou-se culpado em razão da falta de cuidado para com seus parentes ("homens de minha tenda", v. 31) e de hospedagem deficiente oferecida a estrangeiros (v. 32).

Em razão da afirmação dos vv. 33-34, poder-se-ia supor que Jó, no entanto, ter-se-ia tornado culpado. Contudo, os versículos devem ser entendidos no sentido de que Jó, na confissão de sua inocência, não fingiu. Tivesse ele se tornado culpado, não teria ocultado isso, por medo, diante das pessoas (vv. 33-34). Ele, porém, não pecou. Consequentemente, não tem nenhuma confissão de culpas a fazer.

Jó, que não venerou como deuses nem sua riqueza (vv. 24-25), nem o sol ou a lua (vv. 26-28), que não desejou o mal a seu inimigo (vv. 29-30), que se demonstrou generoso tanto para os próximos (v. 31) quanto para os estrangeiros (v. 32) e jamais incorreu em hipocrisia (vv. 33-34), é um justo, um "servo de Deus" (1,8) que manteve fidelidade a seu Senhor e que fez sua vontade. Parece tanto mais incompreensível que esse Senhor tenha desdenhado e abandonado seu servo.

Que o Todo-Poderoso me responda! (31,35-40)

35 Oxalá houvesse quem me ouvisse!
 Esta é minha marca! Que me responda o Todo-Poderoso!
 Este é o libelo redigido por meu adversário.

36 Gostaria de levá-lo sobre meus ombros,
 de atá-lo como um diadema em minha cabeça.

37 Dar-lhe-ia conta de meus passos
 e aproximar-me-ia dele, como príncipe.

38 Se minha terra pede vingança contra mim,
 e os seus sulcos choram com ela;

39 se comi o seu produto sem pagar,
 asfixiando aquele que o cultivou,

40 que nasçam cardos em vez de trigo,
 no lugar da cevada, a erva fétida!
 Fim das palavras de Jó.

Com os versículos 35 a 37, o grande discurso conclusivo de Jó alcança seu objetivo. Jó expressa o duplo desejo de ser ouvido e de receber uma resposta da parte do Todo-Poderoso. O desejo: "Oxalá houvesse quem me ouvisse!" (v. 35) é formulado impessoalmente. A partir do contexto, porém, resulta claramente que ele se dirige a Deus. O desejo de ser ouvido, direcionado para Deus, no presente encadeamento de ideias, deveria relacionar-se, acima de tudo, com aquelas palavras com as quais Jó protestara sua inocência. O segundo desejo: "Que me responda o Todo-Poderoso!" (v. 35) visa não tanto a uma confirmação divina da inocência de Jó, mas a uma justificativa do incompreensível comportamento divino. Perante sua inocência, da qual Jó está profundamente convencido (cf. 13,18), o modo de agir de Deus parece-lhe injusto e paradoxal. A respeito disso é que ele aguarda uma resposta do Todo-Poderoso. Jó não tem receio de que lhe possa acontecer conforme a afirmação cínico-irônica de seu amigo Elifaz: "Grita, para ver se alguém te responde!" (5,1).

Interpolada no duplo pedido, encontra-se a expressão hebraica *haen-tawi*, de não fácil compreensão. A Bíblia de Jerusalém afasta-se do texto latino da *Vulgata*, que traz *desiderium meum*, e traduz: "Esta é minha última palavra ["Eis o meu *taw*"– na nota da Bíblia de Jerusalém]: que me responda o Todo-Poderoso". A partir do texto hebraico, porém, é provável que se queira dizer outra coisa. No Livro do profeta Ezequiel, diz-lhe Iahweh: "Percorre a cidade, a saber, Jerusalém, e assinala com um Tau a testa dos homens que gemem e choram por causa de todas as abominações que se fazem no meio dela" (9,4). *Tau* (ou: *Taw*) é a última letra do alfabeto hebraico. No hebraico antigo, sua forma era a de uma cruz de pé ou deitada. Como uma das letras mais fáceis, o *tau* transformou-se no epítome de "sinal". Podia ser usado por analfabetos como assinatura. Em Ez 9,6, os assinalados com um *tau* na fronte são salvos no dia do juízo. Tertuliano relaciona este sinal com a cruz cristã. Francisco de Assis assina com o *tau*. Em Jó 31,35, o Tau deveria ser descrito como uma marca que substitui a assinatura. Jó subscreve e corrobora sua declaração de inocência, lavrada no juramento de purificação. Contudo, não se pode excluir que – lendo-se a partir de Ez 9,4-6 – aqui já não ressoe o aspecto da libertação.

Com o "libelo redigido por meu adversário" quer-se indicar, provavelmente, um libelo acusatório. Todavia, a partir do contexto do protesto de inocência, resulta claramente que "o libelo acusatório" outra coisa não contém senão o certificado da inocência de Jó. "Meu adversário" indica aqui a parte oponente e aponta para Deus (cf. 9,3.15; 10,2.17; 13,3.18-28; 23,2-10). Mais uma vez percebemos na referência de Jó a Deus uma dupla estrutura. Ela já se encontra em 16,18-22 e em 19,21-29. Em *um* plano da percepção, Jó experimenta Deus como seu adversário e acusador. Em *outro* plano, mais profundo, da percepção (e da fé), ele se volta para Deus como sua testemunha no céu (16,19), seu libertador (19,25) e justo juiz.

Jó está seguro de que Deus, perante seu juramento de purificação, outra coisa não pode defender senão a inocência (cf. 23,10). Como uma espécie de troféu de vitória, um tipo de sinal de triunfo, ele exibe bem alto o documento como prova de sua inocência: "Gostaria de levá-lo sobre meus ombros, de atá-lo como um diadema em minha cabeça" (v. 36). Então Jó estaria restabelecido perante a opinião pública (cf. 19,23-24). Tudo isso são seus pensamentos "antes do processo". São bons pensamentos, pensamentos que lhe infundem confiança, cabeça erguida "como um príncipe" (v. 37) ao encontro de Deus.

Que tudo isso é dito no quadro de um voto de purificação torna-se mais uma vez evidente nos versículos finais. Um último pecado, não cometido por Jó, é mencionado (vv. 38-40). Jó jamais fez violência à terra. O que se quer dizer com isso? Talvez ele aqui fundamente uma antiga e ao mesmo tempo moderna concepção, segundo a qual o chão é algo vivo, que deve ser tratado com cuidado pelo ser humano. A quarta obra da criação, tomada precisamente, consiste não na criação das plantas, mas no provimento da terra com a fecundidade (Gn 1,11-12). A terra oferece ao ser humano as plantas como alimento; correspondentemente, o ser humano deve retribuir. Caso contrário, o chão "grita" e "chora", "se comi seu produto sem pagar" (v. 39; cf. Ex 23,10s; Lv 25,2-7). Uma vez mais, o comportamento de Jó aparece em clara luz diante do escuro pano de fundo do inapreensível Deus. Até mesmo em relação ao chão, Jó se comportou de maneira tão atenciosa e amorosa que este jamais teve razão para queixar-se ou clamar. Jó, porém, que tem todas as razões para lamentar-se, que grita incessantemente, será que encontrará quem o escute?

Jó não pede (mais) para recuperar a saúde. Algo semelhante já se encontrava em sua grande lamentação inicial (capítulo 3). Também ali ele não implorava por saúde, ele pedia a morte: "A quem anseia pela morte que não vem, a quem a procura com afinco como um tesouro" (3,21). No sofrimento de Jó parece fazer estrada um saber intuitivo, segundo o qual o afastamento da miséria que o atingiu não consiste simplesmente na restauração da condição anterior, mas num caminho para frente, para um "lugar" no qual a condição anterior retorne, talvez em forma modificada e em outro nível. Muitas vezes damos a entender que a miséria de Jó seria o infortúnio que o atingiu: a morte de seus filhos, sua grave enfermidade. Vista com mais precisão, esta miséria é (apenas) o começo de uma miséria ainda maior e que, no decorrer da história, mostrar-se-á como a verdadeira miséria. Por trás da miséria da infelicidade exterior esconde-se a miséria de não poder entrar em contato com Deus. Por isso suas palavras encerram-se com o desejo: "Oxalá houvesse quem me ouvisse! Que me responda o Todo-Poderoso!".

PALAVRAS DE ALGUÉM CHEIO DO ESPÍRITO (JÓ 32-37)

A ira de Eliú (32,1-5)

1 Aqueles três homens não responderam mais a Jó,
porque ele era justo a seus olhos.

2 Então inflamou-se a ira de Eliú, filho de Baraquel, de Buz,
da família de Ram.
Indignou-se contra Jó, porque se considerava justo perante Deus.

3 Indignou-se também contra os três amigos,
porque não acharam resposta a fim de declarar Jó culpado.

4 Eliú tinha esperado para falar com Jó,
pois eles eram seus anciãos;

5 mas ao ver que nenhum dos três tinha algo a mais para responder,
encheu-se de indignação.

Em um discurso enorme, que abrangeu seis capítulos (26 a 31), Jó disse mais uma vez o que, em sua opinião, devia ser dito. Manifestara seu pavor acerca da incompreensível regência de Deus na criação (capítulo 26). Perante as censuras e suspeitas de seus amigos, defendera sua inocência (capítulo 27). Na canção sobre a Sabedoria (capítulo 28), colocou em dúvida a possibilidade de se encontrar, unicamente da parte de pessoas humanas, uma solução para o seu "caso". Num olhar retrospectivo sobre seu passado abençoado (capítulo 29), em face do seu horrendo presente (capítulo 30) e na certeza de sua inocência (capítulo 31), desafiara Deus a uma resposta (31,35-37). O narrador observa expressamente que "Aqueles três homens não responderam mais a Jó" (v. 1). Não fica muito evidente o motivo: "Porque ele era justo a seus olhos". A quem se refere a expressão "a seus olhos"? O mais provável é que se reporte ao próprio Jó. Sobretudo depois do voto de purificação (capítulo 31), aos amigos deverá ter-se tornado definitivamente evidente que Jó está profundamente convencido de sua inocência e que é completamente inútil querer convencê-lo do contrário. Consequentemente, eles desistem de quaisquer outros esforços neste sentido. Menos provável, mas não de todo excluído, a expressão refere-se (também) a Deus. Algumas traduções antigas trazem até mesmo: "Porque ele era justo aos olhos *deles*". Por conseguinte, os próprios amigos teriam chegado ao consenso de que Jó seria justo. Seja como for, em todo caso, Jó e os leitores do livro agora esperam uma resposta de Deus. No entanto, inicialmente ela fica de fora. Em vez disso, outra pessoa toma a palavra: Eliú.

O nome "Eliú" significa "meu Deus é ele". O nome do quarto amigo indica que agora se discute algo profundamente teológico. Na mesma direção aponta o nome de seu pai: Baraquel quer dizer "Deus abençoa, que Deus abençoe". Eliú profere, ao todo, quatro discursos. Eles se sucedem imediatamente uns aos outros (32,6–33,33; 34; 35; 36–37). Jó não mais retoma a palavra. A maioria dos exegetas considera a entrada em cena de Eliú como um complemento tardio. Isso visto a partir da dinâmica do diálogo, após o discurso de desafio de Jó, o leitor espera, efetivamente, uma resposta de Deus. Contudo, ela acontece somente nos capítulos 38 a 41. Quer pertencentes originariamente ao livro, quer acrescentados posteriormente, de qualquer maneira os discursos de Eliú têm efeito retardante (dilatório); eles mantêm a tensão e ao mesmo tempo criam-na.

Como justificativa para o ingresso tardio de Eliú aventa-se sua pouca idade (v. 4). Dessarte, o leitor tem a impressão de que Eliú teria estado presente durante todo o diálogo até agora. Mais tarde, o próprio Eliú atesta essa impressão (32,12). Ele teria, assim o diz, concedido a preferência aos "senhores mais velhos", coerentemente com a concepção difusa nas sociedades tradicionais, segundo a qual idade e sabedoria (por experiência) se correspondem mutuamente: "Como é bela a sabedoria dos anciãos e nas pessoas honradas a reflexão e o conselho!" (Eclo 25,5; cf. Jó 15,10; 1Rs 12,5-11; Jr 1,6). "Fala, ó jovem, se te é necessário, se fores interrogado ao menos duas vezes" (Eclo 32,7).

Eliú toma a palavra por duas razões: de um lado, porque Jó "se considerava justo perante Deus" (v. 2); com isso ele se liga ao protesto de inocência de Jó imediatamente precedente (capítulo 31). Por outro lado, ele começa a falar porque os três amigos "não encontravam mais resposta a fim de declarar Jó culpado" (v. 5). A inocência de Jó, verdadeira ou hipotética, inflama a ira de Eliú. Por diversas vezes se fala da ira de Eliú. Com isso ele pretende ultrapassar o que foi dito até então e solucionar a aporia (beco sem saída) que surgiu pelo emudecimento dos amigos. Que em um momento avançado mais um participante possa juntar-se a um círculo de discussão encontra-se também no *Banquete* de Platão. Quando parecia ter-se chegado ao ápice com o discurso de Sócrates, de maneira completamente inadvertida Alcibíades junta-se aos participantes da conversa (212c-214d) e conclui o diálogo sobre o eros com um longo discurso (214d-222c), antes que a obra termine numa cena final, moldada em forma de narrativa (222c-223d).

Do ponto de vista do conteúdo, Eliú desenvolve em seu discurso sobretudo *uma* ideia: o sofrimento como pedagogia de Deus. Deus permite que as pessoas sofram a fim de educá-las. Tal pensamento já surgiu no início do diálogo, em uma passagem, brevemente: no primeiro discurso de Elifaz (5,17-26). O argumento, porém, não teve mais nenhuma função no decurso do diálogo. Eliú retoma-o e confere-lhe vigor.

O espírito se me oprime no peito (32,6-22)

6 Então Eliú, filho de Baraquel, de Buz, interveio dizendo:
Sou ainda muito jovem,
E vós sois anciãos;
Por isso, intimidado, não me atrevia
A expor-vos o meu conhecimento.

7 Dizia comigo: "Que falem os anos,
que a idade madura ensine sabedoria".

8 Mas é o espírito no homem,
o alento do Todo-Poderoso que dá inteligência".

9 Não é a idade avançada que dá sabedoria,
nem a velhice a inteligência do que é justo.

10 Por isso digo: escuta-me,
porque também eu manifestarei o meu conhecimento.

11 Esperei enquanto faláveis,
prestei atenção aos vossos argumentos,
enquanto trocáveis palavras.

12 Sobre vós se fixava minha atenção.
E vejo que ninguém confundiu Jó,
Nenhum de vós desmentiu suas palavras.

13 Não digais: "Encontramos a sabedoria;
só Deus pode refutá-lo, não um homem".

14 Não é contra mim que ele alinha as palavras,

não é com vossas palavras que eu lhe replicarei.
15 Desconcertados, já não respondem,
 faltam-lhes palavras.
16 Devo aguardar, já que eles não falam,
 já que estão aí sem responder?
17 Tomarei a palavra por minha vez,
 mostrarei também o meu conhecimento.
18 Porque estou cheio de palavras,
 pressionado por um sopro interior.
19 Dentro de mim há como um vinho novo que quer transbordar
 como odres novos que explodem.
20 Falarei para ficar aliviado,
 abrirei os lábios para responder.
21 Não tomarei o partido de ninguém,
 a ninguém adularei.
22 Porque não sei adular,
 e porque logo me arrebataria o Criador.

O primeiro discurso de Eliú articula-se em três partes. Na primeira parte, ora interpretada (32,6-22), Eliú procura, antes mesmo de chegar ao assunto, justificar sua participação. Para isso, em primeiro lugar, ele precisa invalidar a concepção difusa nas sociedades antigas, segundo a qual a sabedoria seria encontrada em pessoas "que são avançadas em anos" (v. 9). Essa noção fundamenta-se na observação de que uma pessoa, durante o curso de sua vida, *pode* tornar-se sábia. "Se não acumulaste na juventude, como queres encontrar na tua velhice?" (Eclo 25,3; cf. Jó 8,8-9; 15,10). Eliú relativiza essa ideia à medida que introduz, ao lado da *Sabedoria pela experiência*, novo tipo de Sabedoria: a *Sabedoria pela Revelação*. Esta independe da experiência e pode ser concedida a uma pessoa em sua juventude: "Mas é o espírito (*ruah*) no ser humano, o alento [compare-se com Gn 2,7] do Todo-Poderoso que dá inteligência" (*Vulgata:* "Spiritus est in hominibus et *inspiratio* Omnipotentis dat intellegentiam"; v. 8). Eliú aplica a si mesmo esse tipo de saber operado pelo espírito. Dessa maneira, ele confere ao seu discurso uma legitimação quase divina (cf. 33,1-4). Ele não busca a palavra por si mesmo; ao contrário, ele se sente compelido a isso "pressionado por um sopro interior", como um profeta que não mais pode conter-se (vv. 18-20).

Com a teoria de um saber inspirado, Eliú situa-se em uma tradição bíblica bem testemunhada: "Pois é Iahweh quem dá a sabedoria; de sua boa boca procedem o conhecimento e o entendimento" (Pr 2,6). Ao lado da "Sabedoria dos antigos", a Sagrada Escritura também narra a respeito da sabedoria dos jovens. A propósito de Daniel e de seus companheiros se diz: "A esses quatro jovens Deus concedeu a ciência e a instrução nos domínios da literatura e da sabedoria" (Dn 1,17). O piedoso orante do Sl 119[118] não receia confessar de si mesmo: "Percebo mais do que todos os meus mestres [...] tenho mais discernimento que os idosos" (Sl 119[118],99-100). Igualmente São Bento sabe que "o Senhor muitas vezes revela a um jovem o que é melhor" (Regra de São Bento 3,3).

O que aborrece Eliú é o fato de que os amigos tenham ficado sem palavras (vv. 15-17). Assim, surge a impressão de que Jó estaria com a razão (v. 12), que somente Deus "poderia refutá-lo, não um ser humano" (v. 13). Eliú opõe-se decididamente a isso, e o faz, aliás, não com as palavras dos três amigos (v. 14), mas com um discurso próprio, divinamente inspirado, que não é partidário (vv. 21-22), ao contrário, pretende dizer objetivamente o que é verdadeiro.

Não tenhas medo de mim! (33,1-13)

1   E agora, Jó, escuta as minhas palavras,
    presta atenção ao meu discurso.

2   Eis que abro a boca
    e minha língua vai falar sob o céu da boca.

3   A retidão de meu coração falará,
    meus lábios exprimirão a verdade.

4   Foi o espírito de Deus que me fez,
    e o sopro do Todo-Poderoso que me anima.

5   Contesta-me, se podes;
    prepara-te, põe-te em frente de mim!

6   Vê, para Deus eu sou teu igual,
    como tu, modelado de argila.

7   Eis que o meu terror não deverá intimidar-te,
    minha mão não pesará sobre ti.

8   Disseste em minha presença,
    ouço ainda o eco de tuas palavras:

9 "Sou puro, não tenho delito;
   sou limpo e sem falta.

10 E, contudo, ele encontra queixas contra mim
   e me considera seu inimigo.

11 Coloca meus pés no cepo
   e vigia todos os meus passos".

12 Não tens razão nisto, eu te digo,
   pois Deus é maior do que o homem.

13 Como te atreves a acusá-lo:
   é porque não te responde palavra por palavra?

Na primeira parte (32,6-22) de seu primeiro discurso, Eliú justificara sua entrada em cena em face de sua idade, de ser jovem: "Não é a idade avançada que dá sabedoria, nem a velhice a inteligência do que é justo" (32,9). Nesta segunda parte que ora interpretamos (33,1-13), ele se volta diretamente para Jó. Interpela-o pelo nome, o que, de resto, os três amigos jamais haviam feito, e pede-lhe para que escute com muita atenção (v. 1). Também nesta parte do discurso Eliú não vai logo, deveras, diretamente ao assunto. Ele se interessa pelas condições básicas do diálogo. Gostaria de preservar uma boa atmosfera para a conversa. Tem-se a impressão de que Eliú concluiu, com sucesso, um curso básico de entrevistas personalizado. Ele não matraqueia simplesmente à toa, como acontecia, em parte, aos amigos mais idosos Elifaz, Baldad e Sofar; ao contrário, preanuncia seu discurso (v. 2), fala acerca do diálogo iminente e sobre as condições de seu bom êxito. Aqui, de fato, toma a palavra uma nova, jovem geração.

Em primeiro lugar, Eliú aponta para a sinceridade e autenticidade de suas palavras. Ele gostaria de falar com Jó aberta e honestamente: "A retidão de meu coração falará" (v. 3). O que ele tem a dizer não brota de seus interesses e preferências pessoais, não está subjetivamente falseado, mas atestado em sua verdade através do "Espírito de Deus" e mediante o "sopro do Todo-Poderoso" (v. 4; cf. 32,8). Anteriormente dissera ele: "Não tomarei o partido de ninguém, a ninguém adularei. Porque não sei adular" (32,21-22). Eliú encoraja Jó a dizer algo, ele próprio, se necessário (v. 5). Aqui, aliás, já se apresenta certa tensão entre desejo e realidade. De fato, os discursos de Eliú não serão interrompidos em parte alguma por palavras de Jó. Jó não teria realmente nada mais a dizer?

Eliú esforça-se, ademais, por uma atmosfera de diálogo livre do medo. Ele deseja subtrair Jó a todo tipo de pressão: "Eis que o meu terror não deverá intimidar-te, minha mão não pesará sobre ti" (v. 7). Ele aponta para a posição de igualdade deles perante Deus: "Vê, para Deus eu sou teu igual" (v. 6).

Outra característica de sua cultura dialogal altamente desenvolvida encontra-se nos versículos 8 a 11. Antes de Eliú se posicionar em relação ao tema, ele repete as palavras de Jó, quase como se quisesse certificar-se de que havia compreendido tudo corretamente. Ele reproduz de forma objetivamente adequada o conteúdo do discurso de Jó: sua reivindicação de inocência (v. 9) e o comportamento – em sua opinião – injusto, inamistoso de Deus para com ele (vv. 10-11). Somente no v. 12 segue-se a postura de Eliú quanto ao assunto. Ela é inequívoca: "Não tens razão nisto, eu te digo". Nisso se mostra o que se deve esperar nos discursos subsequentes. Eliú fala "fortiter in re, suaviter in modo – áspero no assunto, suave no tom" – uma máxima atribuída a Cláudio Acquaviva, quinto superior-geral da Companhia de Jesus (sj). Eliú menciona duas razões para sua resposta clara quanto ao tema. De um lado: "Deus é maior do que o ser humano" (v. 12); por outro, retoma a censura de Jó, segundo a qual Deus não lhe responderia. Este ponto referido aqui por último será, a seguir, aprofundado por Eliú: Deus certamente fala, mas o ser humano não o percebe.

Deus fala no oculto (33,14-33)

14 Deus fala de um modo
 e depois de outro, e não prestamos atenção.

15 Em sonhos ou visões noturnas,
 quando a letargia desce sobre os homens
 adormecidos em seu leito:

16 então ele abre o ouvido dos humanos
 e aí sela as advertências que lhes dá,

17 para afastar o homem de suas obras
 e proteger o poderoso do orgulho,

18 para impedir sua alma de cair na sepultura
 e sua vida de cruzar o Canal.

19 Corrige-o também sobre o leito com a dor,
 quando os ossos tremem sem parar,

20 a ponto de aborrecer a comida
    e repugnar-lhe o manjar.

21 Quando sua carne desaparece da vista,
    expõem-se os ossos que estavam escondidos.

22 Sua alma aproxima-se da sepultura,
    e sua vida do jazigo dos mortos,

23 a não ser que encontre um Anjo perto de si,
    um Mediador entre mil,
    que relembre ao homem seu dever,

24 que tenha compaixão dele e diga:
    "Livra-o de baixar à sepultura,
    pois encontrei resgate";

25 e sua carne reencontrará a força juvenil
    e voltará aos dias de sua juventude.

26 Suplicará a Deus e será atendido,
    contemplará com alegria a face
    daquele que retribui ao homem sua justiça;

27 cantará diante das pessoas e dirá:
    "Pequei e violei a justiça:
    mas ele não me devolveu o mesmo.

28 Salvou minha alma da sepultura,
    e minha vida se inunda de luz".

29 Tudo isso faz Deus
    duas ou três vezes ao homem,

30 para tirar sua alma da sepultura
    e iluminá-lo com a luz da vida.

31 Presta atenção, Jó, escuta-me,
    guarda silêncio, enquanto eu falo.

32 Se tens algo a dizer, responde-me,
    fala, pois desejo dar-te razão.

33 Mas, se nada tens, escuta-me:
    cala-te e ensinar-te-ei a sabedoria.

Agora, finalmente, na terceira parte de seu discurso introdutório (33,14-33), Eliú chega ao ponto. Por que a resposta de Deus fica de fora? Por que a queixa de Jó permanece sem resposta? A essa queixa apresentada reiteradamente e em diversas variações por Jó, Eliú dá uma resposta surpreendente: Deus certamente fala, mas o ser humano não presta atenção a isso. Não diz respeito a Deus se o ser humano não o escuta, isto depende do ser humano: "Pois Deus fala de um modo e depois de outro, e não prestamos atenção" (v. 14). Os meios prediletos pelos quais Deus sempre de novo ("uma vez", "duas vezes" – v. 14; "duas vezes", "três vezes" – v. 29) fala ao ser humano são, para Eliú, o sonho (vv. 15-18) e a enfermidade (vv. 19-22).

De fato, na Bíblia e em muitas outras religiões, os *sonhos* são vistos como meios especiais pelos quais um deus fala às pessoas (cf. Gn 28,10-22; Nm 12,6; Jl 3,1; Mt 2,13-15; 27,19). Também independentemente de um pano de fundo religioso, pertence ao nosso saber psicológico cotidiano o conhecimento de que, no sonho, "outro" lado da realidade se abre à pessoa. Trata-se daquela dimensão da realidade que a pessoa, à clara luz de sua consciência diária, ignora ou reprime. No sonho, toda a realidade vem à luz – muitas vezes sob forma codificada. Deus não fala em sonhos em favor de si mesmo. Ao contrário, ele deseja advertir a pessoa, a fim de dissuadi-la de seu agir pervertido (v. 17), a fim de "impedir sua alma de cair na sepultura" (v. 18).

Mas não somente no sonho, também na *doença* – conforme Eliú – o ser humano é "admoestado" por Deus (v. 19). Doenças e dores são sinais de aviso da parte de Deus. Quando o ser humano os desdenha e finge não ouvi-los, "sua alma aproxima-se da sepultura, e sua vida do jazigo dos mortos" (v. 22). Nos versículos 23 a 30, Eliú descreve como a libertação poderia dar-se mediante uma enfermidade. No caso, um anjo parece assumir o papel da interpretação da mensagem divina (v. 23: "que relembre ao homem seu dever") e, ao mesmo tempo, o da intercessão (v. 24). Subsequentemente, o ser humano florescerá (v. 25), rezará a Deus (v. 26) e, fazendo um retrospecto de sua miséria, confessará seus pecados diante das pessoas e narrará a respeito de sua libertação (vv. 27-28). Assim é que Deus age: da miséria profunda salva as pessoas, quando estas conseguem interpretar os sinais ocultos de Deus e percorrer o caminho apontado por tais sinais (vv. 29-30).

No final de seu primeiro discurso (vv. 31-33), tal como já o fizera no começo (33,1), Eliú dirige-se mais uma vez diretamente a Jó, a quem ele novamente chama pelo nome (vv. 31-33). O estilo segundo o qual Eliú aqui se expressa é característico de sua autocompreensão e, ao mesmo tempo, lança um facho de luz sobre a situação do diálogo. Por três vezes ele instiga Jó a ouvir, duas vezes a silenciar e três vezes a falar. O convite a falar, porém, é feito apenas hipoteticamente (*"se* tens algo a dizer"). Eliú está tão convencido de seu ensinamento que ele não conta seriamente com uma resposta de Jó. De modo que seu primeiro discurso termina com as palavras: "Cala-te e ensinar-te-ei a sabedoria!".

Decididamente, Eliú apresenta um fascinante modelo de uma teologia espiritual terapeuticamente orientada. Que Deus, de maneira velada, por meio de sonhos e de doenças, fale aos seres humanos a fim de mostrar-lhes o caminho da salvação é um conhecimento biblicamente atestado, encontrável em diversas culturas e religiões, o qual também a moderna pesquisa em torno dos sonhos, a psicologia e a medicina psicossomática não contradirão fundamentalmente. Rigor e clareza semelhantes ainda não se haviam demonstrado na discussão entre Jó e seus amigos até agora. Com efeito, Eliú, "ainda muito jovem" (32,6), tem deveras algo novo a dizer. O próprio Jó, de fato, havia reconhecido que Deus o tortura em sonhos e o assusta e o aterroriza com visões (7,14). O problema, consoante Eliú, não consiste em que Deus não fale, mas sim no fato de Jó não perceber o falar velado de Deus e não saber interpretá-lo.

Deus é justo (34,1-15)

1 Eliú prosseguiu dizendo:

2 Ouvi, ó sábios, minhas palavras,
 e vós, eruditos, prestai atenção,

3 pois o ouvido distingue as palavras
 como o paladar saboreia os alimentos.

4 Examinemos juntos o que é justo,
 vejamos o que é bom.

5 Eis que Jó afirmou: "Eu sou justo
 e Deus me nega o direito.

6 Apesar do meu direito, passo por mentiroso,
 uma flecha me feriu sem que eu tenha pecado".

7 Quem há como Jó,
 que bebe blasfêmias como água,

8 faz companhia aos malfeitores
 e anda com os ímpios?

9 Pois ele disse: "Não aproveita ao homem
 estar em boas graças com Deus".

10 Escutai-me, homens sensatos.
    Longe de Deus o mal,
    do Todo-Poderoso a iniquidade!

11 Ele retribui ao homem segundo suas obras,
    e dá a cada um conforme sua conduta.

12 Na verdade, Deus não pratica o mal,
    o Todo-Poderoso não perverte o direito.

13 Quem lhe confiou o governo da terra,
    quem lhe entregou o universo?

14 Se só aplicasse seu pensamento (o coração) em si mesmo,
    se concentrasse em si seu sopro e seu hálito,

15 expiraria toda a carne no mesmo instante,
    e o homem voltaria a ser pó.

Sem que Jó tome a palavra ("Cala-te!" – 33,33), Eliú dá início a seu segundo discurso. Ele dirige sua alocução não mais apenas a Jó, mas também a "sábios", a "eruditos" (v. 2), a "homens sensatos" (v. 10). Eliú parece ser de opinião que o que ele tem a dizer agora é de domínio público e, de certa maneira, de um público que entende algo do assunto. Jó – semelhantemente a um doente de quem os de fora podem aprender algo – transforma-se em um "caso" do qual é preciso pesquisar o que é correto, no qual é preciso reconhecer o que é bom (v. 4). Fica aberta a questão acerca daqueles a quem Eliú chama de "sábios". Do ponto de vista da circunstância do diálogo, só poderiam ser os amigos, cuja sabedoria, aliás, Eliú pusera em questão (cf. 32,7-16). De modo que o discurso pretenderia ser inicialmente bem formal e cortês. Ao mesmo tempo, ele indica que agora se trata de conhecimento e inteligência.

Uma vez mais Eliú revela-se competente relator, visto que, antes de posicionar-se, ele próprio, em relação ao tema, cita Jó. "Eis que Jó afirmou: "Eu sou justo e Deus me nega o direito [...] Uma flecha me feriu sem que eu tenha pecado" (vv. 5-6). Eliú retoma o protesto de inocência de Jó. A citação é objetivamente correta. Jó falara semelhantemente diversas vezes (cf. 6,30; 9,21; 10,7; 13,18; 16,17; 31). O que Jó diz é, aos olhos de Eliú, uma blasfêmia (contra Deus) (v. 7). Com a reafirmação de sua inocência – conforme Eliú – ele se junta aos ímpios (v. 8).

No subsequente v. 9, ele cita Jó novamente. O problema aguça-se mais uma vez, pois: "Ele (Jó) disse: 'Não aproveita ao homem estar em boas graças com Deus'". Com efeito, Jó falara da inutilidade do "culto a Deus". Efetivamente, colocara a palavra na boca dos *ímpios*: "Eles dizem a Deus [...] Quem é o Todo-Poderoso, para que o sirvamos? De que nos aproveita invocá-lo?" (21,15). Eliú empurra para Jó o que este certamente não ousara exprimir, mas que corresponde muito bem à dinâmica de seus discursos.

A réplica de Eliú não parece ultrapassar o que já foi apresentado pelos amigos. Contudo, se rememorarmos o primeiro discurso de Eliú, então aparece algo novo em confronto com a argumentação dos amigos. Se os amigos haviam alimentado a suspeita de que Jó teria pecado *antes* de seu sofrimento e deveria consequentemente sofrer (cf. 22,1-11), Eliú, então, parece acentuar outro aspecto: o sofrimento que atingiu Jó era, inicialmente, uma medida pedagógica de Deus, "para impedir sua alma de cair na sepultura" (33,18). Jó, porém, não reconheceu isso. Injustificadamente ele censurou Deus e, *em razão disso*, caiu em pecado. Jó peca *agora*. Em face de seu sofrimento, ele chega a uma concepção falsa de Deus, a uma falsa teologia. Ele é um herege. "Quem há como Jó, que bebe blasfêmias como água?" (v. 7). Isso precisa ser combatido com toda severidade. Eliú prepara-se para refutar a falsa noção que Jó tem de Deus.

Ele começa a agir assim nos versículos 10 a 15. Com um renovado apelo por atenção, ele introduz sua confutação. O que ele diz pertence ao conteúdo central da doutrina bíblica: Deus é justo (cf. Gn 18,25; Dt 32,4; Sl 11[10],7). "Na verdade, Deus não pratica o mal, o Todo-Poderoso não perverte o direito" (v. 12). Isto já dissera Baldad (8,3). A partir daí segue que: Deus retribui a cada ser humano de acordo com suas ações (v. 11). Com isso Eliú se demonstra clássico representante do nexo ato-consequência. Também nisso ele concorda com os amigos. Como é que ele fundamenta seu ensinamento apresentado de forma tão enfática? Uma primeira formulação encontra-se nos versículos 13 a 15. As afirmações lembram as provas de Deus de Anselmo de Canterbury: não há nenhuma pessoa ou instância superiores a Deus, às quais o ser humano pudesse dirigir-se e a partir das quais pudesse julgar o agir de Deus senão o próprio Deus (v. 13). Toda "carne" já vive à mercê da gratuidade de Deus. Se Deus direcionasse seu coração apenas para si mesmo e reclamasse de volta seu espírito e seu hálito, "expiraria toda a carne no mesmo instante, e o homem voltaria a ser pó" (vv. 14-15). Também aqui Eliú situa-se na tradição bíblica atestada (cf. Gn 2,7; 3,19; Sl 104,29; Ecl 12,7). Toda vida é vida por graça.

Eliú aperta Jó em dois flancos. A sua queixa de que Deus "não responderia a suas palavras" (33,13), Eliú objeta: certamente Deus fala; o ser humano, porém, não presta atenção a isso (33,14). À reprimenda de Jó de que Deus lhe teria negado seu direito (34,5) Eliú contesta: Deus jamais comete injustiças (34,12). Quem fala assim de Deus, tal como Jó, não sabe o que significa a palavra "Deus": "Deus é grande demais para que o possamos conhecer" (36,26).

Acusar a Deus? (34,16-24)

16 Se tens inteligência, escuta isto,
   e presta ouvido ao som de minhas palavras.

17 Um inimigo do direito saberia governar?
   Ousarias condenar o Justo onipotente?

18 Ele que diz a um rei: "Homem vil!"
   e trata os nobres como ímpios,

19 não considera os príncipes
   e nem distingue o fraco e o homem importante.
   Pois todos são a obra das suas mãos.

20 Morrem de repente em plena noite,
   o povo se agita e eles desaparecem,
   e sem esforço afasta-se um tirano.

21 Porque seus olhos acompanham o proceder de cada um
   e ele olha todos os seus passos.

22 Não há trevas, nem sombras espessas,
   onde possam esconder-se os malfeitores.

23 Pois que não se fixa ao homem um prazo
   para comparecer ao tribunal divino.

24 Ele aniquila os poderosos sem muitos inquéritos
   e põe outros em seu lugar.

No texto a ser interpretado agora, Eliú desenvolve o princípio de sua doutrina sobre Deus. À primeira vista, suas palavras não são de fácil compreensão. Observando-se com mais perspicácia, percebe-se nelas certa lógica que corresponde plenamente ao estágio a que chegou a discussão. Eliú reconheceu corretamente que Jó jamais negou a existência de Deus. O que Jó põe em dúvida é uma das propriedades centrais de Deus: sua justiça. Ademais, ele se queixa de sua ausência. "Mas, se for ao Oriente, não está ali; ao Ocidente, não o encontro. Quando ele age no norte, eu não o vejo; se me volto para o meio-dia, ele permanece invisível" (23,8-9). Portanto, Eliú pode pressupor em todos os participantes do diálogo, nos "homens sensatos" (34,10), também em Jó (v. 16) a noção de "Deus". Aqui Eliú começa com sua dupla pergunta retórica no v. 17. Ele tenta mostrar que a censura de Jó, segundo a qual Deus seria injusto, contradiz a ideia de "Deus". À noção de "Deus" liga-se a ideia de "senhorio". Esta ideia, quando empregada para Deus, vale incondicionalmente. Pois um Deus que fosse dominado por outros, que devesse ater-se a leis que lhe são impostas por outros, não seria Deus. A noção de senhorio, se pensada, neste sentido, coerentemente até o fim, contém ao mesmo tempo a ideia do direito. Efetivamente, um senhorio que não se atém ao direito destrói a si mesmo, não seria, portanto, perfeito. Um Deus que exerce a soberania e, ao mesmo tempo, odeia o direito, seria uma contradição em si mesmo. Neste sentido é que deve ser compreendida a pergunta retórica de Eliú: "Um inimigo do direito saberia governar?" (v. 17).

Portanto, Eliú pressupõe em Jó, de maneira completamente justificada, um preconceito em relação a Deus. Ele o toma e o conduz à forma plena daquilo que ele, tacitamente, contém. Este tipo de argumentação não nos é também tão incomum como parece à primeira vista. Em algumas escolas filosóficas da Antiguidade ela se tornou até mesmo um tipo de exercício espiritual, de contemplação, praticado a fim de libertar a percepção da constrição subjetiva. Quando alguém é atingido por um rude golpe (divino), como Jó, demasiado facilmente duvida de Deus e de sua justiça, o que, a partir de sua situação subjetiva, é compreensível e explicável. Se ele, porém, consegue sair (temporariamente) dessa situação e, como da perspectiva de um pássaro, contemplar "objetivamente" tudo o que acontece sobre a terra, o que Deus "faz", portanto, será que não deve dizer, com Eliú, que sempre de novo acontece que pobres e ricos "morrem de repente em plena noite", que "sem esforço afasta-se um tirano" (v. 20)? Se Deus até mesmo "ao rei diz: 'Homem vil!'", e "trata os nobres como ímpios" (v. 18), se ele "não considera nem os príncipes" (v. 19), por que ele, pois, não deveria algum dia atingir a mim, por que não deveria, pois, também, um dia, atingir a Jó? Se Jó, portanto, "tem inteligência" (v. 16), então – segundo Eliú – deveria compreender tais reflexões. Então ele deveria também dizer: "Os olhos de Deus acompanham o proceder de cada um e ele olha todos os seus passos [...] Não fixa ao homem um prazo para comparecer ao tribunal divino. Ele aniquila os poderosos sem muitos inquéritos e põe outros em seu lugar" (vv. 21-24). Se tudo isso é verdadeiro – e quem o quereria negar? –, então, por certo, Jó deve também interromper seus questionamentos: "Ousarias condenar o Justo onipotente?" (v. 17).

Jó é insensato (34,25-37)

25 (Deus) Conhece a fundo suas obras!
   Derruba-os numa noite e são destruídos.

26 Açoita-os como criminosos,
   num lugar onde todo mundo vê,

27 porque se afastaram dele
   e não quiseram conhecer seus caminhos;

28 de sorte que chegou a ele o clamor do fraco,
   e o lamento dos pobres foi por ele ouvido.

29 Se fica imóvel, quem o condenará?
   Se esconde sua face, quem o perceberá?
   Todavia ele vela sobre as nações e os homens,

30 para que não reinem homens perversos,
   para que não haja armadilhas para o povo.

31 Pois não cabe a Deus dizer:
   "Eu me enganei, não farei mais o mal;

32 o que está fora de minha vista, mostra-me:
   se cometi injustiça, não recomeçarei mais".

33 Será que, a teu ver, deverá ele (Deus) punir, porque tu rejeitas, à medida que ele (Deus) diz:
   "Como és tu que escolhes, e não eu,
   faze-nos conhecer a tua ciência!"?

34 Homens sensatos dir-me-ão,
   bem como o sábio que me escuta:

35 "Jó não falou com conhecimento,
   e suas palavras não levam ao bom proceder".

36 Pois bem, que Jó seja examinado até o fim,
   por suas respostas dignas de ímpio!

37 Porque ao seu pecado acrescenta a rebelião,
   escarnece em nosso meio
   e multiplica suas palavras contra Deus.

Eliú continua a expor seu ensinamento sobre Deus. As ideias-chave foram lançadas nos versículos precedentes (16 a 24). Agora elas são desenvolvidas e ilustradas. Mais uma vez, aparentemente, é como se Eliú, no confronto com os três amigos, não tivesse deveras algo novo a dizer. Ele também se conecta à doutrina tradicional segundo a qual Deus conhece as ações daqueles "que não quiseram conhecer seus caminhos" (v. 27), e "destrói os malfeitores" (v. 25). Tudo isso acontece em público, "num lugar onde todo mundo vê" (v. 26). Até aqui, Eliú fala como seus amigos. Ele se atém, portanto, à justiça de Deus e ao fato de que ela pode ser reconhecida. Deus esmaga os ímpios (vv. 25-27), no entanto faz chegar até si o grito dos pobres e humilhados (v. 28). Os amigos também haviam falado assim. Perante sua situação, Jó havia questionado esta doutrina: ele é pobre e humilhado, não incorreu em nenhuma culpa, ele clama a Deus, mas este não o escuta. Diante dessa situação, aos amigos não ocorreu, no fundo, outra coisa senão repetir o ensinamento, reforçá--lo e variá-lo um pouco. Eliú parece ter percebido que isso não basta. Ele objeta aos amigos: "Ninguém confundiu Jó, nenhum de vós desmentiu suas palavras" (32,12). Assim, ele tenta fundamentar a doutrina e torná--la compreensível. Ele o faz procurando refutar as objeções contra ela. A declaração decisiva soa assim: "Se fica imóvel, quem o condenará?" (v. 29). Portanto, Eliú admite que Deus nem sempre age como seria de se esperar a partir da doutrina sobre ele ou, numa formulação mais acurada: que Deus nem sempre *parece* agir como seria de se esperar a partir do "mero ensinamento". Às vezes, quando ansiamos por uma intervenção salvífica ou aniquiladora de Deus, "ele fica imóvel" e "oculta sua face" (v. 29). Quem, porém, nesse caso, de acordo com Eliú, pode "declará-lo culpado" (v. 29)?

Agora se torna claro que papel desempenha a noção de Deus introduzida anteriormente por Eliú. Ninguém pode pronunciar um veredicto contra Deus, ninguém pode declará-lo culpado. Pois, caso isso acontecesse, Deus não seria Deus, mas o ser humano, que o julga. Por conseguinte, Deus não pode enganar-se jamais (v. 31). Não há nada que um ser humano pudesse ver; Deus, porém, não (v. 32). Diante de todas as considerações humanas, Deus é infinitamente sublime. Mediante palavras que ele coloca na boca de Deus, Eliú ilustra a sublimidade e imponderabilidade de Deus: "Eu me enganei, não farei mais o mal; o que está fora de minha vista, mostra-me: se cometi injustiça, não recomeçarei mais" (vv. 31-33). E, dirigindo-se a Jó, Eliú pergunta: "Será que, a *teu* ver, deverá ele (Deus) punir, porque *tu* rejeitas, à medida que ele (Deus) diz: 'Como és *tu* que escolhes, e não eu'

(v. 33)?". "Homens sensatos" compreenderão isso (v. 34) e dirão: "Jó não falou com conhecimento, e suas palavras não levam ao bom proceder" (v. 35). Com suas "palavras contra Deus" (v. 37) Jó pecou. Ainda não alcançou a inteligência. Por essa razão, de acordo com Eliú, "escarneceu" (v. 37) e falou "à moda dos ímpios" (v. 36). Se ele continuar a reagir assim, de maneira tão insensata, a seu sofrimento, com o qual, porém, ele devia chegar à inteligência (cf. 33,14-30), então deverá continuar a sofrer.

Deus permanece inabalável (35,1-8)

1 Eliú prosseguiu dizendo:

2 Julgas ter razão?
   Disseste: diante de Deus, sou justo.

3 Já que dizes: "Que importa?
   Que vantagem tenho se tivesse ou não pecado?"

4 Vou responder-te,
   a ti e a teus amigos.

5 Contempla os céus e olha,
   vê como as nuvens são mais altas que tu.

6 Se pecas, que mal lhe fazes?
   Se acumulas delitos, que dano lhe causas?

7 Se és justo, que lhe dás,
   o que recebe ele de tua mão?

8 Tua maldade atinge um homem, como a ti,
   tua justiça (só) concerne aos mortais.

Eliú prossegue seu discurso sem que Jó tome a palavra (v. 1). No início do terceiro discurso, proferido bastante resumidamente, Eliú reporta mais uma vez a posição de Jó. Ele o cita nos versículos 2 e 3, a fim de, a seguir, confutá-lo (vv. 4-16) – uma estratégia de argumentação típica de Eliú. Com duas citações, ele reproduz objetivamente, de maneira absolutamente correta, o pensamento de Jó. De um lado: "Diante de Deus, sou justo" (v. 2); por outro lado: "Que vantagem tenho se tivesse ou não pecado?" (v. 3). A seguir, Eliú toma posição em relação a isso. Ele, porém, não gostaria de "replicar" apenas a Jó, mas também aos amigos (v. 4). Já havíamos percebido que Eliú também não estava satisfeito com o que os amigos haviam dito: "Sobre vós se fixava minha atenção. E vejo que ninguém confundiu Jó, nenhum de vós desmentiu suas palavras' (32,12). O que ele tem agora a dizer?

"Contempla os céus e olha, vê como as nuvens são mais altas que tu!" (v. 5). Com este desafio lançado a Jó, sua verdadeira posição na criação deve ser-lhe colocada diante dos olhos. Ele não se acha acima do céu e acima das nuvens, mas muito abaixo delas. Diante dos céus o ser humano é pequeno. "Quando vejo o céu, obra dos teus dedos, a lua e as estrelas que fixaste, que é um mortal, para dele te lembrares, e um filho de Adão, para vires visitá-lo?" (Sl 8,4-5). Se o ser humano, perante o céu e as nuvens, já é pequeno, tanto menor o será perante aquele que "toma as nuvens como seu carro" (Sl 104[103],3), que fez o céu e a terra (Gn 1,1). Eliú abre os olhos de Jó para a grandeza da criação e com isso pretende levá-lo à compreensão da majestade do Deus criador. Dessarte, prepara-se o argumento seguinte, altamente teológico. Com ele, Eliú procura exorcizar da noção de Deus todo tipo de antropomorfismo, toda forma de concepção demasiadamente humana que está ligada à ideia de "Deus". De acordo com Eliú, Deus não é "atingido" pelo comportamento humano. O pecado humano não lhe causa nenhum dano (v. 6); a justiça humana nada lhe acrescenta (v. 7). Pecado e justiça têm efeito apenas intramundano: "Tua maldade atinge um homem, como a ti; tua justiça (só) concerne aos mortais" (v. 8). Com isso, Eliú chega à pergunta de Jó: "Que vantagem tenho se tivesse ou não pecado?" (v. 3). É evidente que o comportamento justo de uma pessoa em nada aproveita a Deus – de acordo com o mote "do, ut des" ("dou para que dês"). E também é descontado que a Deus não se acrescenta prejuízo algum mediante a atitude ímpia de uma pessoa.

Elifaz já falara de maneira semelhante: "Pode um homem ser útil a Deus, quando o prudente só é útil a si mesmo?" (22,2). Não está completamente claro se Eliú repete simplesmente o argumento de Elifaz ou se o modifica de algum modo. De acordo com Elifaz, a boa ou a má ação repercutem no próprio agente. A afirmação de Eliú poderia também ser assim compreendida: um comportamento repreensível traz, obviamente, consequências para os outros, para os semelhantes. "Tua maldade atinge um homem, como a ti" pode significar: "Tua maldade atinge teus semelhantes". Não se pode excluir, porém, que se deva entender "um homem, como a ti" no sentido de "a ti próprio". Decisivo é que o bem e o mal que alguém pratica afetam as pessoas, não a Deus. Quando Deus age, quando ele intervém, em razão das ações humanas, então ele o faz não porque foi abalado, forçado ou afetado anteriormente. Deus não age, como é comum aos seres humanos, a partir da emoção, por algo que lhe foi "dado" ou "tirado" previamente. Ele age soberana e livremente.

Ninguém pergunta: Onde está Deus? (35,9-16)

9 Uns gemem sob o peso da opressão
   e pedem socorro contra o braço dos poderosos,

10 mas ninguém diz:
   "Onde está o Deus que me criou,
   que na noite inspira cantos de alegria,

11 que nos instrui mais do que aos animais da terra,
   e nos faz mais sábios do que os pássaros do céu?".

12 Ali gritam por causa da arrogância dos maus,
   mas ele não responde.

13 É inútil, Deus não ouve,
   o Todo-Poderoso a isso não presta atenção.

14 Agora dizes que não o vês.
   O julgamento está com ele, espera nele!

15 Agora, porém, visto que sua ira (ainda) não castigou,
   e ele (ainda) não presta atenção à impiedade,

16 Jó abre a boca para o vazio,
   e insensatamente multiplica palavras.

Se na parte precedente de seu terceiro discurso (35,1-8) Eliú demonstrou que Deus permanece "imperturbável" perante as ações dos seres humanos, isto não significa que ele nada faça. Deus age muito bem, mas age de maneira livre e soberana. Partindo deste pensamento, na última parte de seu terceiro discurso (35,9-16) Eliú procura resolver o problema da oração não ouvida. Ele se achega ao tema com duas investidas entretecidas mutuamente: em primeiro lugar, axiomaticamente (33,14-33); a seguir, relacionando-se ao "caso Jó" (vv. 14-16).

O argumento alegado por Eliú é bastante aberto, do começo ao fim. Num primeiro nível, poderia ser entendido como se aquele que clama por socorro não se dirige a Iahweh, o Deus único e verdadeiro, mas a outros deuses. Esta censura encontra-se em diversas passagens do Antigo Testamento. No profeta Jeremias, lemos:

> Assim disse Iahweh: o que encontraram os vossos pais em mim de injusto, para que se afastassem de mim e corressem atrás do vazio, tornando-se eles mesmos vazios? Eles não

perguntaram: "Onde está Iahweh..." Os sacerdotes não perguntaram: "Onde está Iahweh?"... Os profetas profetizaram por Baal e, assim, correram atrás do que não vale nada. (Jr 2,5-8)

Visto que o confronto "Iahweh – outros deuses" não tem nenhuma função no Livro de Jó (o nome divino Iahweh não aparece, de forma alguma, no discurso de Eliú), o argumento aventado por Eliú abre uma compreensão que conduz a outra direção. Por um lado, poderia indicar que o necessitado *de forma alguma* dirige seu clamor a Deus. Por outro, poderia indicar que o necessitado não dirige *realmente* seu clamor a Deus. Não importa em que direção a compreensão possa ir: de acordo com Eliú, o problema está nas pessoas, não em Deus.

No que diz respeito a Deus, o ensinamento recebido permanece fora de questão: ele inspira cantos de alegria na noite (v. 10), ou seja: ele salva da mais profunda indigência (cf. ex 12–14; Sl 30[29],6; 90[89],14). Ao contrário dos animais, que gritam quando têm fome (cf. Sl 147[146 + 147],9; Jó 38,41), os seres humanos, sobejamente mais inteligentes, deveriam saber que Deus está sempre perto (v. 11; cf. Sl 119[118],98).

Nos versículos 12 a 13, Eliú descreve mais uma vez, com bastante precisão, o problema a ser debatido aqui: "Ali gritam por causa da arrogância dos maus, mas ele (Deus) não responde. É inútil, Deus não ouve, o Todo-Poderoso a isso não presta atenção". Essa descrição diz respeito também à situação de Jó. Eliú dirige-se a ele nos versículos 14 a 16. Jó queixa-se de que não consegue vislumbrar Deus (v. 14). A isso Eliú responde com um argumento clássico: teu processo há muito é do conhecimento de Deus ("o julgamento está com ele"), "espera nele" (v. 14). A impaciência que Jó demonstra agora é altamente perigosa (vv. 15-16). Ela mostra que ele interpreta falsamente sua situação. Eliú ainda não compreende o sofrimento de Jó como aflição da ira divina (v. 15). Jó é admoestado e educado mediante o sofrimento (cf. 33,19.30). Se ele, porém, não percebe e não aceita isso, se ele "abre a boca para o vazio e insensatamente multiplica palavras" (v. 16), porque Deus tarda, então é de se esperar que a ira de Deus, por causa de tal impiedade, finalmente o alcance.

Provado pelo sofrimento (36,1-21)

1 Eliú prosseguiu dizendo:

2 Espera um pouco que eu te instruirei,
tenho ainda mais razões em favor de Deus (para dizer).

3   Trarei de longe meu conhecimento
    para justificar meu Criador.

4   Na verdade, minhas palavras não são falazes,
    fala contigo um sábio consumado.

5   Vê, Deus é poderoso, ele não caçoa,
    ele é poderoso pela firmeza de seu pensamento.

6   Não deixa viver o ímpio,
    mas faz justiça aos pobres,

7   e não tira o justo dos olhos.
    Com reis sobre seu trono os instala
    Para sentar para sempre, e eles são exaltados.

8   Mas amarra-os com cadeias,
    e são presos nos laços da aflição.

9   Ele lhes revela seus atos,
    as faltas de orgulho que cometeram.

10 Abre-lhes os ouvidos à disciplina
    e exorta-os a que se afastem do mal.

11 Se o escutarem e (a ele) se submeterem,
    terminarão seus dias em felicidade
    e seus anos no bem-estar.

12 Mas, se não o escutarem, atravessarão o canal da morte
    e morrerão como insensatos.

13 Sim, os endurecidos,
    que manifestam sua cólera,
    e não pedem auxílio quando os aprisiona,

14 ainda jovens sua alma deve morrer
    e sua vida (sucumbe) na juventude.

15 Mas ele salva o pobre por sua pobreza,
    adverte-o em sua miséria.

16 Também a ti ele quer arrancar da angústia
    num lugar espaçoso em que nada incomoda,
    e a mesa preparada para ti transbordará de gordura.

17 Se tu não instruis o processo do ímpio,
    assegurar-se-á um processo equitativo.

18 Toma cuidado, para que não te seduza a fartura
    e não te perverta um rico suborno.

19 Faze comparecer tanto o importante quanto o que nada tem,
    tanto o homem forte quanto o fraco.

20 Não esmagues os que te são estrangeiros,
para colocar no seu lugar a tua parentela.

21 Cuida que não voltes à iniquidade,
pois, por causa dela, foste provado pela aflição.

Em seu quarto e último discurso (capítulos 36 e 37), na presença de Jó, Eliú expõe, conclusiva e resumidamente, sua teologia e antropologia como um "verdadeiro ensinamento, sem falácia" (36,4). Suas duas ideias centrais são a inapreensível majestade de Deus (36,26) e a possibilidade que se abre ao ser humano de encontrar Deus no sofrimento (36,10-11). O esquema argumentativo é empregado pela primeira vez em 36,5-15, e em 36,16-21, aplicado ao caso de Jó.

Inicialmente, Eliú pede a Jó que tenha paciência, "tenho ainda mais razões em favor de Deus (para dizer)" (v. 2). Com efeito, em seguida Eliú fala loquazmente. Seu quarto discurso é, ao mesmo tempo, o mais longo. Uma vez mais ele deixa entrever a consciência teológica do problema. Via de regra, temas teológicos profundos não se deixam veicular num curso-relâmpago. Para compreendê-los, penetrá-los espiritual e existencialmente, exige-se tempo e paciência. Precisamente isso é o que pede Eliú. Ademais, ele sabe muita coisa: "Fala contigo um sábio consumado" (v. 4). Eliú, porém, não pretende exibir seu conhecimento a fim de emergir grande; ao contrário, ele o coloca totalmente a serviço de seu criador: "Para justificar meu Criador" (v. 3). Provavelmente com isso se quer indicar que ele o recebeu de Deus, de seu Espírito (cf. 32,8).

Com o versículo 5 Eliú começa o desdobramento conteudístico de seu ensinamento. O ponto de partida é a tese da magnificência e da justiça de Deus (vv. 5-7). Quando as pessoas caem na desgraça, então com isso se lhes mostra o próprio orgulho, que é um pecado (vv. 8-9). Eliú ilustra isso com o exemplo de "reis sobre o trono". No Antigo Testamento, problemas fundamentais da existência humana são elucidados com gosto recorrendo-se ao exemplo de reis – no Livro dos Salmos, usa-se o exemplo de Davi; no Livro do Eclesiastes, mostra-se o exemplo do "rei Coélet"; no Cântico dos Cânticos e no Livro da Sabedoria, o exemplo de Salomão. Os reis encontram-se em posição elevada, mas podem cair profundamente. Na queda, podem amadurecer ou despedaçar-se. Davi foi salvo de um perigo mortal quando gritou por Deus (Sl 18[17]). Quando o profeta Natã lhe foi ao encontro, depois que ele pecara com Betsabeia, ele reconheceu todas as suas más ações: "Pequei contra ti, contra ti somente, pratiquei o que é mau aos teus olhos" (Sl 51[50],6). Por meio da Sabedoria, o grande Salomão foi conduzido à inteligência: "Também eu sou homem mortal, igual a todos" (Sb 7,1). A comparação que Eliú faz com reis é plenamente oportuna, visto que o próprio Jó se comparara a um rei entronizado: "Como um rei instalado no meio de suas tropas" (29,25). Agora, porém, ele está "amarrado com cadeias e preso nos laços da aflição" (v. 8). Eliú não apresenta diretamente uma razão para a queda. A partir do contexto, porém, pode-se deduzir que a razão do infortúnio, no qual Deus faz uma pessoa cair, só *pode* residir em sua autossatisfação, em sua autossupervalorização, em seu orgulho: "Ele lhes revela seus atos, as faltas de orgulho que cometeram". Experiência semelhante parece ser expressa no Sl 30[29],7-8: "Quanto a mim, dizia tranquilo: 'Nada, jamais, me fará tropeçar [...] mas escondeste tua face e eu fiquei perturbado". Novamente torna-se evidente a ênfase especial dada por Eliú. Consoante o diagnóstico dos amigos, o caso de Jó apresenta-se da seguinte maneira: Jó pecou e foi castigado por isso com um pesado sofrimento. De acordo com Eliú, as coisas parecem um pouco diferentes: Jó vivia na felicidade, mas estava demasiado seguro de sua felicidade e tornou-se orgulhoso. Este foi seu pecado e não, como pretendera Elifaz, porque ele "despedia as viúvas com as mãos vazias, quebrava os braços dos órfãos" (22,9). Eliú argumenta de maneira mais refinada do que os três amigos.

Para quem caiu no sofrimento, existem, pois, duas possibilidades: a) ele pode agarrar seu sofrimento como oportunidade para a conversão (v. 10). Se agir assim, sua vida terminará na felicidade (v. 11); b) se assim não fizer, "descerá ao canal da morte" (v. 12). Deus, portanto, não preserva o ser humano *da* enfermidade, ele o salva *por meio da* doença, desde que ele não se oponha "com cólera" (v. 13) ao agir salvífico de Deus: "Mas ele salva o pobre por sua pobreza, adverte-o em sua miséria" (v. 15). Doença e sofrimento são meios da ação salvadora de Deus. Ao ser humano cabe reconhecer isso e aproveitar a chance que daí surge. Jó corre o risco de não compreender essas conexões e petrificar-se na rebeldia contra Deus (v. 18). Daí a razão do premente apelo de Eliú: "Cuida que não voltes à iniquidade, pois, por causa dela, foste provado pela aflição" (v. 21).

Deus como mestre (36,22-33)

22 Vê como Deus é sublime em seu poder.
   Qual é o mestre que se lhe pode comparar?

23 Quem prescreve sua conduta?
   Quem pode dizer-lhe: "Fizeste mal"?

24 Pensa, antes, em glorificar suas obras,
   que tantos homens celebram em seus cantos.

25 Todos os homens as contemplam,
   admiram-se de longe os mortais.

26 Deus é grande demais para que o possamos conhecer,
   o número de seus anos é incalculável.

27 Faz subir as gotas d'água
   e destila a chuva em neblina.

28 E as nuvens derramam-se em chuviscos,
   e a chuva cai sobre a multidão humana.

29 Quem compreenderá as ondulações da sua nuvem,
   o ribombar ameaçador da sua tenda?

30 Espalha diante dele seu clarão,
   submerge os fundamentos do mar.

31 Com eles governa os povos,
   dando-lhes comida abundante.

32 Suas duas palmas ele as recobre com o clarão
   e lhe fixa o fim a atingir.

33 Seu trovão anuncia sua vinda,
   inflamando a cólera contra a iniquidade.

Logo no primeiro versículo do texto a ser interpretado agora, do quarto e último discurso de Eliú, encontram-se duas ideias centrais de sua teologia: a inatingível grandeza de Deus e a noção de Deus como mestre. Ambos os pensamentos se correlacionam mutuamente. A partir deles é que Eliú tenta resolver o problema de Jó.

Segundo a opinião de Eliú, Deus exerce a atividade típica de um professor: ele fala "repetidas vezes" – aliás, no caso, muita vezes sem que se lhe preste atenção – (33,14), ele admoesta e adverte (33,16-19; 36,10), transmite sabedoria (35,11) e faz associações que, à primeira vista, não são reconhecíveis (35,11). Deus faz tudo isso a fim de conservar a alma humana "longe da sepultura" (33,18). A ideia de Deus como mestre não é alheia a outros livros das Sagradas Escrituras: Deus instrui e ensina o agricultor a executar corretamente seu trabalho (Is 28,23-29). Ele adestra o operário (Ex 35,34), o sacerdote, os levitas (Lv 10,11; 14,57) e os profetas (Is 50,4). Nos dias futuros, as nações que peregrinam rumo a Sião esperam que Iahweh os "instrua a respeito de seus caminhos" (Is 2,3; Mq 4,2; cf. Is 54,13; Jo 6,45). O orante do salmo pede: "Ensina-me o teu caminho, Iahweh!" (Sl 27[26],11).

Contudo, de acordo com a tradição bíblica, existe algo mais ligado à instrução dada por Deus e pelo ser humano. Quanto mais uma boa educação conduz à inteligência e à sabedoria, tanto mais o caminho que a elas conduz é cheio de dores. Quem quiser evitar os sofrimentos inerentes ao caminho jamais alcançará a meta para qual o caminho conduz. A sabedoria é *também* um jugo e um peso (Eclo 6,23-29; 51,26). "Muita sabedoria, muito desgosto; quanto mais conhecimento, mais sofrimento" (Ecl 1,18). Até mesmo o poeta grego Hesíodo (cerca de 700 a.C.) sabe cantar uma canção a esse respeito: "Antes do bem-estar, os deuses imortais te impuseram o suor, e longa e árdua é a senda que conduz para o alto, e também difícil, no início; no entanto, quando ela tiver alcançado a altura, então o bem-estar é leve, não importa quão árduo possa ser" (*Trabalhos e dias* 288-291).* Portanto, vigora: "Meu filho, não desprezes a disciplina de Iahweh, nem te canses com a sua exortação" (Pr 3,11). O que, portanto, a longo prazo faz bem pode machucar temporariamente. Aplicado a Jó, isso significa: a acusação contra Deus, que Jó abertamente apresenta, é exatamente o comportamento equivocado. Não leva a nada. Por isso Eliú adverte: "Toma cuidado, para que não te seduza a fartura" (36,18). Jó poderia assumir a postura de um aluno aplicado: então, tudo acabará bem, pois Deus "também a ti quer arrancar da angústia" (36,16). Assim como um bom estudante não compreende algumas fases do processo de aprendizagem, mas – confiando no mestre, que, em razão de sua experiência, perscruta os nexos mais amplos – lança-se no caminho do aprendizado e, no final, alcança uma compreensão que o torna mais feliz (cf. Eclo 51,26-30), que Jó possa também, de igual modo, o mais breve possível, renunciar à atitude de rebelião e de revolta e, confiantemente,

---

* "Mas diante da excelência, suor puseram os deuses imortais, longa e íngreme é a via até ela, áspera de início, mas depois que atinges o topo, fácil desde então é, embora difícil seja" (Hesíodo. *Os trabalhos e os dias*. Tradução, introdução e comentário de Mary de Camargo Neves Lafer. São Paulo: Iluminares, 2008. p. 43) [N.T.].

entregar-se ao agir pedagógico de Deus. Pois: "Qual é o mestre que se lhe pode comparar?" (v. 22).

A concepção da misteriosa grandeza de Deus, explicitada por Eliú nos versículos 24 a 33, lançando mão dos fenômenos naturais, não deve, portanto, assustar Jó; deve incutir confiança. Mesmo quando não compreendemos muita coisa na natureza (v. 29), ainda assim vivemos de sua ordem coerente – conforme a informação de Eliú. Deus concede o alimento em abundância (v. 31), faz cair a chuva das águas que estão acima dos céus (vv. 27-28), mobiliza seu trovão contra "aquele que se ensoberbece" (v. 33). De sorte que é mais do que compreensível que o ser humano glorifique a obra de Deus (v. 24). Poderá Jó afinar-se com o louvor da criação (v. 24), ou juntar-se-á àqueles que se erguem contra Deus?

Maravilha da criação (37,1-13)

1   À vista disto, treme meu coração
    e me salta fora do lugar.

2   Atenção! Ouvi o trovão de sua voz,
    e o estrondo que sai de sua boca.

3   Ele o envia pela vastidão dos céus,
    e sua luz (raio) aos confins da terra.

4   A seguir ressoa o seu bramido
    e reboa seu fragor majestoso;
    ele não retém (os raios),
    tão logo se faz ouvir sua voz.

5   Deus troveja a plena voz suas maravilhas
    e realiza proezas que não compreendemos.

6   Diz à neve:
    "Cai sobre a terra",
    e ao aguaceiro:
    "Desce com violência!".

7   Suspende a atividade dos homens,
    para que reconheçam que é obra sua.

8   As feras também entram em seu covil
    e permanecem em suas tocas.

9   Da Câmara austral sai o furacão,
    os ventos do Norte trazem o frio.

10 Ao sopro de Deus forma-se o gelo,
    congelando a superfície das águas.

11 Carrega de umidade o nimbo,
    as nuvens da tempestade expelem o raio.

12 Ele os faz circular
    e preside a sua alternância.
    Em tudo executam as suas ordens,
    Sobre a superfície do seu mundo terrestre.

13 É para castigar os povos da terra,
    ou para uma obra de bondade que os envia.

A imperscrutável grandeza de Deus (36,26) e a possibilidade aberta ao ser humano de encontrar Deus no sofrimento (36,10-11) são as duas ideias centrais do grande discurso conclusivo de Eliú. A fim de emprestar relevo a ambas as ideias, elas são expostas em duas fases (36,1-21 e 36,22-37,24). No texto que ora comentamos, encontramo-nos na segunda fase. A ênfase agora recai sobre a teologia da criação. Nas maravilhas da natureza mostra-se a inapreensível magnificência do Deus criador. Emocionado e comovido (v. 1), Eliú percebe no trovão e no raio a "voz de Deus" (vv. 2-5). Vendo sob a perspectiva da história das religiões, toca-se aqui em uma experiência religiosa originária. Nesse contexto, o filósofo da religião Rudolf Otto (1869-1937 d.C.) fala do *mysterium tremendum et fascinans*, do mistério perturbador e fascinante. No trovão, no raio e na nuvem escura Iahweh desce o Monte Sinai e faz reboar sua voz. O povo estremece e mantém-se a distância (Ex 19–20).

Eliú descreve fenômenos da natureza que sacodem seu coração. Na Palestina, as tempestades ocorrem normalmente nos meses de inverno. Após ampla descrição do raio e da tempestade, no versículo 6 ele chega a falar da irrupção do inverno, com neve e fortes chuvaradas. Nos versículos 7 e 8, ele expõe as consequências do inverno que se precipita: em seu poder, Deus encerra as pessoas em suas casas (v. 7), os animais entram em seus covis (v. 8), temporal e frio irrompem, a água se congela (v. 10). O ser humano e os animais estão entregues a poderes mais elevados. A concepção religiosa originária vê deuses em ação nas incontroláveis forças da natureza. Eliú, bem situado na tradição bíblica, distingue neles um único poder, o poder de Deus. Ele dirige as forças da natureza, a um, para correção; a outro, por benevolência (v. 13).

O que aqui se expressa de maneira hipotética não é também assim tão estranho ao homem moderno, como pode parecer à primeira vista. Hoje, como antigamente, não poucas pessoas descobrem um acesso ao divino por meio da natureza. Quando elas, livres da superficialidade de uma "explicação" científica, deixam que os fenômenos da natureza ajam sobre si, de repente ou paulatinamente pode acontecer uma mudança na percepção, mediante a qual a consciência humana se abre a algo que ultrapassa aquilo que é comumente percebido na bem-amada estreiteza de uma visão cotidiana. Eles podem comover e transformar pessoas, abrindo-as a algo que é mais do que o ser humano e a natureza. Mui candidamente, Eliú fala do sopro de Deus, do qual brota o gelo (v. 10), da neve, a quem *ele* dá ordens, de nuvens que *ele* enche de umidade (v. 11).

Todavia, nas experiências da natureza revela-se uma ambivalência, uma ambiguidade que Eliú também não silencia: por um lado, percebemos a voz de Deus na natureza e vemos as "grandes coisas" que ele fez; por outro lado, "nós não as compreendemos" (v. 5). A percepção move-se na tensão entre reconhecer (v. 7) e não reconhecer (v. 5). O leitor atento sente-se lembrado do acontecimento do Sinai. Ali o povo ouve *que* Deus fala, mas não compreende *o que* ele fala. Somente a interpretação do profeta (Moisés), a quem é permitido aproximar-se do Deus que está descendo, desvela ao povo, que apenas "de longe ouve", o sentido e o conteúdo das palavras divinas. Apenas no final de seu discurso é que Eliú, que também se compreende movido profeticamente (cf. 32,6-22), interpreta as palavras que lhe foram inspiradas: "O Todo-Poderoso, nós não o atingimos [...]. Impõe-se ao temor dos homens" (37,23-24).

Temer a Deus (37,14-24)

14 Ouve isto, Jó, para,
e considera as maravilhas de Deus!

15 Sabes como Deus comanda as nuvens?
E como a sua nuvem lampeja o raio?

16 Sabes algo do equilíbrio das nuvens,
prodígio de conhecimento consumado?

17 Tu, que te abafas em tua roupa,
quando a terra enlanguesce pelo vento sul?

18 Podes tu como ele estender a nuvem,
   endurecida como uma placa de metal fundido?

19 Ensina-me o que é preciso dizer-lhe:
   é melhor não discutir mais por causa das nossas trevas.

20 Têm minhas palavras valor para ele,
   é ele informado por ordens de um homem?

21 Por um tempo, a luz torna-se invisível,
   quando as nuvens se escurecem;
   depois o vento passa e as leva,

22 e do Norte chega a claridade.
   Deus envolve-se em assombrosa majestade

23 O Todo-Poderoso, nós não o atingimos (encontramos).
   Ele é sublime no poder e na retidão,
   não declina a abundância de justa justiça.

24 Por isso, os homens devem temê-lo.
   A nenhum dos sábios ele vê.

Com o texto a ser interpretado aqui, o discurso de Eliú chega ao fim. Visto sob o aspecto literário e a partir das imagens utilizadas, suas explanações nem sempre são fáceis de entender. Antes de entrar em particularidades, é preciso explicitar seu pensamento fundamental. Trata-se do justo equilíbrio entre teoria e prática no que diz respeito à fé. Até certo ponto, o agir de Deus pode ser reconhecido (37,7), sua voz pode ser percebida nas obras da natureza (37,2). Contudo, permanece um resto que escapa à compreensão humana (37,5). Vendo assim, Eliú pode dizer: "O Todo--Poderoso, nós não o encontramos" (v. 23). A pergunta que agora se impõe é: como se pode "completar" esse resto? A resposta de Eliú: não mediante mais reflexão ainda, mas por meio do temor de Deus (v. 24). A expressão bíblica "temor de Deus" pode ser traduzida adequadamente por "crer". "Crer", aqui, não significa "aceitar-como-verdadeiro" aquilo que não se pode encontrar, mas um autodirecionar-se para aquele que se furta a um apresamento definitivo. A alternativa que aqui se abre é belamente registrada por Eliú em suas duas frases conclusivas: "A nenhum dos sábios ele (Deus) vê" (v. 24b). Eliú tem razão nesta afirmação. Aos três amigos, que se têm na conta de sábios (cf. 5,27; 12,2-3.12; 13,2-5; 15,9-10; 32,13), Deus não se dá a conhecer. Ele não olha para eles, não se deixa ver. No fundo, ele também não o pode, visto que eles não *querem* vê-lo. E eles não o querem ver porque presumem tudo saber sobre ele. Os três amigos preenchem o "resto" com seu presumido, plenamente ortodoxo saber. Dessarte, eles se desviam do encontro com o Deus vivo. Isso quer dizer que eles, em todos os seus discursos, apenas falam *sobre* Deus, jamais *a* ele. Por isso Eliú considera também necessário repreendê-los (32,9-16).

E quanto a Jó? Em relação a ele, a questão permanece aberta. De acordo com Eliú, em todo caso, ele também corre o risco de enredar-se num pretenso saber, desta vez, porém, a ser visto como não ortodoxo. Aqui Eliú recomeça com suas exortações (33,12-13.31-33; 34,34-37; 35,15-16). Mesmo assim, aos olhos de Eliú Jó ainda não é um "caso desesperador" (36,21). Diferentemente dos amigos, desde cedo ele já se dirigira diretamente a Deus (cf. 7,7.12-21). Seu direcionamento para Deus torna-se sempre mais forte no curso da discussão. No final, ele se afasta completamente de seus amigos e lança-se ao encontro de Deus com todas as fases de sua existência, com sua biografia inteira, seu passado (capítulo 29), seu presente (capítulo 30) e seu ainda completamente incerto futuro (31,35-40). De modo que ele teme a Deus, posto que não o compreenda. Mesmo quando, inicialmente, as coisas pareceram seguir outra direção – considere-se a repreensão de Elifaz: "Além do mais, destróis o temor, desacreditas os piedosos diálogos diante de Deus" (15,4) –, vistos no todo os diálogos confirmam o que já dissera o narrador, no início, a respeito de Jó: "Era um homem íntegro e reto, que temia a Deus e se afastava do mal" (1,1). A isso alude Eliú quando diz: "Por isso os homens devem temê-lo (a Deus)" (v. 24a).

Sábia ignorância

Na última parte do discurso conclusivo de Eliú (37,14-24), a partir da ideia-chave, trata-se da justa relação entre teoria e práxis na fé. Mediante a percepção da criação, Eliú tenta levar Jó a este discernimento. Altamente digna de nota é sua entrada: "Ouve isto, Jó, para, e considera as maravilhas de Deus" (v. 14). A palavra hebraica *amad* pode também ser traduzida por "pare!" A Bíblia de Jerusalém traduz por "ouve isto!". Quer-se indicar uma parada, uma interrupção do que acorre irrefletidamente.

O objetivo da pausa é a atenção para o recolher e o reorientar. A que Jó deve prestar atenção? Às obras maravilhosas de Deus (v. 14)! Ato contínuo, Eliú ajuda Jó, praticamente com uma percepção guiada, a contemplar as obras de Deus (vv. 15-18). Contudo, torna-se claro: aquilo que ele vê, não pode ser sondado a fundo. Dessa maneira, ao desafio de Eliú, propositadamente irônico – "Ensina-me o que é preciso dizer-lhe (a Deus)" –, Jó só pode mesmo responder com um "não posso". Mais uma vez se evidencia que Eliú, na forma e no conteúdo de suas palavras, prepara o discurso de Deus.

Isso fica evidente também no que se segue. Eliú descreve uma teofania, uma manifestação de Deus. Inicialmente, ainda não se pode ver a luz, visto que ela é obscurecida por nuvens (v. 21) – uma inequívoca alusão à vida de Jó nas trevas (cf. 17,13-16). Sopra um vento do céu; a seguir, aproxima-se, vindo do Norte, da montanha de Deus (cf. Is 14,13; Sl 48[47],2-3), um brilho áureo, e "Deus envolve-se em assombrosa majestade" (v. 22).

Precisamente nesse passo, Eliú interrompe sua descrição e diz: "O Todo-Poderoso, nós não o encontramos" (v. 23a). Nós não "encontramos" Deus, *embora* ele se mostre; mais precisamente: *porque* ele se mostra. Aqui surge diante dos olhos, de maneira belíssima, a estrutura pessoal da fé bíblica em Deus. É possível "não encontrar" uma pessoa porque esta se mantém oculta. Mas é possível também "não encontrar" uma pessoa *porque* ela compartilha, *porque* se dá a conhecer. "Não encontrar" significa, então: não apreendê-la definitivamente e não poder "situá-la". Deus não pode, como um ladrão no esconderijo, ser achado e "situado". "Não encontrar" é, visto assim, algo infinitamente belo e valioso, a dinâmica íntima da amizade e do amor. O amor exige certa medida de "não saber", de "não encontrar"; um "não saber", obviamente, que não provém do desconhecimento, mas da abertura para aquilo que, a cada vez, mostra-se novo.

A "sábia ignorância" – chamada de *docta ignorantia* por Nicolau de Cusa (1401-1464 d.C.) – é a atitude adequada ao Deus bíblico. Aos amigos, falta a *ignorantia*, o não saber. E assim, em sua presumida erudição, eles permanecem longe de Deus. Eliú procura manter o justo equilíbrio entre saber e não saber. Ele repreende os amigos e admoesta Jó.

Como se devem avaliar, conclusivamente, os discursos de Eliú? Na pesquisa científica, eles são apreciados de diversas maneiras. Alguns consideram Eliú como um tagarela convencido, outros como um teólogo de alto nível. Não fica claro também que juízo o livro faz dele. O interessante é que, no final, Eliú não é censurado por Iahweh – como foram os amigos. Ele não mais será mencionado. Isto poderia estar ligado ao fato de que seus discursos foram acrescentados ao livro posteriormente. Será que um redator agiu assim porque, a seu ver, a teologia defendida por Eliú seria uma "resposta" humanamente adequada ao problema levantado por Jó? Ou a teologia de Eliú, que começa efetivamente mais refletida e perspicaz do que a dos três amigos, não deveria ser alijada (indiretamente) da forma total do livro, ou pelo menos relativizada?

Digno de nota parece o juízo de Gregório Magno (540-604 d.C.). O que Eliú diz, conforme Gregório, seria, por certo, correto quanto ao conteúdo, mas ele próprio seria arrogante (*Per Heliu... persona uniuscuiusque arrogantis exprimitur*). Desse tipo de gente, segundo o santo, também existem muitos na Igreja: "Por causa da verdade de sua fé é que se encontram nela, mas devido ao orgulho delas são inaceitáveis" (*Moralia in Iob*, Praefatio 19). Talvez se pudesse dizer: Eliú é um mestre espiritual, que diz coisas oportunas e verdadeiras, que prepara Jó para o encontro com Deus, mas que, ele próprio, não está livre das forças das sombras.

DA FÉ À CONTEMPLAÇÃO (JÓ 38-42,6)

Iahweh responde (38,1)

38,1   Então Iahweh respondeu a Jó, do seio da tempestade, e disse.

Finalmente, Deus responde. Contudo, observando-se mais precisamente, não é "Deus" (*elohim*) que responde, mas "Iahweh" – assim o traduz a Bíblia de Jerusalém (*Vulgata*: *Dominus*). Talvez nesta mudança, muitas vezes praticamente ignorada, da caracterização de Deus para o nome de Deus, já se encontre uma primeira pista para uma "solução" do problema. O não israelita Jó caminha para Deus, para o Todo-Poderoso, mas quem responde é Iahweh. Na parte dialogal – à parte uma exceção (12,9) – são usadas continuamente as designações de Deus *el, eloah* ("Deus") e *shaddai* ("Todo-Poderoso"), algumas vezes também *elohim* ("Deus"). Em 38,1 reaparece, depois do Prólogo (e após a forjada combinação de palavras "mão de Iahweh" em 12,9), pela primeira vez, o nome do Deus de Israel: Iahweh. Quem lê o Livro de Jó no contexto das Sagradas Escrituras espontaneamente lembra-se de Ex 3,14. Ali, em resposta à pergunta de Moisés, Deus menciona o significado de seu nome: "Eu serei quem sempre serei". Deus confirma sua existência ("eu serei"), mas deixa em aberto o como desse ser ("quem sempre serei"). Nisso se expressa o núcleo da "experiência bíblica de Deus": o ser de Deus é ser-aí, mas esse ser-aí é indisponível. Deus está presente, mas sua presença está oculta ao olho humano.

Aqui ecoa o tema da presença e da ausência de Deus, de seu ser-revelável e do seu ser-oculto. Perante seu sofrimento e o dos seres humanos, Jó havia sofrido e se queixado do silêncio e da ausência de Deus. Deus, de acordo com sua percepção, "não estava lá". Era, para ele, não encontrável: "Se for ao Oriente, não está ali; ao Ocidente, não o encontro. Quando ele age no norte, eu não o vejo; se me volto para o meio-dia, ele permanece invisível" (23,8-9). Deus silencia. Não presta atenção à súplica do humilhado (cf. 24,12). Tendo como pano de fundo esta percepção, agora entra em cena uma mudança. Iahweh fala. Ele responde. Estava ele ausente até agora? Em sua fala, ele vem ao encontro de Jó como alguém que, até então, não estava "lá"? O texto deixa essas questões abertas. Aliás, os discursos de Eliú haviam mostrado que alguém pode estar presente sem dizer algo (cf. 32,6-7).

Com sua resposta, Iahweh cumpre as exigências de Jó. Este dissera: "Oxalá houvesse quem me ouvisse! Que me responda o Todo-Poderoso!" (31,35). Iahweh, portanto, escutou muito bem a queixa de Jó. Visto dessa forma, ele estava "lá". No entanto, até o momento ele não se fizera reconhecer, não se dera a conhecer. Ou – como sublinhara Eliú (33,14-33) – Jó não havia percebido a fala velada de Deus?

Em todo caso, no nível da narrativa, agora acontece algo novo. Iahweh responde "da tempestade". A tempestade (quer-se indicar, por certo, um vento forte, um vendaval que pode colocar navios em perigo de naufrágio, cf. Jn 1,4; 2Rs 2,11) encontra-se, com frequência, em textos de descrevem uma vinda de Deus, uma teofania. Os abalos cósmicos mostram que a mundivisão habitual se desfaz (ao menos temporariamente) quando a divindade aparece. Conforme a tradição bíblica, a vinda de Deus certamente não está ligada a tais fenômenos. No monte Horeb, Iahweh não aparece a Elias nem na tempestade, nem no terremoto, muito menos no fogo, mas numa "voz de silêncio adejante" – na tradução de Martin Buber (1Rs 19,11-13). Semelhantemente, Eliú aponta para o falar de Deus no sonho e no sofrimento, algo frequentemente imperceptível aos seres humanos (33,14-33). Lido a partir de 38,1, o primeiro discurso de Eliú toma ares de uma crítica à concepção de manifestações extraordinárias de Deus: "Deus fala de um modo e depois de outro, e não prestamos atenção. Em sonhos ou visões noturnas, quando a letargia desce sobre os homens adormecidos em seu leito: então ele abre os ouvidos dos humanos e aí sela as advertências que lhes dá" (33,14-16). No final de suas exposições, porém, Eliú também fala de uma teofania, de uma vinda de Deus em "assombrosa majestade" (37,22). Em comparação com outros textos do Antigo Testamento, nos quais as circunstâncias que acompanham uma teofania são amplamente narradas (cf. Is 29,6; Ez 1; Sl 18[17],8-20; 77[76],14-21; 97[96],2-6), Jó 38,1 ecoa apenas de longe tal representação. No fundo, a informação "do seio da tempestade" quer apenas indicar que a fala de Iahweh não se situa no mesmo nível que o falar de Jó e de seus amigos. Ninguém dentre eles falou "do seio da tempestade". Iahweh o faz. Com ele, outro lado da realidade toma a palavra.

Ignorância libertadora (38,1-7)

1   Então Iahweh respondeu a Jó, do seio da tempestade, e disse:

2   Quem é esse que obscurece o desígnio
    com palavras sem sentido?

3   Cinge-te os rins, como herói,
    interrogar-te-ei e tu me responderás.

4   Onde estavas, quando lancei os fundamentos da terra?
    Dize-mo, se é que sabes tanto.

5   Quem lhe fixou as dimensões? – se o sabes –,
    ou quem estendeu sobre ela a régua?

6   Onde se encaixam suas bases,
    ou quem assentou sua pedra angular,

7   entre as aclamações dos astros da manhã
    e o aplauso de todos os filhos de Deus?

Há muitas suposições acerca do significado dos discursos de Deus. Não poucos intérpretes consideram-nos insatisfatórios. Então esta deve ser a solução do problema Jó, que Iahweh dê a seu servo sofredor uma aula sobre meteorologia e sobre o mundo animal? Felix Gradl, a quem agradecemos por um interessante comentário ao Livro de Jó, a propósito dos discursos de Deus escreve:

[...] por mais simpatia que se tenha por tais sequências de ideias, resta o gosto ruim da consolação barata. Tal discurso pode ter um efeito benéfico em pessoas para as quais, no essencial, tudo vai bem; pode revigorar e consolidar uma confiança existente. Mas, será que é o bastante para o caso de Jó? (*Das Buch Ijob*. Stuttgart Kommentar, Altes Testament. Stuttgart: Kath. Bibelwerk, 2001. p. 323-324).

Na forma atual do livro, se desconsiderarmos 40,1-2, há dois discursos de Deus (em 38,1–40,2 e em 40,6–41,26). Mediante o princípio da duplicação, acentua-se a importância do acontecimento. A frase-chave para a compreensão do primeiro discurso de Deus encontra-se no v. 2: "Quem é esse que obscurece o desígnio com palavras sem sentido?". No presente contexto, a pergunta retórica só pode dirigir-se a Jó. O "desígnio", aqui, aponta para o desígnio *de Deus*. Quer-se indicar o plano que Deus realiza no e com o mundo. Nas Sagradas Escrituras muito se fala do desígnio e do plano de Deus: "Mas o desígnio de Iahweh permanece para sempre, os projetos de seu coração, de geração em geração" (Sl 33[32],11). Reiteradamente, o plano de Deus é menosprezado e esquecido – pelas nações (Mq 4,12), mas também por Israel (Sl 106[105],13; 107[106],11). No contexto do Livro de Jó, poder-se-ia falar aqui definitivamente de uma organização divina do mundo. De acordo com o posterior fluir do texto, esta ordem teria sido obscurecida "com palavras sem sentido". Com isso se quer dizer que Jó, no que diz respeito ao plano de Deus, teria falado "sem inteligência". Conteudisticamente, com isso se retoma uma censura central de Jó. Principalmente no início de sua queixa, partindo de seu sofrimento, ele havia afirmado que a terra seria um caos. Ela estaria obscurecida. E expressou o premente desejo de que a escuridão do mundo pudesse arrebatar, de uma vez por todas, o pouco de luz que lhe teria sido dado (3,4-10). "Por que foi dada a luz a quem o trabalho oprime, e a vida a quem a amargura aflige, a quem anseia pela morte que não vem, a quem a procura com afinco como um tesouro?" (3,20-21).

Na sequência, Deus faz perguntas. Assim fazendo, ele aproveita uma proposta que o próprio Jó, em sua miséria, havia feito: "Depois me acusarás e te responderei, ou falarei eu e tu me replicarás" (13,22). Jó não deve aceitar, sem compreender, algo comunicado exteriormente, mas compreender interiormente a significação do que é dito e perguntado por Iahweh. A essa forma de compreensão ativa é que Deus o instiga com as palavras: "Cinge-te os rins, como herói" (v. 3a). O processo de compreensão que Jó prossegue daí em diante é, de certa forma, também um combate. O campo semântico "saber" tem uma função decisiva em nosso texto. Só nos versículos 2 a 4 aparecem cinco vezes palavras que pertencem ao campo linguístico de saber e conhecer.

O curso ulterior do diálogo, porém, mostra inicialmente que Jó não pode, absolutamente, responder à pergunta que Iahweh lhe faz. "Onde estavas, quando lancei os fundamentos da terra? Dize-mo, se é que sabes tanto" (v. 4). A esta e às demais perguntas, Jó só pode responder com um "não sei" ou como um "não fui eu". Por conseguinte, Jó havia falado a partir de um saber que, na verdade, não era nenhum saber. Iahweh coloca isso diante de seus olhos. Ele lhe mostra seu não saber. Este é o conhecimento decisivo ao qual Jó é conduzido nos discursos de Deus: reconhecer seu não saber. Esse processo exige tempo. Quem se queixa da extensão dos discursos de Deus muitas vezes ainda não fez a experiência de quão doloroso e moroso possa ser o tornar-se livre de um (pretenso) saber. Tudo precisa ser pervagado, quase todo o mundo (sua vida). Assim, na primeira parte do primeiro discurso (38,4-38), Iahweh faz quarenta perguntas retóricas. Elas tratam de temas tirados do campo da criação, da fundação da terra até a chuva e o raio. O valor simbólico dos números (4 x 10: uma totalidade que se estende em direção a todos os pontos cardeais) deve indicar aqui, evidentemente, plenitude. Em relação a Deus, todo saber parece ser fictício.

A marcha através do universo (do saber) começa nos versículos 4 a 7, com a fundação da terra. Visto que Jó, quando da fundação da terra, ainda não vivia de forma alguma, falta-lhe toda compreensão em relação ao plano mediante o qual "foram fixadas suas dimensões" (v. 5). No entanto, ele falara a partir de tal saber, que diz respeito à totalidade do universo. Fica evidente, portanto, que isso não era saber autêntico.

Assim, por meio das perguntas do discurso de Deus, a pouco e pouco Jó é libertado de um engano. No final ele compreende: "Falei de coisas que não entendia, de maravilhas que me ultrapassam" (42,3). Mediante o reconhecimento de seu não saber Jó é levado a contemplar a Deus (42,5).

Dessa forma, já desde o começo do discurso de Deus evidencia-se que Deus não se volta para a miséria de Jó mediante o fato de simplesmente tomá-lo para si, consolá-lo e curá-lo. Deus desafia Jó para um "combate do reconhecimento" (vv. 2-3), para uma dura mas libertadora purificação da consciência.

Livro da criação (38,8-15)

8 Quem fechou com portas o mar,
  quando irrompeu jorrando do seio materno;

9 quando lhe dei nuvens como veste,
  e espessas névoas como cueiros;

10 quando lhe impus os limites
   e lhe firmei porta e ferrolho,

11 e disse: "Até aqui chegarás e não passarás:
   aqui se quebrará a soberba de tuas vagas"?

12 Alguma vez deste ordens à manhã,
   ou indicaste à aurora um lugar,

13 para agarrar as bordas da terra
e sacudir delas os ímpios?

14 Transforma-se como argila debaixo do sinete,
e tinge-se como um vestido.

15 Ele retira a luz
aos ímpios e quebra o braço rebelde.

O caminho para Deus passa pela reta compreensão do mundo. Para Jó, assim vimos, o mundo se tornara profundamente incompreensível. Aí ele não podia mais encontrar nenhum Deus (cf. 23,8). Ao mesmo tempo, permanece seu anseio de encontrar o Deus vivo. Este desejo aumenta com a crescente miséria.

Agora Deus fala. No entanto, não fala sobre si, mas a respeito do mundo. Ele leva Jó, que havia clamado por *ele*, à percepção do universo. Esse procedimento é teológico e espiritualmente muito importante. Faz lembrar a doutrina dos dois livros. Para o "ser humano primordial", a criação era um livro aberto, que fala inconfundivelmente de Deus. O ser humano podia lê-lo com facilidade. Era-lhe um guia seguro para Deus. Somente mediante o pecado original é que os sentidos e faculdade de compreensão do ser humano ficaram tão obtusos que ele não mais pôde decifrar os sinais de Deus na criação. Na verdade, o livro da criação permanece aberto diante dele, mas o ser humano decaído não mais consegue lê-lo. Ele se enrosca nas coisas porque já não sabe que elas são sinais que apontam para Deus. Por conseguinte, é-lhe necessário um segundo livro, o livro das Sagradas Escrituras. Esse livro purifica o coração e a mente do ser humano, a fim de que possa, mais uma vez, ler naturalmente aquele livro original da criação (cf. São Boaventura, *Collationes in Hexaemeron* XIII,12).

As perguntas levantadas por Deus podem ser compreendidas segundo este modelo. Com elas, ele ajuda Jó a perceber (novamente) o mundo em sua significativa referência a Deus. Jó não (mais) se encontrava em condições de ler corretamente o livro do mundo. Ele se apropriara de uma forma de leitura que "obscurecia o plano (do mundo) com palavras sem sentido" (38,2). Esse falso saber é, agora, desconstruído, pedaço por pedaço. A percepção do mundo, conduzida pelo divino "questionamento", liberta Jó de uma ilusão paralisante e o conduz, no fim, à libertadora visão de Deus (42,5).

Isso não acontece em breve tempo. Todos os campos do mundo – sob a guia da palavra divina – devem ser considerados. Nos versículos 4 a 7, trata-se da fundação da terra. Agora, nos versículos 8 a 11, a atenção volta-se para "o mar e suas portas". Na tradição veterotestamentária, o mar é sentido como ameaçador. Para o homem bíblico, a admiração que sua vista suscita consiste em que Deus impôs um limite ao poder do mar, poder que é uma ameaça à vida (Sl 104[103],9): "Até aqui chegarás e não passarás: aqui se quebrará a soberba de tuas vagas" (v. 11).

Nos versículos 12 a 15, trata-se da aurora e do amanhecer de um novo dia. Mais uma vez tem-se diante dos olhos o limite entre a vida e sua ameaça, entre luz e trevas. *Schahar,* a aurora, na religião da antiga Síria, era uma divindade. Em nosso texto, é-lhe "determinado um lugar" por ordem de Iahweh (v. 12). Após uma noite saturada de sofrimento, clama o orante do salmo: "Despertai, cítara e harpa, vou despertar a aurora!" (Sl 57[56],9). Com o irromper do dia, a luz volta à vida dos seres humanos. Nas trevas da noite, vagueiam os ímpios e as feras selvagens (cf. Sl 104[103],20-21): "É noite quando o assassino se levanta para matar o pobre e o indigente" (Jó 24,14). A "luz do ímpio" é a noite (v. 15). Com o surgir da aurora, cessa a atividade deles. Eles são "sacudidos" da terra (v. 13).

Já os primeiros versículos do discurso de Deus mostram como se deve lidar com o poder das trevas, que também atingiram a Jó. Sua existência não é negada. O discurso de Deus, como, de resto, a Sagrada Escritura não pintam um "mundo sadio". Também não se diz de onde provém. É dito que lhe foi imposto um limite. Quem é, porém, o impositor desse limite? És tu, Jó? (cf. vv. 12 e 16).

Em não poucas terapias e exercícios espirituais, à pessoa que duvida (desespera-se) do sentido da vida indica-se o caminho para a natureza. Desde as filosofias da Antiguidade, orientadas terapeuticamente (cf. Pierre Hadot, *Philosophie als Lebensform. Geistige Übungen in der Antike,* Berlin: Gatza, 1991, p. 77ss), até o ensino da vida espiritual de nosso tempo, sempre de novo se ratifica a compreensão fundamental: *natura sanat* – a natureza cura. Aliás, ela não o faz "a partir da natureza", mas somente quando ao ser humano são abertos os sentidos, a fim de "contemplá-la" em sua verdade e deixar que ela aja sobre si.

Limite do saber (38,16-21)

16 Entraste pelas fontes do mar,
 ou passaste pelo fundo do abismo?

17 Foram-te indicadas as portas da Morte,
 ou viste as portas da sombra da morte?

18 Examinaste a extensão da terra?
 Conta-me, se sabes tudo isso.

19 De que lado mora a luz,
 e onde residem as trevas,

20 para que as conduzas à sua terra
 e distingas os acessos de sua casa?

21 Deverias sabê-lo, pois já tinhas nascido
 e grande é o número dos teus anos.

A dinâmica do espírito humano tende a um conhecimento abrangente. Ela gosta de expressar-se em metáforas (imagens) espaciais. A investigação do universo no âmbito da cosmonáutica desperta sempre de novo a expectativa de que aqui se encontraria a chave para compreender o mundo a partir de sua origem. Não era diferente na Antiguidade. No texto a ser agora interpretado, Jó é conduzido a profundidade (vv. 16-17), extensão (v. 18) e altura (vv. 19-21) infinitas.

O v. 16 fala do "fundo do abismo". Com isso, Iahweh refere-se à condição do mundo "antes da criação". A palavra "abismo" (*tehom*) encontra-se em Gn 1,2. Aqui, em certa medida, descreve a situação caótica do mundo antes de, com a criação da luz, começar a ação criadora de Deus propriamente dita (Gn 1,3). Movemo-nos na fronteira do afirmável. Em sentido estrito, na narrativa da criação de Gn 1, ainda não se encontra a concepção de uma "criação a partir do nada" (*creatio ex nihilo*). Gn 1,2 – "Ora, a terra estava vazia e vaga, as trevas cobriam o abismo, e um sopro de Deus agitava a superfície das águas" – descreve a assim chamada "realidade original negativa". A partir dessa realidade é que Deus criou a terra como lar da vida. A noção fundamental que subjaz no texto não é: "Do não ser ao ser", mas: "Do caos ao cosmo". As três primeiras obras da criação consistem no rechaço (não na eliminação) dos elementos caóticos primordiais: a expulsão das trevas para o lado da noite (Gn 1,3-5), e o retrocesso das águas para o espaço acima do firmamento (Gn 1,6-8) e para o espaço do mar, delimitado pela terra seca (Gn 1,9-10). Com a dupla pergunta do

v. 16, Deus conduz Jó não apenas ao começo da criação, mas quase que ao "tempo" antes da criação. Isso seria simplesmente impossível, afirmaria ele, ele "já teria nascido então" (v. 21). Assim, em nosso texto, encontram-se palavras-chave da narrativa da criação: abismo, luz, trevas. Eles se encontravam lá ou foram criados antes mesmo que o ser humano existisse – portanto, que Jó se cale.

Então se evidencia: Jó não pode mensurar o universo em toda a sua dimensão. Ele havia desejado a morte para si: "Agora dormiria tranquilo, descansaria em paz" (3,13). Como ele sabe disso? "Foram-te indicadas as portas da Morte, ou viste as portas da sombra da morte?" (v. 17). As perguntas retóricas crescem até chegar a amarga ironia no v. 21: "Deverias sabê-lo, pois já tinhas nascido e grande é o número dos teus anos" (v. 21). Jó, aqui, é interpelado em seu saber, a partir do qual ele falara e julgara. "Deverias sabê-lo!" Agora, porém, torna-se claro: tratava-se de um aparente saber.

A famosa frase de Immanuel Kant: "Devo, portanto, suprimir o saber, a fim de ceder espaço para a fé", tirada do preâmbulo à segunda edição da *Crítica da razão pura* (B 30), encontra seu correspondente nos discursos de Deus do Livro de Jó. Contudo, no caso, não se trata da suspensão do *pensar*, muito menos da supressão do *verdadeiro saber*, mas sim de a razão assumir "sua presunção de um conhecimento exagerado" (Kant, ibid.). Onde a razão conhece e reconhece seus limites, onde ela diz: "Falei de coisas que não entendia, de maravilhas que me ultrapassam" (42,3), ali ela encontra sua própria extensão e grandeza. Também isso é conhecimento (42,2). Esse conduz – e aí dever-se-ia corrigir Kant –, ultrapassando-se a fé, para a contemplação (42,5).

Dilatação da consciência (38,22-38)

22 Entraste nos depósitos da neve?
   Visitaste os reservatórios do granizo,

23 que reservo para o tempo da calamidade,
   para os dias de guerra e de batalha?

24 Por onde se divide o relâmpago,
   ou se difunde o vento leste sobre a terra?

25 Quem abriu um canal para o aguaceiro
   e o caminho para o relâmpago e o trovão,

26 para que chova em terras despovoadas,
   na estepe inabitada pelo homem,

27 para que se sacie o deserto desolado
   e brote erva na estepe?

28 Terá pai a chuva?
   Quem gera as gotas de orvalho?

29 De que seio saiu o gelo?
   Quem deu à luz a geada do céu,

30 quando as águas desaparecem, petrificando-se,
   e se torna compacta a superfície do abismo?

31 Podes atar os laços das Plêiades, ou desatar
   as cordas de Órion?

32 Podes fazer sair a seu tempo a Coroa,
   ou guiar a Ursa com seus filhos?

33 Conheces as leis dos céus,
   determinas o seu mapa na terra?

34 Consegues elevar a voz até as nuvens,
   e a massa das águas te obedece?

35 Despachas os raios e eles vêm
   e te dizem: "Aqui estamos"?

36 Quem deu sabedoria ao íbis,
   e ao galo a inteligência?

37 Quem enumera as nuvens com exatidão,
   quem entorna os cântaros do céu,

38 quando o pó se funde numa massa
   e os torrões se conglutinam?

"Pode acontecer que o próprio sofrimento manobre as pessoas para uma posição de superioridade. Todas as demais – porque (na própria percepção) jamais estiveram tão baixo – parecem incapazes de compreender o mundo em suas profundas dimensões" (Ilse Müllner, *Das hörende Herz. Weisheit in der hebräischen Bibel*, Stuttgart: Kohlhammer, 2006, p. 63). É o que parece ter acontecido também a Jó. Em sua lamentação, ele viu tudo no mundo, até mesmo o próprio mundo, exclusivamente à luz de seu destino. Tal estreitamento de visão é, inicialmente, compreensível. Talvez ele seja inevitável em pessoas que, de forma completamente inadvertida, foram atingidas por duro sofrimento. Deve ter igualmente algum bem. A partir de uma destruição superficial, a percepção é recolhida e conduzida a um ponto na profundidade. Na contemplação falamos da focalização ou da unificação da consciência. Na linguagem coloquial e do mundo dos esportes, conhecemos fenômeno semelhante sob a designação de "visão de túnel". Tal visão é sinal de concentração e de tensão. Estendida, porém, cronológica e espacialmente a todos os âmbitos da vida, surge a ameaça de um estreitamento perigoso para a vida.

Com os discursos de Deus, o olhar de Jó muda de direção e se dilata. É libertado de uma fixação compreensível, mas, com o tempo, perigosa. Deus mostra-lhe o mundo em sua grandeza e extensão. Visitas a enfermos muitas vezes têm o objetivo de "distraí-los" um pouco. De modo especial em crianças doentes, o efeito terapêutico de tal "distração", quando efetuada no momento exato e da maneira justa, amiúde pode ser maravilhosamente observado. Em diversos centros de terapia dá-se aos pacientes o premente conselho de *não* falar sobre suas doenças. Semelhantemente, Deus não menciona a Jó sua miséria e enfermidade. Essas já penetraram tão compactamente em sua consciência que agora parece ter chegado o momento de redirecionar o olhar. Tais nexos não são percebidos quando se faz a censura aos discursos de Deus, segundo a qual eles não tocariam o problema da miséria de Jó. A "tergiversação" de Deus, no caso presente, atinge o cerne do problema. Isso se mostra como terapia verdadeira, divina, como o evidenciará a reação posterior de Jó.

Processos semelhantes são-nos familiares no exercício da contemplação. A unificação da consciência, quando não praticada e mal compreendida como fixação, é acompanhada de uma ampliação da consciência. O mundo de Jó havia-se reduzido a um único ponto: seu indizível sofrimento. E a partir desse ponto ele julgava todo o mundo e Deus. Agora ele é conduzido mais além por Deus, até "os reservatórios de granizo" (v. 22), até o caminho "onde o relâmpago se divide" (v. 24). O ser conduzido para fora, para a amplidão do mundo, não deve ser compreendido como retorno ou ruptura do movimento feito até agora. É um abrir caminho para frente. No final de sua queixa, Jó havia buscado tão somente a Deus, deixando tudo o mais atrás de si. Agora, tudo, o universo inteiro é-lhe mostrado de forma diferente, precisamente por esse Deus.

Dez "lugares" do mundo são "visitados". Com o número dez, certamente se deve indicar algo como completude: a fundação da terra (vv. 4-7), os limites do mar (vv. 8-11), aurora e amanhecer (vv. 12-15), mundo subterrâneo e abismos do mar (vv. 16-18), luz e trevas (vv. 19-21) já passaram pela percepção. Agora aparecem à vista neve, granizo, raio e vento (vv. 22-24), o caminho da chuva no deserto (vv. 25-27), a origem da chuva, do orvalho, do gelo e da geada (vv. 28-30), o movimento dos astros (vv. 31-33) e os tempos de chuva e de relâmpago (vv. 34-38). A "Ursa com seus filhos" (v. 32) indica, provavelmente, constelações de estrelas, talvez a "Grande Ursa". Íbis e galo são compreendidos como profetas meteorológicos e indicadores do tempo (v. 36). Com seu cantar, o galo anuncia o nascer de um novo dia (cf. Mc 13,35; 14,30; 14,72–15,1). No Egito, atribuía-se grande sabedoria ao íbis, pássaro sagrado do Deus Tot, visto que, com sua aparição, ele "profetizava" a subida do nível do Nilo. As exposições movem-se dentro das concepções daquele tempo. Num sentido sociológico, elas podem ser caracterizadas perfeitamente como conhecimento (socialmente reconhecido). São um belo exemplo de que não é o conhecimento da natureza que leva à descrença, mas a atitude a partir da qual o ser humano encontra tal conhecimento.

Senhor dos animais (38,39–39,4)

39 És tu que caças a presa para a leoa,
ou sacias a fome dos leõezinhos,

40 quando se recolhem nos seus covis,
ou se põem de emboscada nas moitas?

41 Quem prepara ao corvo o seu alimento,
quando gritam a Deus seus filhotes
e se levantam por falta de alimento?

39,1 Sabes quando parem as camurças?
Ou assististes ao parto das corças?

2 Contas os meses de sua prenhez,
ou conheces o momento do parto?

3 Elas se abaixam, forçam saída às crias,
e livram-se de suas dores.

4 Seus filhotes crescem e ficam fortes,
saem para o campo aberto e não voltam mais.

O primeiro discurso de Deus articula-se em duas partes igualmente abrangentes. "Iahweh é criador e mantenedor do universo, não Jó" – este poderia ser o título da primeira parte (38,4-38). Com o texto a ser agora comentado, começa a *segunda parte* (38,39–39,30). Iahweh arrebata Jó para o mundo das *feras selvagens*. Em cinco seções são apresentadas feras em pares: leão e corvo (38,39-41), camurça e corça (39,1-4), asno selvagem e búfalo (vv. 5-12), avestruz e cavalo (vv. 13-25), falcão e águia (vv. 26-30) – dez animais no total.

O texto situa-se na tradição de um antigo motivo oriental amplamente atestado, no qual um deus ou uma deusa aparecem como senhor ou senhora dos animais. Na iconografia (arte pictórica) vétero-oriental, este motivo encontra-se em diversas variações. Em um selo encontrado ao sul de Gaza aparece uma deusa entre um leão e um abutre. Outra imagem mostra uma deusa nua, enfeitada com a coroa *Atef*, montada em um cavalo. Tais imagens e outras semelhantes servem à salvaguarda e asseguramento da ordem cósmica. Forças arcaico-animalescas eram mantidas sob controle pela divindade. Elas podem até pertencer à criação, mas suas forças são de tal maneira subjugadas pelos poderes divinos que elas não podem destruir o mundo criado.

O *habitat* dos animais mencionados em nosso texto é a terra não habitada pelas pessoas, o deserto. Aspectos do combate ecoam apenas de longe. A ênfase recai completamente sobre o cuidado divino.

O leão, comum no tempo bíblico, na Palestina, era temido porque ameaçava pessoas e animais (Pr 22,13; 26,13; Am 3,12; 5,19). Ele penetrava no meio dos rebanhos (Is 31,4; Mq 5,7) e atacava as pessoas (1Rs 20,36; Jr 5,6; Ez 19,2-9; Na 2,12s). Nos salmos de lamentação, muitas vezes o leão representa o inimigo: o ímpio "de tocaia, bem oculto, como leão no covil, ele se embosca para pegar o infeliz" (Sl 10[9B],9). Em tal perigo, o orante pede: "Defende minha vida dos rugidores, meu único bem, dos leões" (Sl 35[34],17). Nosso texto mostra um lado bem diverso das coisas. Iahweh *sacia* a fome dos leõezinhos (38,39; cf. Sl 104,21), provê o alimento aos animais do deserto (cf. Sl 104[103],27).

Corvos habitam terra deserta e selvagem, juntamente com gralhas, corujas e mochos (Is 34,11). Eles são contados entre os animais impuros (Lv 11,15; Dt 14,14). E, no entanto, também seus filhotes recebem o alimento (38,41) – uma visão que também o Novo Testamento atesta expressamente: "Deus alimenta-os" (Lc 12,24).

Se, no caso dos leões e dos corvos, trata-se do cuidado da alimentação, o mesmo acontece com a parelha seguinte quanto ao mistério do nascimento (39,1-4). O processo do nascimento entre as camurças e as corças realiza-se sem o conhecimento ou a colaboração humana. A descrição realça a leveza e rapidez com que a caça dá à luz – à diferença dos humanos, para os quais o parir é normalmente doloroso e perigoso (cf. Gn 35,16; Ex 1,19; Is 13,8; 42,14; Jr 4,31; 6,24). Mal os filhotes de animais são lançados no mundo, fortalecem-se e partem para a liberdade (39,4).

Há pessoas e culturas que ambicionam aniquilar o instinto animalesco a fim de, livres de seus perigos, poderem viver. Certamente deveria pertencer aos receios primordiais da humanidade sucumbir às forças selvagens, imprevisíveis da natureza, que não distinguem entre bem e mal. Jó também parece ter sido atingido por tal potência irracional. A narrativa-moldura fala de Satanás, que o teria ferido (2,7). De modo que é mais do que compreensível que Jó deseje mandar às favas um mundo assim tão caótico. Se o instinto animalesco fosse completamente extinto, então também a energia e o vigor vital aí contidos seriam, certamente, destruídos. Dessarte, os discursos de Deus do Livro de Jó nos mostram outro caminho. O animalesco nem é passado em silêncio nem é abatido, mas ordenado e, onde aparece como perigoso, cercado e cuidado. O próprio Deus, assim o diz nosso texto, age dessa forma. "Quem prepara ao corvo o seu alimento, quando gritam a Deus seus filhotes e se levantam por falta de alimento?" (38,41). O combate contra os animais selvagens não pode ser conduzido pelo ser humano a partir de suas próprias forças. Ele não pode, e ele não precisa disso. Deus combate, mas luta de tal maneira que o mundo do deserto não é destruído, mas permanece contido dentro de limites. Ele vive conforme suas próprias leis. Se o ser humano aderir *ao* Deus que também cuida dos animais (38,39-40), importa-se com os que não têm abrigo e são vulneráveis (38,41-39,4) e concede a liberdade aos confrangidos (39,5-12), então o universo é vivificado, não destruído. Nos tempos messiânicos animais selvagens e domésticos serão amigos (Is 11). Às margens da torrente de Carit, Elias é alimentado com pão e carne por corvos (1Rs 17,4-6), e também Jesus, "era tentado por Satanás, e vivia entre as feras, e os anjos o serviam" (Mc 1,12).

Liberdade e força (39,5-12)

5   Quem pôs o asno selvagem em liberdade
    e soltou as rédeas do onagro?

6   Dei-lhe por habitação a estepe
    e por morada o deserto salgado.

7   Ele se ri do barulho das cidades
    e não ouve os gritos do arrieiro.

8   Ele explora as montanhas, seu pasto,
    à procura de lugares verdejantes.

9   Consentirá o búfalo em servir-te
    e passar a noite em teu estábulo?

10 Podes com uma corda atrelar um boi ao sulco,
    gradeará os terrões atrás de ti?

11 Podes fiar-te nele por ser grande a sua força,
    e lhe confiarás os teus labores?

12 Contarás com ele na colheita
    e na armazenagem dos cereais de tua eira?

Como "Senhor dos animais", na segunda parte de seu primeiro discurso Iahweh coloca diante dos olhos de Jó outra "parelha selvagem": o asno selvagem e o búfalo. Eles se encontram precisamente no meio da enumeração de cinco vezes dois animais. Com eles, sobressai um aspecto da realidade com o qual "os piedosos e justos" muitas vezes lidam com dificuldade: liberdade e força.

O asno selvagem ou o onagro nada têm a ver com o asno doméstico (vv. 5-8). Com suas orelhas pequenas, ele se assemelha a um cavalo. Ismael, filho de Agar com Abraão, meio irmão de Isaac, é comparado a um asno selvagem: "Ele será um potro de homem, sua mão contra todos, a mão de todos contra ele" (Gn 16,12). Ao contrário de uma pessoa, que vive numa sociedade bem organizada, o onagro habita a estepe ou a cidade que fora transformada em deserto mediante o juízo divino (Is 32,14). Ele luta constantemente pela sobrevivência. Ele zurra por ração (Jó 6,5) e é atormentado pela sede (Jr 14,6). Amiúde se torna presa de leões (Eclo 13,19). Nabucodonosor, o rei de Babilônia, expulso do convívio humano, devia abrigar-se entre os asnos selvagens (Dn 5,21). Na sentença contra Moab, aliás, Iahweh conclama os habitantes: "Fugi, salvai vossa vida, sede como o burro selvagem no deserto!" (Jr 48,6). Dessarte, também a cidade, como lugar de abrigo, pode tornar-se lugar da morte, e o deserto, um lugar de salvação e de vida. Nessa tradição situa-se também nosso texto tirado do Livro de Jó. O asno selvagem "ri-se do barulho das cidades e não ouve os gritos do arrieiro" (v. 7). Em nosso texto, Iahweh aparece como um Deus que conduz à liberdade, uma liberdade que, diga-se de passagem, não é sem perigo: "Quem pôs o asno selvagem em liberdade e soltou as rédeas do onagro?" (v. 5).

Quanto ao búfalo (vv. 9-12), trata-se certamente do ur ou auroque. No Antigo Testamento, é temido e admirado por causa de sua força. Balaão, o vidente cego, "vê" no Israel libertado do Egito a força de um búfalo: "Deus o tirou do Egito, e é para ele como os chifres do búfalo. Devora o cadáver dos seus adversários e quebra os seus ossos" (Nm 24,8). O orante do salmo atemoriza-se perante leões e búfalos selvagens: "Salva-me da goela do leão, dos chifres do búfalo minha pobre vida!" (Sl 22[21],22). Cheio de gratidão, porém, o orante experimenta também uma força sobre-humana, que lhe foi concedida por Deus: "Tu me dás o vigor de um touro e espalhas óleo novo sobre mim" (Sl 92[91],11). Nos discursos de Deus do Livro de Jó, o touro selvagem vive segundo suas próprias leis. Não se deixa domesticar nem prestar-se a serviço pelas pessoas. E isso foi querido por Deus. "Consentirá o búfalo em servir-te e passar a noite em teu estábulo?" (v. 9).

O ser humano gosta de considerar-se como a coroa da criação. Tudo no mundo, segundo uma difusa concepção, só teria valor quando ordenado às necessidades humanas. Tal mundivisão antropocêntrica é corrigida nos discursos de Deus do Livro de Jó. Existem âmbitos da vida que escapam aos objetivos humanos. "Podes com uma corda atrelar um boi ao sulco, gradearás os terrões atrás de ti?" (v. 10). O fascínio que emana de animais selvagens consiste precisamente em que eles não estão direcionados ao serviço dos seres humanos. Em sua periculosidade fazem os seres humanos até mesmo tremer. O mundo antigo sempre vislumbrou neles algo abissal-divino. No Egito, deuses eram representados em forma de animais. Igualmente o Deus de Israel pode atacar seu povo como um leão: "Pois eu sou para Efraim como um leão" (Os 5,14). "Iahweh rugirá de Sião, de Jerusalém levantará a sua voz, e murcharão as pastagens dos pastores e secará o cimo do Carmelo [...] Um leão rugiu: quem não temerá? O Senhor Iahweh falou: quem não profetizará?" (Am 1,2; 3,8).

Deus leva Jó a um mundo que não se acomoda aos *seus* (de Jó) desejos. Nos discursos de Deus, Jó é conduzido do antropocentrismo (de uma visão que vê o ser humano como ponto central do mundo) para o cosmocentrismo, para uma visão na qual o mundo é conhecido e reconhecido em seu próprio modo de ser. Trata-se de um mundo que, em sua gratuidade, aponta para Deus. Ao asno selvagem, "dei-lhe por habitação a estepe e por morada o deserto salgado" (v. 6). Uma cosmovisão que, pelo menos uma vez, abstrai-se das exigências humanas, pode ser sanativa e libertadora. Apreendê-la exige tempo.

Escola da percepção (39,13-25)

13 A asa do avestruz bate alegremente,
   mas tem, por acaso, as penas da cegonha e do falcão?

14 Abandona à terra seus ovos,
   para que a areia os incube,

15 sem pensar que um pé possa quebrá-los
   e uma fera pisoteá-los.

16 É cruel com seus filhotes, como se não fossem seus,
   e não lhe importa que malogre sua fadiga.

17 É porque Deus o privou de sabedoria
   e não lhe concedeu inteligência.

18 Mas, quando se ergue batendo os flancos,
   ri-se de cavalo e cavaleiro.

19 És tu que dás ao cavalo seu brio,
   e lhe revestes de crinas o pescoço?

20 És tu que o ensinas a saltar como gafanhoto
   e a relinchar com majestade e terror?

21 Pateando escava o chão, ufano de sua força,
   e se lança ao encontro das armas.

22 Ri-se do medo e nada o assusta,
   e não recua diante da espada.

23 Sobre ele ressoam a aljava,
   a lança faiscante e o dardo.

24 Com ímpeto e estrondo devora a distância
   e não para, ainda que soe o clarim.

25 Ao toque da trombeta ele relincha!
   Fareja de longe a batalha,
   a voz trovejante dos chefes e o grito de guerra.

Para o Antigo Testamento, o avestruz é um animal sinistro. É contado entre os animais impuros (Lv 11,16; Dt 14,15). Juntamente com os chacais e as corujas, ele habita cidades e regiões devastadas (Is 13,21-22: 34,11-15; 43,20; Jr 50,39). Seus gritos são vistos como queixas. "Lançarei lamentos como os chacais, e gemidos como os filhotes de avestruz", anuncia o profeta Miqueias (1,8). A fêmea do avestruz é vista como um pássaro grotesco. Pode até bater comicamente as asas, mas não pode voar como a cegonha e o falcão (v. 13). As asas dela parecem não ter função alguma. Parece completamente incompreensível, francamente insensível o fato de ela enterrar seus ovos na areia cálida (v. 14). Será que não sabe que "um pé pode quebrá-los e uma fera pisoteá-los?" (v. 15). "É cruel com seus filhotes, como se não fossem seus" (v. 16). Evidentemente, Deus não lhe concedeu nenhuma porção de sabedoria e entendimento (v. 17).

No Antigo Testamento, não raro o cavalo pertence àquele mundo abandonado dos demônios, habitado por todos os animais até agora citados nos primeiros discursos de Deus. No entanto, no antigo Israel, o cavalo também se desvencilha expressamente de concepções e sentimentos negativos. Cavalos pertencem ao mundo das guerras, das quais Israel demasiado frequentemente caía vítima. Os egípcios foram ao encalço de Israel com todos os cavalos e carros de guerra do faraó (Ex 14,9). Israel foi salvo, pois Iahweh "jogou ao mar cavalo e cavaleiro" (Ex 15,21). Por muito tempo os cananeus foram superiores aos israelitas pelo fato de possuírem carros de combate, puxados por cavalos (cf. Js 11,6.9; Jz 1,19; 5,22). De modo que Iahweh "não se compraz com o vigor do cavalo" (Sl 147[146+147],10). O profeta Isaías adverte aqueles, em seu povo, "que descem ao Egito, à busca do socorro. Procuram apoiar-se em cavalos, põem sua confiança nos carros, porque são muitos, e nos cavaleiros, porque são de grande força, mas não voltam os olhares para o Santo de Israel" (Is 31,1). Nos tempos messiânicos, desaparecerão guerras e cavalos (Mq 5,9-10), e o rei, que anuncia a paz às nações, tal como Davi, que, certa vez, cavalgou uma mula, montará um jumento – e não um orgulhoso cavalo (Zc 9,9-10; Mt 21,1-11).

Diante desse pano de fundo, as palavras acerca do cavalo nos discursos de Deus do Livro de Jó são uma provocação. Não é como quando Iahweh diz que "aniquilarei teus cavalos no meio de ti e farei desaparecer teus carros" (Mq 5,9). Ao contrário: "És tu que dás ao cavalo seu brio?" (v. 19). "Ufano de sua força, e se lança ao encontro das armas [...] e não recua diante da espada" (vv. 21-22). O que se pretende dizer com isso?

Nós, seres humanos, dividimos nosso mundo em bom e mau, em puro e impuro, em apropriado e inapropriado. Sem tais diferenciações não poderíamos absolutamente viver. O Antigo Testamento ocupa-se minuciosamente com animais puros e impuros, com pureza e impureza em relação às pessoas, com lepra e doença (Lv 11-15). "A comunidade dos israelitas" deve purificar-se exterior e interiormente, a fim de encontrar-se de maneira justa com o Santo que fez sua morada no meio deles (Ex 40,34). "Sede santos, porque eu, Iahweh vosso Deus, sou santo" (Lv 19,2). Jesus compara o Reino dos Céus a um banquete de núpcias real. Quando o rei entrou "para examinar os convivas, viu ali um homem sem a veste nupcial e disse-lhe: 'Amigo, como entraste aqui sem a veste nupcial?' Ele, porém, ficou calado. Então disse o rei aos que serviam: 'Amarrai-lhe os pés e as mãos e lançai-o fora, nas trevas exteriores!'" (Mt 22,1-14).

Esse é um dos lados da fé. Mas também ainda existe outro. Esporadicamente deparamo-nos com pessoas e testemunhas na literatura mística que, em discurso muitas vezes fragmentado, contam que – de repente e sem intenção – em algo completamente repugnante, viu-se algo infinitamente belo e divino. Tais irrupções desconcertantes na experiência familiar usualmente desaparecem de novo depois de certo tempo; e é bom que seja assim. Pois, caso contrário, "o vigilante senso para a diferença" ameaça desfazer-se – como quase teria acontecido ao noviço beneditino Adson, no romance de Umberto Eco *O nome da rosa*. "E isto é sempre, ao que me parece, o sinal do afastamento e da queda nos abismos da identidade" (*O nome da rosa*. München: dtv, 1986. p. 326-328). E, no entanto: em experiências desta natureza, evidencia-se que "*todas* as coisas [...] para as pessoas contemplativas têm uma essência divina interior" (Meister Eckhart, *Reden der Unterweisung*, 21). "Eu formo a luz e crio as trevas, asseguro o bem-estar e crio a desgraça: sim eu, Iahweh, faço tudo isso" (Is 45,7).

Como homem altamente conceituado, que reinava como um rei e consolava os tristes (29,25), Jó sentia-se "amparado por Deus". Naquele tempo, a amizade de Deus pairava sobre sua tenda (29,4-5). Agora, porém, ele se tornou leproso: "Tornei-me irmão dos chacais e companheiro dos avestruzes" (30,29). No mundo dos animais selvagens, impuros, ele não mais consegue encontrar Deus (23,8-9). Aqui se insere o discurso de Deus. Ele mostra e envolve Jó em um mundo no qual também o cósmico, o impuro, o impiedoso, o antidivino é abraçado por Deus. Também no enfado de sua vida (10,1) Deus está presente. A Jó é concedida a graça de não apenas crer nisso, mas reconhecer (42,2) e contemplar (42,5).

Onde houver um cadáver... (39,26-30)

26 É por tua sabedoria que o falcão levanta voo
e estende suas asas para o Sul?

27 Acaso é sob tua ordem que o abutre remonta o voo
e constrói seu ninho nas alturas?

28 Habita nos rochedos e pernoita,
o penhasco é seu baluarte.

29 De lá espia sua presa,
que de longe os seus olhos percebem.

30 Seus filhotes sorvem o sangue;
onde houver cadáver, lá está.

O primeiro discurso de Deus conclui-se com duas aves de rapina. Com isso, a enumeração de dez (cinco vezes dois) animais chega ao fim. Os animais em questão são o falcão e o abutre, não a águia, como aparece em diversas traduções. Ambos os animais – como a maioria dos mencionados anteriormente – pertencem ao grupo dos impuros. Não deve ser nenhum acaso que o primeiro discurso de Deus termina com eles. Com efeito, com eles se expressam dois motivos importantes para o curso ulterior do diálogo: o do conhecimento e o da vida e morte.

O pássaro mencionado em primeiro lugar é, provavelmente, o *falcão migrante*. Aparece no Antigo Testamento apenas aqui e em duas listas de animais impuros (Lv 11,16; Dt 14,15). É dotado de inteligência. Do contrário, como poderia encontrar o caminho rumo ao sul (v. 26)? A tradução da Bíblia de Jerusalém imita a fraseologia hebraica: "É por *tua sabedoria* que o falcão levanta voo?". Aqui, como já no começo do discurso de Deus (38,2), Jó é interpelado em sua deficiente compreensão.

O segundo pássaro citado é o *abutre* (*nescher*). Que aqui se trata de um abutre e não de uma águia, depreende-se do v. 30 e de Mq 1,16: "Corta os cabelos, raspa-os pelos filhos da tua alegria! Alarga a tua calva como o abutre, porque eles foram exilados para longe de ti!" (Mq 1,16). O abutre, como o último dos animais mencionados, faz ressoar mais uma vez toda a ambivalência do que foi dito por Deus até agora. Ainda mais: aqui, misteriosamente, o abutre aponta para Deus e para uma iminente mudança no destino de Jó.

Othmar Keel chamou a atenção para o fato de que, no Antigo Testamento, o abutre não foi visto, de forma alguma, como desprezível (*Jahwes*

Entgegnung an Ijob. Eine Deutung von Ijob 38–41 vor dem Hintergrund der zeitgenössischen Bildkunst. Göttingen: Vandenhoeck und Ruprecht, 1978. p. 69-70). Em duas passagens do Antigo Testamento, até mesmo Iahweh é comparado a um abutre: "Vós mesmos vistes o que eu fiz aos egípcios, e como vos carreguei sobre asas de abutre (não de águia) e vos trouxe a mim" (Ex 19,4). Em Dt 32,9-11 se diz: Iahweh

> achou-o (Jacó) numa terra do deserto, num vazio solitário e ululante. Cercou-o, cuidou dele e guardou-o com carinho, como se fosse a menina dos seus olhos. Como o abutre que vela por seu ninho e revoa por cima dos filhotes, ele o tomou, estendendo as suas asas, e o carregou (Jacó) em cima de suas penas.

Assim traduz Christoph Dohmen o v. 11 e escreve a respeito:

> O intensivo cuidado do abutre com a ninhada, que se volta para os animais machos e para as fêmeas, separadamente, já foi bem observado na Antiguidade, e levou a que o abutre, nas antigas altas culturas – especialmente no Egito – se transformasse em conceito do amor dos pais, estando em conexão direta com divindades mães. (*Ex 19–40*. Herders Theologischer Kommentar zum Alten Testament. Freiburg: Herder, 2004. p. 58.)

Uma terceira passagem que pode contribuir para a compreensão de nosso texto é o Sl 103[102], que foi acentuado na conhecida canção religiosa: "Lobe den Herren, den mächtigen König der Ehren" ["Louvai o Senhor, o poderoso rei da glória'] (GL 258/KG 524). Ali se diz: "É ele quem redime tua vida da cova e te coroa de amor e compaixão. É ele quem sacia teus anos de bens e, como a do abutre, tua juventude se renova" (Sl 103[102],4-5). Conforme Christoph Dohmen,

> indica-se aqui [...] a antiga concepção do abutre devorador de cadáveres como "sepultador", porque este estava estreitamente ligado às concepções de regeneração. Enquanto no Ocidente precisamente o devorar cadáveres levou a relacionar o abutre com a simbologia da morte, no antigo Egito – não por último em razão das entranhadas noções egípcias do além-morte – é a razão para relacionar o abutre à simbologia da vida. O tema da "renovação da juventude" tem também a ver com uma notável particularidade no jeito de devorar dos abutres. Abutres [...] mediante uma elasticidade especial do papo e do estômago, conseguem engolir muito em pouco tempo, frequentemente em tal quantidade que ficam demasiado pesados para tornar a levantar voo. Assim, justamente nas quentes regiões desérticas do Oriente Próximo, quando espantados, eles correm e tropeçam rumo ao despenhadeiro mais próximo, a fim de jogar-se instintivamente, porque ainda devem abrir suas enormes asas, para poderem, como extraordinários planadores, aproveitar a termalidade do vento ascendente para voar. Quem observa isto tem a impressão de que aqui, de um minuto a outro, aconteceu um espantoso rejuvenescimento: inicialmente, o lerdo animal, que não conseguia erguer-se; no momento seguinte, porém, o majestoso grande pássaro, que desliza e plana quase imóvel (ibid., p. 59).

Assim, o primeiro discurso de Deus encerra-se com o abutre, que, em sua simbologia, lembra a morte e a vida: "Seus filhotes sorvem o sangue; onde houver cadáver [como Jó], lá está" (v. 30). Parece significativo que Jesus explique a seus indagativos discípulos a grande palavra: "Quem procurar ganhar sua vida, vai perdê-la, e quem a perder vai conservá-la" (Lc 17,33), com a frase: "Onde estiver o corpo, aí também se reunirão os abutres" (Lc 17,37). Em Mt 24,28, encontra-se a mesma palavra na boca de Jesus em seu grande discurso sobre o fim dos tempos. Ali, onde a miséria atinge o clímax, imediatamente antes de o Filho do Homem vir "sobre as nuvens do céu", diz-se: "Onde estiver o cadáver, aí se ajuntarão os abutres".

Autoconhecimento (40,1-5)

1 Iahweh falou a Jó, e disse:

2 O critiqueiro quer pleitear com o Todo-Poderoso?
 O Deus admoesta, responde a isto!

3 Jó respondeu a Iahweh:

4 Vê, sou demasiado pequeno: que poderei responder-te?
 Porei minha mão sobre a boca;

5 falei uma vez, não repetirei;
 duas vezes, nada mais acrescentarei.

Deus gostaria de entrar em contato com Jó. Por esse motivo, no final de seu discurso, ele o interpela mais uma vez. Ele não pretende simplesmente "encher-lhe os ouvidos" com um longo discurso. Ele gostaria de conduzi-lo a uma compreensão interior, e quer que Jó se convença dessa compreensão e a expresse. Assim, os versículos 40,1-2 não abrem nenhum novo discurso de Deus, mas reconduzem o primeiro discurso a seu começo.

Jó havia desafiado Deus. Agora Deus desafia Jó: "O critiqueiro quer pleitear com o Todo-Poderoso? O Deus admoesta, responde a isto!" (v. 2). Nessas palavras, os discursos de Jó, tal como raios em um espelho ustório, são reunidos em um ponto. Com efeito, Jó queria entrar num litígio (*rib*, 'pleitear') com Deus. No entanto, logo ficou-lhe claro que isto não é possível (9,1-16). Ao mesmo tempo, ele não podia abandonar seu pedido: "Eu sei que sou inocente [...] Prova meus delitos e pecados" (13,18.23). Jó havia censurado e repreendido a Deus: "Ele, que me esmaga na tempestade, e sem razão multiplica minhas feridas [...] Ele extermina o íntegro e o ímpio" (9,17.22). Embora Jó dificilmente tenha contado com uma resposta de Deus ("Ainda que o citasse e ele me respondesse, não creio que daria atenção a meu apelo" – 9,16), este se ocupa com ele e entra no mérito de suas repreensões.

Muitas vezes se lamenta que os discursos de Deus não resolveriam o problema de Jó. Aliás, Jó não acalentou tal tipo de interpretação. Efetivamente, já na primeira resposta, de sua parte, Jó dá por encerrada a contenda: "Falei uma vez, não repetirei; duas vezes, nada mais acrescentarei" (v. 5). Como se deve entender isso?

A resposta de Jó sai extremamente sucinta. Ela é dirigida a Iahweh e contém, no cerne, três afirmações que precisam ser consideradas mais de perto. Em primeiro lugar, Jó manifesta a compreensão de que ele seria insignificante (literalmente: "demasiado leve"), para que pudesse contestar Iahweh (v. 4a). Ele conseguia responder ao desafio que Iahweh lhe dirigia (38,3; 40,2), mas não satisfazê-lo. Agora Jó reconheceu isso, e ele manifesta tal conhecimento abertamente. Ele é conduzido ao conhecimento de si mesmo.

Para muitas pessoas piedosas, experimentar e reconhecer a si mesmo é desagradável. Prefeririam falar sobre Deus e anunciar às pessoas suas obras salvíficas. Tal anúncio "por ouvir dizer" (cf. 42,5) frequentemente esbarra em seus limites. Sem autoconhecimento, o que as pessoas anunciam a respeito de Deus permanece obscurecido em grande medida. O Livro de Jó mostra-nos que o caminho para o conhecimento de Deus (42,1-6) passa pelo caminho do autoconhecimento (40,3-5). "Como poderia alguém compreender outra coisa, quando não conhece a si mesmo?" – indaga, com razão, Gregório de Nissa (*Homilias sobre o Cântico dos Cânticos* 3, 72).

Tal como seus amigos, Jó havia falado muito sobre Deus. Ele o corrigira, censurara e acusara. Ele havia também falado *a* ele e, com isso, realizado aquele ato primordial da fé a que chamamos de "oração". Foram, sobretudo, orações de lamento. No entanto, apesar de todo o falar a e sobre Deus, de toda a disputa também com seus amigos, Jó não alcançou o sossego. Ele nem ouvira a voz de Deus nem contemplara sua face.

Muitas pessoas queixam-se da ausência de Deus. Contudo, elas não perguntam, de forma alguma, se na verdade estão em condições de reconhecer sua presença. Um dos primeiros passos no caminho do conhecimento de Deus consiste no conhecimento da própria cegueira. A palavra dos dois cegos de Jericó – "Senhor, que os nossos olhos se abram" (Mt 20,33) – pressupõem o reconhecimento de que eles são cegos. Essa intelecção da própria cegueira está longe de ser evidente. Jó é levado a essa compreensão através do primeiro discurso de Deus. Ele falara a Deus e sobre Deus. Agora, porém, fica-lhe claro que ele não está absolutamente à altura disso: "Vê, sou demasiado pequeno: que poderei responder-te?" (v. 4a). Tal compreensão leva-o ao silêncio: "Porei minha mão sobre a boca" (v. 4b). Jó cala-se e, com isso, cria-se a condição de, uma vez mais, ouvir atentamente. Assim, Deus pode, mais uma vez, falar. Somente depois desse segundo discurso de Deus que Jó ouve profundamente, a partir de uma atitude de silêncio, existencialmente alcançada, ele pode dizer: "Reconheço que tudo podes e que nenhum dos teus desígnios fica frustrado" (42,2).

O autoconhecimento na presença de Deus conduz Jó ao silêncio. Aqui, o silêncio é expressão do reconhecimento e da reverência em relação àquele que se encontra em posição superior. O próprio Jó viveu tal experiência no tempo em que tudo lhe ia bem (cf. 29,9). O silêncio aqui não aponta para um afastamento ("silêncio impassível"), mas é expressão de alta forma de dedicação, de comunicação. Isso conduz a um profundo jeito de percepção. "Para ti, o silêncio é louvor em Sião, ó Deus" – diz o Sl 65[64],2 [seguindo o texto da nota *b* da Bíblia de Jerusalém]. "Mas Iahweh está em seu Santuário sagrado: silêncio em sua presença, terra inteira!" (Hb 2,20).

Contudo, o silêncio de Jó não é apenas o silêncio sagrado na presença de Deus. Ele aponta também para uma retratação de suas palavras até agora. Assim, tal como ele havia falado até o presente, ele não quer continuar a falar: "Falei uma vez, não repetirei; duas vezes, nada mais acrescentarei" (v. 5). Com isso ele declara acabado o litígio com Deus.

Medida do ser humano (40,6-14)

6 Iahweh respondeu a Jó do meio da tempestade e disse:

7 Cinge teus rins como um herói:
 interrogar-te-ei, e tu me responderás.

8 Atreves-te a anular meu julgamento,
 ou a condenar-me, para ficares justificado?

9 Tens, então, um braço como o de Deus
 e podes trovejar com voz semelhante à sua,

10 reveste-te de glória e majestade,
    cobre-te de fausto e esplendor.

11 Derrama o ardor de tua ira
    e, com simples olhar, abate o arrogante.

12 Humilha com o olhar o soberbo
    e esmaga no chão os ímpios;

13 enterra-os todos juntos no pó
    e amarra-os cada qual na prisão.

14 Então também te louvarei,
    porque podes com tua direita garantir-te a salvação.

Deus conseguiu levar Jó à quietude. Doravante este pretende silenciar: "Porei minha mão sobre a boca; falei uma vez, não repetirei; duas vezes, nada mais acrescentarei" (40,5). Com o auxílio divino, Jó resignou-se ao silêncio. Por essa via, ele será conduzido a ulterior conhecimento.

No subsequente segundo discurso de Deus (40,6–41,26), trata-se da questão da justiça. Jó havia feito a censura de que a terra estaria entregue ao domínio de um criminoso: "Ele extermina o íntegro e o ímpio!" (9,22). Jó considera-se perseguido por Deus sem motivo (7,20; 9,17-18; 10,5-7). Deus agora entra no mérito desta censura: "Atreves-te a anular meu julgamento, ou a condenar-me, para ficares justificado?" (v. 8).

Em seu julgamento a respeito de Deus e do mundo, Jó assumira uma perspectiva da qual, evidentemente, ele próprio não estava, em absoluto, consciente. Agora Deus põe isso a descoberto: "Tens, então, um braço como o de Deus e podes trovejar com voz semelhante à sua?" (v. 9). Aqui vem à luz o pecado original do ser humano: querer ser como Deus (Gn 3,5). Com efeito, Jó falara a partir de tal Ser-consciente. Agora Deus lhe mostra que isso era um engano, mera aparência, nenhum verdadeiro Ser. Novamente ele ajuda Jó a encontrar esse conhecimento por meio de uma pergunta retórica: "Tens, então, um braço como o de Deus?" (v. 9a). Aqui, como em muitas outras passagens bíblicas, o braço significa o poder de Deus. De modo especial, ele recorda a salvação de Israel do poder mortal do Egito: "Portanto, dirás aos israelitas: Eu sou Iahweh, e vos farei sair de debaixo das corveias dos egípcios, vos libertarei da sua escravidão e vos resgatarei com o braço estendido e com grandes julgamentos" (Ex 6,6; cf. 15,16; Dt 4,34). Em Is 51,9-10, Iahweh atua com o poder de seu braço na criação e na história: "Desperta, desperta! Mune-te de força, ó braço de Iahweh! [...] Por acaso não és tu aquele que despedaçou Raab, que trespassou o dragão? Não és tu aquele que secou o mar, as águas do Grande Abismo? E fez do fundo do mar um caminho, a fim de que os resgatados passassem?". Semelhantemente, a tonitruância divina substitui o poder e a glória de Deus (cf. Ex 19,16; Sl 29[28]). "Podes trovejar com voz semelhante à sua?" (v. 9b). Se for sincero, a isso Jó só pode responder com um "não".

Com dez imperativos retóricos, aprofunda-se o conhecimento que foi assim iniciado (vv. 10-13). Iahweh incentiva Jó a impor respeito aos orgulhosos e a esmagar os ímpios (vv. 11-12). A ordem encontra-se no mesmo nível do desafio a ocupar o lugar de Deus: "Reveste-te de glória e majestade, cobre-te de fausto e esplendor" (v. 10). Se Jó conseguisse isso, então Iahweh estaria disposto a louvá-lo, ao "deus-Jó" (v. 14). No entanto, Jó não é Deus, e não pode sê-lo.

Com a descoberta de não poder alguma coisa, muitas vezes toca-se em algo muito doloroso. O ser humano experimenta sua impotência. Muitas vezes a dor cresce a partir do fato de as pessoas julgarem dever poder algo que, no entanto, de fato, não podem. Há casos em que a pretensão tem sua legitimação, e as pessoas são estimuladas a superar seu não poder. Quanto a Jó, a questão é outra. No poder a que Jó aspira, os limites do ser humano são ultrapassados. Evidentemente, ele não estava consciente disso. Inconscientemente, ele reclamara seu direito, ao qual não pode corresponder. Dar-se conta de que não se *pode* fazer algo pode também levar à compreensão de que não se *deve* fazer algo. Tal entendimento pode livrar o ser humano de um pesado fardo. Jó não pode ser como Deus, mas também não o deve. Ele não pode vencer o mal no mundo ("os orgulhosos, os ímpios"). Ele também não o deve. Mas quem o fará? Deus fará justiça a seu poder? *Ele* esmagará os ímpios? O curso posterior do discurso vai tratar desta temática.

O hipopótamo (40,15-24)

15 Vê o Beemot que eu criei igual a ti (ou: contigo)!
   Alimenta-se de erva como o boi.

16 Vê a força de suas ancas,
   o vigor de seu ventre musculoso,

17 quando ergue sua cauda como um cedro,
   traçados os nervos de suas coxas.

18 Seus ossos são tubos de bronze;
   sua carcaça, barras de ferro.

19 É o começo do caminho de Deus;
   que o criou, deu-lhe sua espada.

20 No entanto, as montanhas produzem-lhe ração,
   e todos os animais do campo ali se divertem.

21 Deita-se debaixo do lótus,
   esconde-se entre o junco do pântano.

22 Dão-lhe sombra o lótus,
   e cobrem-no os salgueiros da torrente.

23 Ainda que o rio se desencadeie, não se assusta,
   fica tranquilo, mesmo que o Jordão borbulhe até sua goela.

24 Quem poderá agarrá-lo pela frente,
   ou atravessar-lhe o focinho com um gancho?

No primeiro discurso de Deus (38–40,2), tratou-se da censura de Jó, segundo a qual a terra estaria de tal maneira impregnada por poderes caóticos que seria melhor se ela despencasse completamente no caos (capítulo 3). Deus admite, sem dúvida, que existem poderes caóticos no mundo; no entanto, como "criador do mundo" (38,4-38) e como "Senhor dos animais" (38,39–40,30), ele mantém as forças caóticas sob controle. Elas podem perturbar a criação, mas não destruí-la. O segundo discurso de Deus (40,6–41,26) trata da crítica de Jó segundo a qual a terra estaria entregue ao arbítrio de um criminoso (9,24). Os ímpios dominam e os justos sucumbem (21,7-21; 24). Em seu segundo discurso, Deus procura revogar tal censura.

Para Jó e para Deus, é indiscutível que existem "ímpios" no mundo. Decisiva é já a questão de se *Jó* está em condições de "impor respeito aos orgulhosos e esmagar os ímpios" (40,11-12). Jó não pode. No final das contas, ele próprio tornou-se vítima de um "espancador" (2,7). Se os ímpios assumiram completamente o domínio sobre o mundo – como Jó afirmara – é questão que permanece aberta. Deus entra mais detalhadamente neste assunto. Para isso, ele apela para duas figuras mitológicas: Beemot (40,15-24) e Leviatã (40,25–41,26). Com isso quer indicar dois animais, provavelmente o hipopótamo e o crocodilo. Neles vem à luz algo primordial-mítico.

No Egito, era tarefa do rei divino caçar e matar o *hipopótamo*. Othmar Keel reuniu e interpretou inúmeras representações figurativas da caça ao hipopótamo no antigo Egito (*Jahwes Entgegnung an Ijob*..., cit.). No período egípcio tardio (664-332 a.C.), no qual surgiu também o Livro de Jó, era tarefa do deus Hórus matar o hipopótamo masculino ("vermelho"), agora completamente proscrito. O hipopótamo assume, então, a figura do deus Set; ele é "senhor dos desertos", "deus do combate e da força", opositor do deus da cultura, Osíris. Em uma imagem desse período, no culto o rei perfura um hipopótamo macho diante do deus Hórus. Desse modo, o rei apoia o deus Hórus "em sua vitória, a ser constantemente alcançada, contra o mal, ou seja, o demônio" (ibid., p. 141). De acordo com Othmar Keel, a imagem do deus egípcio Hórus é transposta para Iahweh no segundo discurso de Deus. No caso, segundo Othmar Keel, trata-se "não de domínio, mas de aniquilamento do mal" (ibid., p. 157).

Um olhar mais acurado sobre nosso texto mostra, aliás, que a ênfase aqui recai em outro ponto. Não é questão de uma luta de Iahweh contra o hipopótamo. Por duas vezes se diz que ele o teria criado (vv. 15 e 19). Dessa forma, a figura mítica do hipopótamo é colocada sob o âmbito do domínio de Deus. Ela não (mais) se situa diante dele como poder próprio, igualmente originário. Com isso, vem ao proscênio um segundo aspecto do hipopótamo, algo que era igualmente familiar à religião egípcia em época tardia. Nas representações do período pré-histórico e primitivo e no reino médio (2040-1650 a.C.), o hipopótamo representa a ideia de regeneração, "porque esse animal domina o elemento caótico da água e através de seu desaparecer e reaparecer antecipa o destino dos mortos" (Erik Hornung, *Geist der Pharaonenzeit*, München, 1993, p. 155). Desse modo, a fêmea ("branca") do hipopótamo pode, finalmente, aparecer como a deusa Tueris no mundo dos deuses e ser venerada como divindade protetora das grávidas e dos recém-nascidos.

O que na tradição egípcia está dividido em hipopótamo vermelho e hipopótamo branco, em inimigo-dos-deuses-e-dos-seres-humanos ("Set") e em amigo-dos-deuses-e-dos-seres-humanos ("Tueris"), o hipopótamo do segundo discurso de Deus mantém tensamente unido. A descrição move-se na tensão entre força, vigor (vv. 16-18) e perigo (v. 24), de um lado, e tranquilidade, índole pacífica e idílio (vv. 15.20-23), de outro. O hipopótamo aparece como "força domesticada", como "perigo reprimido" em meio a um mundo de paz: alimenta-se de erva como um boi (v. 15), "no entanto, as montanhas produzem-lhe ração, e todos os animais do campo ali se divertem" (v. 20).

Ao hipopótamo, como "conjunção de morte e vida", acrescenta-se algo originário. "É o começo do caminho de Deus", diz-se no v. 19. Aquilo que, no Livro dos Provérbios (8,22), é dito da Sabedoria, diz-se aqui do hipopótamo como um "animal-originário" (hebraico: *Behemot*, isto é: "simplesmente animal"). Tal como a Sabedoria, ele é um tipo de "criação antes da criação", uma imagem que imprimiu seu selo na criação visível. Assim como Deus, "em Sabedoria" (Pr 3,19), fundou a terra, e assim como a Sabedoria é uma assinatura do mundo, assim também o hipopótamo, como conjunção de morte e vida, "começo do caminho de Deus", é rubrica de sua criação. Viver com tal realidade é o que Jó, e todo ser humano com ele, precisa aprender: "Vê o Beemot que eu criei igual a ti (ou: contigo)" (v. 15).

O crocodilo (40,25–41,3)

25 Poderás pescar o Leviatã com anzol
e atar-lhe a língua còm uma corda?

26 Serás capaz de passar-lhe um junco pelas narinas,
ou perfurar-lhe as mandíbulas com um gancho?

27 Virá a ti com muitas súplicas,
ou dirigir-te-á palavras ternas?

28 Fará uma aliança contigo,
para que faças dele o teu criado perpétuo?

29 Brincarás com ele como um pássaro,
ou amarrá-lo-ás para as tuas filhas?

30 Negociá-lo-ão os pescadores,
ou dividi-lo-ão entre si os negociantes?

31 Poderás crivar-lhe a pele com dardos,
ou a cabeça com arpão de pesca?

32 Põe-lhe em cima tua mão:
pensa na luta, não o farás de novo.

41,1 A tua esperança seria ilusória,
  pois somente o vê-lo atemoriza.

2 Ninguém é tão feroz para excitá-lo;
quem, então, iria enfrentá-lo?

3 Quem lhe foi ao encontro e permaneceu são?
Debaixo de todo o céu não existe alguém assim!

Muito mais abrangentes do que a descrição da aparência e do comportamento do hipopótamo (40,15-24) são as exposições sobre o *crocodilo* (40,25-41,26). Fundamentalmente, atribui-se ao crocodilo uma importância semelhante à do hipopótamo. Ambos aparecem frequentemente juntos na cultura egípcia como forças caóticas e inimigas dos deuses. Em um texto proveniente dessa época, que comenta representações figurativas da caça ao hipopótamo e ao crocodilo, fala o deus Hórus: "Eu golpeio o touro do pântano (isto é, o hipopótamo) e firo o crocodilo de horrenda cara" (citado conforme Othmar Keel, *Jahwes Entgegnung an Ijob...*, cit., p. 154). No caso da fêmea do hipopótamo, existe também, aliás, o lado "amigável" da proteção materna. Tal aspecto caracteriza até mesmo a imagem desse animal-primordial real-mítico, esboçada no segundo discurso de Deus como "começo do caminho de Deus" (40,15-24). Quanto ao crocodilo, a coisa é diferente. Aqui, combate e perigo dominam a cena. Dessarte, a primeira seção do texto sobre o crocodilo a ser agora interpretada começa imediatamente com a caça a esse animal tão perigoso e indomável.

Em nosso texto, semelhantemente ao hipopótamo, o crocodilo não deve ser compreendido simplesmente em sentido zoológico. A isso acena já a palavra hebraica *Leviatã*, traduzida aqui por "crocodilo". O Leviatã é uma figura mítica dos tempos imemoriais. Vive na profundeza do mar. Seu corpo serpentiforme, com diversas cabeças, faz pensar num dragão. Ele representa um poder contrário ao divino. De acordo com a teologia bíblica da criação, Deus "venceu" tal potência: "Tu dividiste o mar com teu poder, quebraste as cabeças dos monstros das águas; tu esmagaste as cabeças do Leviatã dando-o como alimento às feras selvagens" (Sl 74[73],13-14). O Leviatã está vencido, mas não liquidado. Ele ainda vive: "Eis o vasto mar, com braços imensos, onde se movem, inumeráveis, animais pequenos e grandes; ali circulam os navios, e o Leviatã, que formaste para com ele brincar" (Sl 104[103],25-26; cf. Is 27,1). Finalmente, o Leviatã é imagem da morte. A visão que o Antigo Testamento tem do Leviatã corresponde à visão que o Novo Testamento tem da morte. Cristo venceu a morte, mas não a eliminou (cf. 1Cor 15,54-55). As longas considerações de Deus querem ajudar Jó a orientar-se nesta igualmente paradoxal estrutura da vida. Na Carta aos Romanos, escreve Paulo: "Segundo está escrito: *Por sua causa somos postos à morte o dia todo, somos considerados como ovelhas destinadas ao matadouro.* Mas em tudo isso somos mais que vencedores, graças àquele que nos amou"

(Rm 8,36-37; cf. 1Cor 15,32). O crocodilo vive, quem dele se aproxima demais nunca mais o fará de novo: "Põe-lhe em cima tua mão: pensa na luta, não o farás de novo" (40,32).

Semelhantemente ao primeiro discurso de Deus, também aqui as explanações são feitas mediante o recurso a perguntas retóricas: "Brincarás com ele como um pássaro, ou amarrá-lo-ás para as tuas filhas?" (40,29). A caça ao crocodilo, descrita aqui, quer deixar claro que o animal extremamente perigoso e imprevisível não pode ser submetido por forças meramente humanas. Isso corresponde à tradição egípcia à medida que a caça ao crocodilo era tarefa de uma régia divindade. Esse animal não pode ser vencido simplesmente pelas próprias forças humanas.

Com esta imagem, coloca-se diante dos olhos de Jó sua própria situação e, ao mesmo tempo, é-lhe oferecida uma ajuda para compreendê-la e suportá-la. Na figura da morte e da doença, o crocodilo irrompeu em sua vida. Ele lhe devorou os filhos e a própria carne de Jó está corroída. Jó não pode vencer a luta contra o crocodilo. O crocodilo, a morte, permanecem aí. Existe a possibilidade de viver na presença desse animal sem que ele se torne para Jó uma força determinante? Tal é a questão decisiva que pervaga o livro por inteiro. O curso ulterior da narrativa parece responder a essa pergunta com um nítido "sim". Deus ajuda Jó a libertar-se do categórico poder do crocodilo. Jó respira aliviado, ainda antes de recuperar a saúde (42,6). No final, ele morre "velho e cheio de dias" (42,17).

Meditação sobre a morte (41,4-16)

4 Não quero calar seus membros,
   o detalhe de suas forças, a beleza de seus membros.

5 Quem abriu sua couraça
   e penetrou por sua dupla armadura?

6 Quem abriu as portas de suas fauces?
   Ao redor de seus dentes gira o terror.

7 Seu dorso são fileiras de escudos,
   soldados com selo de pedra,

8 tão unidos uns aos outros,
   que nem um sopro por ali passa.

9 Ligados estreitamente entre si
   e tão bem conexos, que não se podem separar.

10 Seus espirros relampejam faíscas,
    e seus olhos são como arrebóis da aurora.

11 De suas fauces irrompem tochas acesas
    e saltam centelhas de fogo.

12 De suas narinas jorram fumaça,
    como de caldeira acesa e fervente.

13 Seu hálito queima como brasas,
    e suas fauces lançam chamas.

14 Em seu pescoço reside a força,
    diante dele corre o pavor.

15 Os músculos de sua carne são compactos,
    são sólidos e não se movem.

16 Seu coração é duro como rocha,
    sólido como uma pedra molar.

As extensas exposições sobre o crocodilo articulam-se em três partes: a narração de sua caça (40,25–41,3), a descrição de seu comportamento e de sua figura (41,4-16), e a caracterização de sua capacidade de resistência e de seu *habitat* (41,17-26). Na seção precedente mostrou-se que o ser humano, com forças meramente humanas, não se encontra em condições de prender o crocodilo, domá-lo e matá-lo. No texto que ora se segue, descrever-se-ão sua aparência, seu corpo e seu comportamento. Não por último, a descrição presente mostra que, com a palavra hebraica "Leviatã", nos discursos de Deus do Livro de Jó, quer-se indicar o crocodilo.

Por que em um livro que trata do sofrimento de uma pessoa justa encontra-se uma descrição tão detalhada do crocodilo? Será que Deus não passa completamente ao largo do Jó mortalmente enfermo quando lhe dá uma aula de zoologia?

No circo, quando um domador abre a boca de um crocodilo (vv. 5-6) e ali enfia o braço, o público prende a respiração. Nosso tempo apresenta sempre de novo "heróis" cuja "profissão" parece ser a de envolver-se com animais selvagens. Não raro, em um momento de desatenção, são vitimados por eles. Com alta disposição para o risco, sobretudo a juventude testa os limites de sua vida – para grande pesar de seus pais: "No risk, no fun" ["Sem risco não tem graça"]. Nas sociedades ocidentais abastadas, os esportes de risco gozam de crescente popularidade. Nesses fenômenos mostra-se a concepção, no fundo correta, de que é inerente ao processo de amadurecimento de um ser humano o confrontar-se com a morte em sua vida. Em uma comodidade aburguesada, assegurada por todos os lados, com o tempo o ser humano não vai longe. Permanece infantil e infeliz.

Tal compreensão pertence ao conteúdo central da espiritualidade cristã. Na tradição cristã, o combate contra as feras selvagens é libertado de suas exterioridades em prol de uma luta interior, espiritual. Na Regra de São Bento, avessa a todos os tipos de extremismos, entre os instrumentos da arte espiritual (*instrumenta bonorum operum*) encontra-se: "Ter diariamente a morte diante dos olhos" (*Mortem cotidie ante oculos suspectam habere*) (4,47). Nos exercícios espirituais da tradição cristã e zen-budista, a percepção, "a compreensão" da morte, do próprio morrer, desempenha papel-chave. Externamente, às vezes, isso se mostra em formas extremas do "exercício", em longo assentar-se, em silêncio, por vezes tão longamente, até que o "eu", que sente a dor, não mais "exista". Também o monaquismo (primitivo) cristão conheceu e conhece formas extremadas do exercício, da ascese, do combate espiritual. Em tudo isso se mostra a concepção – no fundo, verdadeira – de que só se encontra na (verdadeira) vida aquele que vence a morte. Hércules, o mais famoso dos heróis gregos, que, entre outras coisas, venceu os leões de Nemeia e a hidra de Lerna, foi já transformado pelo escritor cristão primitivo Justino em "precursor de Cristo". Na antiga arte cristã, encontra-se a tipologia Hércules-Cristo.

A partir dessas relações é que se deve compreender a detalhada descrição do crocodilo no segundo discurso de Deus do Livro de Jó. Jó é guiado por Deus a perceber acuradamente e a deixar-se tocar por todas as facetas desse animal mortífero, invencível. Deus introduz Jó em um tipo de meditação sobre a morte. "Ao redor de seus dentes gira o terror" (v. 6), "seu hálito queima como brasas" (v. 13). No final, será concedido a Jó o que São Bento promete àqueles que utilizam dos instrumentos da arte espiritual "dia e noite": "O que os olhos não viram, Deus preparou para os que o amam" (4,77; Is 64,3; 1Cor 2,9).

Combater o mal? (41,17-26)

17 Quando se ergue, até os fortes se apavoram;
de medo, não sabem mais o que fazer.

18 A espada que o atinge não resiste,
nem a lança, nem o dardo, nem o arpão.

19 O ferro para ele é como palha;
    o bronze, como madeira carcomida.

20 A flecha não o afugenta,
    as pedras da funda são felpas para ele.

21 A maça é para ele como lasca,
    ri-se do sibilo dos dardos.

22 Seu ventre coberto de cacos pontudos
    é uma grade de ferro que se arrasta sobre o lodo.

23 Faz ferver o abismo como uma caldeira,
    e fumegar o mar com um piveteiro.

24 Deixa atrás de si uma esteira brilhante,
    como se o oceano tivesse cabeleira branca.

25 Na terra ninguém se iguala a ele,
    pois foi feito para não ter medo.

26 Afronta os mais altivos,
    é rei das feras soberbas.

Na terceira e última seção das longas exposições acerca do crocodilo, coloca-se diante dos olhos de Jó a invencibilidade deste impressionante animal. Ora as descrições são bastante realistas, ora ultrapassam as fronteiras da experiência e entram no mitológico. Crocodilos permanecem frequentemente em absoluta quietude por horas a fio. Quando se põem em movimento, suscitam terror (v. 17). Nenhuma arma consegue deter o animal (vv. 18-21). Sobre o lodo mole, com seu ventre escudado, deixa atrás de si marcas como se fosse um trenó esmagador, uma prancha entremeada por pederneiras, arrastadas por aí (v. 22). Se desliza para a água, esta começa a ferver, como um unguento que o misturador de unguentos põe a cozer (v. 23). A água – aqui, a "maré primordial" – espumeja e deixa para trás uma pista "como cabeleira branca" (v. 24). Assim, o crocodilo não precisa ter medo de ninguém, pois "é rei das feras soberbas" (v. 26).

Aqui também a impressionante descrição não pretende simplesmente entreter ou até mesmo instruir com conhecimentos de ciências naturais. Na invencibilidade deste animal primordial, do Crocodilo-Leviatã, expressa-se algo fundamental. Convida-se à contemplação de algo que pertence ao mundo, mas que amiúde passa despercebido ou é ignorado.

As Sagradas Escrituras estão impregnadas pela nítida distinção entre bem e mal. Sob o aspecto ético, a tradição judaico-cristã, em comparação com outras religiões – vista em princípio – é uma tradição forte. Seus críticos censuraram-lhe frequentemente isto como "hipermoral" e viram aí uma traição à exuberância da vida – "para além do bem e do mal". Contudo, de acordo com a compreensão bíblica, em decorrência da existência do mal não se segue por primeiro o impulso para combater o mal e partir em guerra contra ele. Este é um difuso mal-entendido da tradição cristã, encontrado tanto em "progressistas" quanto em "conservadores". O movimento fundamental que corresponde à mensagem bíblica, o qual resulta do confronto com o mal no mundo, é o voltar-se para o bem, o dedicar-se a Deus. Somente a partir desse volver-se é que crescem no ser humano a força e a compreensão (dadas por Deus) para opor-se de maneira correta ao mal. Em diversas histórias da Bíblia esse movimento é impressionantemente ilustrado. Os três jovens na fornalha ardente não foram salvos porque teriam conseguido extinguir as chamas, mas porque eles, "a uma só voz, puseram-se a cantar, glorificar e bendizer a Deus no meio da fornalha" (Dn 3,51-90). Elas cantavam um louvor à bondade de Deus com repetição contínua e, assim, voltavam sua consciência completamente para a presença velada de Deus. O fogo permanecia, mas "não os tocou de modo algum, nem os afligiu nem lhes causou qualquer incômodo" (Dn 3,50). Semelhantemente, Daniel foi salvo da cova dos leões não porque tivesse conseguido matar os leões, mas "porque tivera fé em seu Deus" (Dn 6,24). Os leões permaneciam, mas não puderam causar-lhe nenhum dano. No combate contra seu arqui-inimigo Amalec (Ex 17,16), Israel faz a experiência: "E enquanto Moisés ficava com as mãos levantadas, Israel prevalecia; quando, porém, abaixava as mãos, prevalecia Amalec" (Ex 17,11). Essas e outras histórias semelhantes da Bíblia não pretendem nem levar ao quietismo (uma forma de passividade falsamente compreendida), nem convocar à guerra santa, mas chamar a atenção para algo bem elementar e cotidiano: com vistas à qualidade da vida, existe uma diferença fundamental entre alguém que começa seu dia com o propósito de combater os vícios e carências próprios e de seus semelhantes e alguém que, em primeiro lugar, simplesmente se volta para a presença de Deus.

Na tradição bíblica, como vimos, o crocodilo (o Leviatã) representa a força primordial do mal e do caótico. Ele não pode ser nem eliminado, nem morto pelo ser humano. "Quando se ergue, até os fortes se apavoram; de medo, não sabem mais o que fazer" (41,17). A extensa e poeticamente impressionante descrição do crocodilo deve ajudar Jó a alcançar tal compreensão. O ser humano pode acionar todos os instrumentos de combate que estiverem à sua disposição – espada, lanças, balas, flechas aguçadas, barra de ferro, pedras, clava –, o crocodilo, o mal, simplesmente zombam de tudo isso (vv. 18-21).

Em relação à qualidade do mal, acrescenta-se à Bíblia o mérito de uma explicação cuja importância não deve ser subestimada. Jó é confrontado inevitavelmente com o mal. Sem razão, ele é esmagado por Satanás (2,7). Agora ele corre o risco de ser dilacerado por duas atitudes: a resignação (3,3: "Pereça o dia que me viu nascer") e a tentação de, como "justo", tomar, ele próprio, o combate nas mãos, porque Deus fracassa na luta contra o mal: as casas dos ímpios estão "em paz e sem temor, a vara de Deus não as atinge" (21,9). Em sua angústia, ele se volta para Deus e suplica uma resposta. Na figura de um crocodilo, Deus faz Jó compreender que um ser humano, com todas as suas armas, não pode derrotar tal animal. Somente quando essa compreensão é realizada existencialmente, de algum modo padecida, é que o ser humano pode enxergar mais além. A esse respeito fala a subsequente resposta de Jó.

O reconhecimento de Jó (42,1-3)

1 Jó respondeu ao Senhor (Iahweh) e disse:

2 Reconheço que tudo podes
e que nenhum dos teus desígnios fica frustrado.

3 "Quem é aquele que vela teus planos
com propósitos sem sentido?"
Falei de coisas que não entendia,
De maravilhas que me ultrapassam.

Ao segundo discurso de Deus (40,6–41,26), segue-se uma segunda resposta de Jó (42,1-6). Em relação à primeira (40,3-5), ela apresenta um crescendo. Se em sua primeira resposta Jó declarou por encerrado o litígio, em sua segunda resposta ele faz expressamente sua retratação (42,6). A segunda resposta desenvolve isso em dois passos, nos versículos 2 e 3 e 4 a 6. Cada uma das duas seções contém uma citação tirada de cada um dos discursos de Deus precedentes. Em 38,2, Deus fizera a pergunta: "Quem é esse que obscurece meus desígnios com palavras sem sentido?". Jó cita essa pergunta conforme o sentido (v. 3a) e confessa, em sua resposta, que *ele* é quem o fizera (v. 3b). Ele admite que falou "de coisas que não entendia, de maravilhas que me ultrapassam" (v. 3).

Na primeira parte de sua resposta, ora interpretada, o campo semântico "reconhecer" desempenha papel importante. Por quatro vezes aparecem palavras com o significado de "reconhecer, perceber, compreender". Por meio dos discursos de Iahweh, Jó foi levado a um reconhecimento: "Reconheço que tudo podes e que nenhum dos teus desígnios fica frustrado" (v. 2). Em seu desmedido sofrimento, parecia a Jó que Deus não (mais) teria tudo em sua mão. Sempre de novo parecia que o caos da criação devia ser dominado, parecia que nenhum poder se opunha à fúria dos ímpios. Em seus discursos, Deus retoma a experiência de Jó, mas, concomitantemente, abre-lhe novo horizonte. Ele o leva – em percepção e conhecimento – a um grande passo adiante: existem poderes caóticos, que escapam ao objetivo e alcance humanos, e existe, sob a forma de hipopótamo e crocodilo, o mal que não é vencido pelos seres humanos. Ambas as grandezas, porém, estão envolvidas pelo poder divino. Não são realidades definitivas que estejam a ponto de devorar a criação, ainda que, por vezes, assim o pareça.

Dessa forma, a visão de Jó agora tornou-se mais realista. Não é, porém, nenhum realismo da desesperança. Pessoas que, em determinado período, viveram em circunstâncias exteriormente felizes, podem cair completamente em desespero quando atingidas por um grave infortúnio. Isso também parece ter acontecido a Jó. Como ele próprio, em retrospectiva, admite (capítulo 29), passou muitos anos de sua vida em completa felicidade, quando "banhava meus pés em creme de leite, e a rocha vertia rios de azeite!" (29,6). Além disso, ele era justo e piedoso. Com sucesso, ele se opunha às práticas dos ímpios: "Quebrava as mandíbulas do malvado, para arrancar-lhe a presa dos dentes" (29,17). Isto suscitava nele a enganosa crença de que as coisas continuariam sempre assim: "E pensava: 'Morrerei no meu ninho, depois de dias numerosos como a fênix" (29,18). Tal pensamento agora se revelou uma ilusão. Com o infortúnio que o atingiu, abre-se outra dimensão em sua vida e que ocupa completamente sua consciência. Jó havia falado a partir desse "conhecimento". Os discursos de Deus não o negam. Eles o confirmam. Deus não comete o erro em que muitos incorrem quando, com bem intencionada consolação, buscam, a todo custo, desviar e destruir a desgraça. Deus confirma a experiência de Jó, mas, ao mesmo tempo, o conduz a um passo decisivo para além dela: nem o caos, nem o hipopótamo e o crocodilo são poderes capazes de *tudo*, mas sim... Aqui, ambos os discursos de Deus contêm uma lacuna. Em parte alguma Deus diz que é *ele* quem mantém tais potências em seus limites. O próprio Jó o reconheceu e o expressa abertamente: "Reconheço que tudo podes e que nenhum dos teus desígnios fica frustrado" (v. 2). Dessarte, em suas palavras, Deus demonstrou-se verdadeiro mistagogo. Ele não comunica a Jó nenhum conhecimento "a partir de fora", mas levanta perguntas e conduz a percepção de Jó de maneira a que ele *próprio* logre o verdadeiro conhecimento.

No entanto, é possível que o leitor se pergunte em que consiste a novidade de tal conhecimento. Com efeito, que Deus de tudo dispõe (v. 2) já o haviam afirmado também os amigos de Jó (cf. 11,2-12; 22,12-20; 36,22-32), e o próprio Jó já o "soubera" anteriormente (12,7-13,2; 26,5-14). Conforme observa um estudioso, o diálogo entre Deus e Jó não deixa, no entanto, uma impressão discrepante? Jó oferece a resposta a isso na segunda parte de seu discurso (vv. 4-6).

Contemplar a Deus (42,4-6)

4 "Escuta-me, que vou falar;
   interrogar-te-ei e tu me responderás."

5 Só de ouvir é que eu ouvira de ti,
   mas agora viram-te meus olhos.

6 por isso, retrato-me
   e faço penitência no pó e na cinza.

A segunda resposta de Jó (42,1-6) desdobra-se em duas partes. Também esta segunda parte a ser interpretada aqui (vv. 4-6) é introduzida por uma citação. Mais uma vez Jó cita uma frase do início do primeiro discurso de Deus: "Escuta-me, que vou falar; interrogar-te-ei e tu me responderás" (v. 4). Deus havia introduzido seu primeiro discurso assim: "Interrogar-te-ei e tu me responderás" (38,3). Jó acrescenta, perfeitamente conforme o sentido, um "Escuta-me!" e, com isso, deixa a palavra mote decisiva, que conduz para a afirmação imediatamente subsequente: "Só de ouvir é que eu ouvira de ti, mas agora viram-te meus olhos." (v. 5). Essa afirmação na boca de Jó é a chave para a compreensão de todo o livro. Como deve ser compreendida?

Inicialmente, chama a atenção o confronto entre "ouvir" e "ver". A *Septuaginta* acentuou-o ainda mais ao acrescentar, no v. 5a, plenamente conforme o sentido, a indicação cronológica "outrora" (*to proteron*): "*Outrora* eu ouvira de ti de acordo com o ouvir do ouvido, mas agora viram-te meus olhos". O que se quer dizer com isso?

No presente contexto, "ouvir" refere-se a algo exterior; "ver", a algo interior. Com o "ouvir do ouvido" quer-se indicar aquele "saber sobre Deus" que foi transmitido a Jó através da tradição: todas as numerosas e belas histórias sobre Deus, também todo o impressionante saber teológico de seus amigos. Ele ouvira falar de tudo isso "conforme o ouvir do ouvido". Aos seus amigos ele dissera: "Tudo isso meus olhos viram e meus ouvidos ouviram e entenderam. O que vós sabeis, eu também sei, e não sou em nada inferior a vós" (13,1-2). Agora, porém, aconteceu algo diferente: seus olhos viram a Deus.

Originalmente, no contexto das antigas religiões orientais, a expressão "ver a Deus" deveria indicar o evento no qual uma pessoa olhava para a imagem de uma divindade (colocada no templo ou mostrada em procissão). O Antigo Testamento assumiu essa concepção (Gn 32,31; Ex 24,10; Sl 42[41],3). No entanto, visto que em Israel, em razão do interdito de imagens (Ex 20,4-6), não existiam oficialmente representações de Iahweh figurativas e modeladas, a expressão não mais podia indicar aqui a visão exterior de uma imagem de Deus. A expressão "ver (a face de) a Deus" transforma-se em metáfora para o processo interior de uma experiência de Deus. Precisamente para isso é que Jó 42,5 aponta. Que aqui se expresse não um evento exterior, tampouco uma visita ao templo, mas sim uma *experiência interior*, já resulta simplesmente do contraste com o discurso precedente de Iahweh: Iahweh "falou"; Jó, porém, "viu". Em parte alguma aqui se descreve a aparência de Deus. Jó não viu nenhuma figura divina (cf. Dt 4,12). O que se descreve aqui é a forma de uma visão de Deus não pictórica, tão familiar à mística.

Com isso é dito algo essencial para a tradição judaico-cristã, mas que em nosso tempo é continuamente relegado ao esquecimento. Surge o "ser humano interior" (*Homo interior*). Como recentemente demonstrou o filósofo Theo Kobusch, a descoberta do ser humano interior pertence ao permanente mérito da filosofia cristã (Theo Kobusch, *Christliche Philosophie. Die Entdeckung der Subjektivität*, Darmstadt: Wissenschaftliche Buchgesellschaft, 2006). Ela tem seus precursores na tradição antiga, especialmente platônica, e suas raízes nas Sagradas Escrituras. Visto exteriormente, nada mudou para Jó. Ele ainda se assenta "no pó e na cinza" (v. 6). Interiormente, porém, ele se tornou outra pessoa. Declara por encerrado o litígio com Deus (40,4-5). Repudia o que dissera *antes* do acontecimento que agora lhe sobrevém (v. 6), ainda que, *na ocasião*, não pudesse falar diferentemente, razão pela qual não é censurado por Deus (42,7) – diferentemente em relação aos seus amigos.

Há uma diferença entre alguém "conhecer" a Deus apenas por ouvir dizer, e por tê-lo "visto". O problema de Jó e, portanto, o problema fundamental da vida humana, a qual outra coisa não é senão uma corrida para a morte (cf. 7,6s), não é solucionado por ouvir dizer. Por certo a fé é transmitida acima de tudo por narrar e ouvir, por comportamentos rituais narrativamente revestidos (cf. Ex 12,25-27; 13,14-16; Dt 6,20-25). Sem tradição e sem a transmissão de "verdades religiosas" nenhuma religião pode resistir ao tempo. Entretanto, as verdades religiosas não apontam para si mesmas. Não são absolutamente metas em si mesmas. No final das contas, o que pretendem é apontar um caminho para a experiência da realidade de Deus. Onde elas não mais fazem isso, contradizem sua própria autocompreensão. Nesse ponto é que os amigos de Jó malograram, e por isso são censurados por Deus (42,7). As respostas deles não puderam silenciar as questões de Jó. Desde o início Jó sentiu a definitiva insuficiência da intervenção deles (cf. 6,14-30). E assim, grande parte de suas energias foi direcionada inicialmente para levar os amigos ao silêncio (13,5). Somente assim o caminho se torna livre para dedicar-se, com todas as forças, à realidade de Deus (13,3). Ver a Deus – foi o que Jó, no ponto mais profundo de sua angústia, numa singular confissão de confiança, expressou como esperança e ao mesmo tempo certeza interior (19,25-27). No final, esta confiança não foi decepcionada.

Da fé à contemplação (42,5)

5 Só de ouvir é que eu ouvira de ti,
   mas agora viram-te meus olhos.

Nos discursos de Deus, Jó é conduzido da fé à visão. Na tradição cristã este é o caminho da contemplação. Quando estivermos no céu, conforme o unânime ensinamento da Igreja, não mais acreditaremos em Deus, mas o veremos "face a face" (cf. 1Cor 13,12; 1Jo 3,2; Ap 22,4) – pelo menos o decretou o Papa Bento XII no ano de 1336, "em força da autoridade apostólica" (cf. Denzinger-Hünermann 1001). Nisso certamente ele terá razão. Com efeito, na Carta aos Hebreus se diz: "A fé é garantia antecipada do que se espera, a prova de realidades que não se veem" (Hb 11,1). Se nós vemos a Deus no céu, e se "crer" significa "a prova de realidades que *não se veem*" (Hb 11,1), então, no céu, não podemos mais crer em Deus, dado que o vemos. Agora, enquanto ainda estamos na terra, cremos em Deus. Por essa razão diz o apóstolo Paulo: "*Agora*, portanto, permanecem fé, esperança, caridade" (1Cor 13,13). No entanto, o que acontece quando a fé entra em crise, quando ela não mais conduz, como no caso de Jó?

Então apresentam-se três possibilidades. De um lado, rejeitar a fé. A esposa de Jó propõe isso: "Amaldiçoa a Deus e morre de uma vez!" (2,9). Uma segunda possibilidade é oferecida pelos amigos de Jó: perseverar na fé recebida ("o que nós ouvimos" – 5,27) e procurar esclarecer e compreender com palavras inteligentes a desagradável situação. Ambas as possibilidades são recusadas por Jó. À sua mulher ele diz: "Falas como uma idiota" (2,10). Aos amigos ele aconselha: "Quem, portanto, vos imporá silêncio, a única sabedoria que vos convém!" (13,5). Jó escolhe uma terceira possibilidade: ele *segue* o caminho que a fé aponta: "Mas é ao Todo-Poderoso que eu falo, a Deus eu quero apresentar minhas queixas" (13,3). No ponto culminante de sua miséria ele está profundamente convencido de que este caminho o conduzirá à contemplação de Deus: "Aquele que eu vir será para mim, aquele que meus olhos contemplarem não será um estranho" (19,27).

No Antigo Testamento, a expressão usual para "crer em Deus" é "temor de Deus" ou "temor de Iahweh". No início da narrativa, Jó é apresentado como alguém que teme a Deus, isto é, como um homem crente (1,1). A princípio, parecia que ele pudesse superar, na fé, o pesado sofrimento que o atingira: "Ele persevera em sua integridade" (2,3). No entanto, quando, depois de uma segunda investida satânica, e após sete dias de silêncio, toda a dimensão da miséria torna-se patente e penetra sempre mais profundamente em sua consciência, sua fé parece quebrantar-se. Seus amigos perceberam isso perspicazmente: "Além do mais, suprimes a piedade, desacreditas os piedosos diálogos diante de Deus", censurou-o Elifaz, o porta-voz dos três amigos (15,4; cf. 6,14). Jó não podia mais dar-se por satisfeito com uma "prova de realidades que não se veem" (Hb 11,1). A desfortuna que o atingira era demasiado grande. Ele queria entrar em contato com o próprio Deus, não somente com o que é dito sobre ele (cf.

13,1-3). Com efeito, ele o conseguiu. Dessarte, na conclusão da narrativa (42,7-17), consequentemente não se fala mais que Jó teme a Deus, que ele crê em Deus. Ele percorreu até o fim o caminho da fé e tornou-se um contemplador. No relato, isso significa que ele ainda teria vivido (assim) cento e quarenta anos (42,16).

Por mais importante que seja a fé em Deus, ela não é a última coisa que as Sagradas Escrituras têm a oferecer-nos. Muitas pessoas, em seu caminho para Deus, já chegaram mais longe do que normalmente se supõe. Não poucos encontram-se em um sensível ponto da passagem. Com frequência isso não é percebido na pastoral. Aqui parece prevalecer a opinião de que toda crise de fé deveria ser levada à superação, que todo aquele que cai em crise possa, "de alguma maneira", reencontrar-se na fé. Procura-se, então, seriamente, esclarecer a fé, ora um tanto mais modernamente, ora um tanto mais conservadoramente; quer um pouco mais amigavelmente, quer um pouco mais severamente. Esclarecer a fé, porém, ajuda somente às pessoas que querem compreender a fé. Quem, no entanto, deseja ver a Deus carece de outro alimento.

Querer ver a Deus é o anseio mais profundo da alma humana. "Quando voltarei a ver a face de Deus" (Sl 42[41],3; cf. Mt 5,8). Esse anelo mais profundo da alma normalmente é encoberto por todo tipo de desejos e experiências. Quando tais desejos, porém, não mais podem ser satisfeitos, paulatina ou repentinamente desmorona tudo o que era tido por "verdadeiro" e importante; então o anseio original da alma pode novamente ecoar. Às vezes ele irrompe eruptiva e desordenadamente. Este último foi o caso de Jó. Recorrendo à psicoterapeuta Verena Kast, falamos neste contexto de um choque de emoções. Os amigos queriam tranquilizar Jó e conduzi-lo para os trilhos antigos e familiares: "Tua piedade não é tua segurança, tua esperança não é uma vida íntegra?" (4,6). Eles procuram superar a crise de fé de Jó no plano da fé e organizar-lhe teologicamente os fatos. Jó, no entanto, intuitivamente sente que não pode prosseguir sobre esse plano, que nesse âmbito não existe nenhuma solução (salvação). Ele cede à dinâmica interior de seu desejo e é elevado a um novo plano: da fé à contemplação. Ele seguiu o caminho que a fé aponta e nisso foi sobejamente agraciado (42,10-16).

MÚLTIPLAS BÊNÇÃOS (JÓ 42,7-17)

Reconciliação (42,7-9)

7 Quando Iahweh acabou de dirigir a Jó essas palavras, disse Iahweh a Elifaz de Temã: "Estou indignado contra ti e teus dois companheiros, porque não falastes corretamente a mim, como o fez meu servo Jó. 8 Tomai, pois, sete novilhos e sete carneiros e dirigi-vos ao meu servo Jó. Oferecei-os em holocausto para vós! Mas meu Servo Jó deve interceder por vós. Eu erguerei sua face (isto é: aceitarei sua oração), a fim de não vos tratar como merece vossa temeridade, por não terdes falado corretamente a mim, como o fez meu servo Jó". 9 Elifaz de Temã, Baldad de Suás e Sofar de Naamat fizeram como Iahweh ordenara, e Iahweh atendeu às orações de Jó.

Com a segunda resposta de Jó, conclui-se a parte dialógica (3,1–42,6). O relacionamento de Jó com Deus, levado a uma grave crise através do sofrimento, é purificado; a discussão chegou ao fim. A narrativa continua em prosa e, assim, retorna formalmente ao seu início (1–2). Continua obscuro, porém, o relacionamento dos amigos para com Deus e para com Jó.

Duas questões reclamam esclarecimento. Em primeiro lugar: em que os amigos de Jó falharam perante os olhos de Deus? De acordo com a Bíblia de Jerusalém, Deus diz a Elifaz: "[...] porque não falastes corretamente *de mim*, como o fez meu servo Jó". Esta tradução é problemática em duplo sentido. Por um lado, não está tão evidente em que medida os amigos não teriam falado corretamente *sobre* Deus. Vimos, no entanto, que eles, em tudo o que disseram, falaram a partir da tradição bíblica testemunhada. Por outro lado, a tradução proposta chegaria a contradizer a precedente retratação de Jó (42,6) e sua admissão de ter falado sobre coisas "que não entendia, de maravilhas que me ultrapassam" (42,3). Portanto, será que Jó teria falado corretamente *sobre* Deus? Por conseguinte, apresenta-se outra tradução, que corresponde melhor ao texto hebraico, proposta pelo estudioso do Antigo Testamento Manfred Oeming (cf. M. Oeming; K. Schmid, *Hiobs Weg. Stationen von Menschen im Leid*, Neukirchen-Vluyn: Neukirchener, 2001, p. 121-142). A preposição hebraica *ael* é traduzida aqui – como também em diversas outras passagens do Livro de Jó (1,7; 2,10;

42,7) – por "a". O versículo soaria, então: "[...] não falastes corretamente *a mim*, como o fez meu servo Jó". De fato, com isso se demarca a diferença decisiva entre a postura de Jó e a de seus amigos em relação a Deus. Vimos que os amigos jamais falam *a* Deus (cf. a interpretação de 10,1-12). Eles falaram exclusivamente *sobre* Deus, jamais *a* ele. Com o tempo, porém, esta maneira de falar não resiste à realidade de Deus – assim se deveria certamente traduzir aqui a palavra hebraica *nekonah*. Ela provém de *kun*, que significa "fundar", na forma passiva "estar firme", "estar fundamentado". Assim, a censura dirigida aos amigos, em linguagem abreviada, contém dois aspectos: os amigos falaram algo "sem fundamento", algo que não tem estrutura; e não falaram *a* Deus. Jó, em contrapartida, depois de um falar inicial sobre Deus (capítulos 3 e 6), bem logo volta-se para Deus (capítulo 7). Ele fala *a ele* – com toda a imperfeição, com tudo o que o move e revolve interiormente, com algo que, em retrospectiva, demonstra-se um falar "insensatamente" (cf. 42,3). Tal forma de falar a Deus é, não obstante toda a imperfeição, fundamentada.

Agora os amigos devem trazer um holocausto e Jó deve interceder por eles, pois a ira de Deus inflamou-se contra Elifaz e seus dois companheiros (v. 7). Como se deve entender isso? Não se mostra aqui um pensamento mágico, a ser superado? Quando nos deparamos com pessoas das quais emanam energias negativas, a fim de nos protegermos delas, de modo geral, vemo-nos colocados diante de duas possibilidades de comportamento: defender-nos ou fugir. No confronto com seus amigos, que se lhe haviam tornado inimigos (cf. 19,22), Jó exercitou ambas as possibilidades: para proteger-se, ele os rechaçou verbalmente (cf. 12,2-6; 13,2-5.13; 16,2-5) e, finalmente, afastou-se deles. Agora, uma vez tendo contemplado a Deus (42,5), apresenta-se-lhe uma terceira possibilidade de atitude. No trato com pessoas más, desordenadas e fanáticas, podemos assumir o que de negativo provém delas e conservá-lo naquela torrente do amor que nos une a Deus. Dessa maneira, também tais pessoas – e nós, juntamente com elas – somos inseridos num processo de purificação que ainda não se desenvolveu nelas mesmas. Isso, porém, só é realizado por pessoas que, por si próprias – pelo menos incoativamente –, encontraram um acesso a Deus. Assim, os grandes intercessores do Antigo Testamento são "homens de Deus", pessoas chamadas ao serviço de Deus, como Abraão (Gn 20,7), Moisés (Ex 32,10-14), Amós (Am 7,1-6) e Jeremias (Jr 11,14; 37,3; 42,1-4). O homem de Deus por excelência é, conforme a confissão cristã, Jesus de Nazaré, que, no encontro com o mal, nem o rejeitou, nem dele fugiu, mas, como "Servo de Deus", "tomou nossas enfermidades e carregou nossas doenças" (Is 53,4; Mt 8,17), tirou o pecado de muitos (Is 53,12; Jo 1,29; Hb 9,28) e entregou sua vida como vítima de expiação (Is 53,10; Rm 3,25; 1Jo 2,2).

Também Jó se comporta segundo essa "lei". Ele permanece como no começo (1,8; 2,3), "Servo de Deus" (vv. 7-8), mas somente agora se encontra em condições de exercer seu "ministério" como servo a serviço da reconciliação. Visto dessa maneira, ele é, conforme observou corretamente Gregório Magno, *uma figura Christi*.

Seria também pensável uma saída completamente diferente para a narrativa: depois de sua experiência com Deus, Jó também teria podido triunfar fortemente sobre seus amigos; teria podido fazer-lhes repreensões e demonstrar-lhes que, na disputa com eles, ele teria tido razão. No entanto, não se fala nada disso. Jó não coloca sua experiência de Deus a serviço de sua autoafirmação. Ele não *fala* absolutamente sobre ela; ele *vive e age* a partir dela. Na tradição cristã (católica), Maria, a Mãe de Jesus, é, acima de tudo, a grande intercessora – também ela uma "Serva do Senhor" (Lc 1,38), que "conservava cuidadosamente todos esses acontecimentos e os meditava em seu coração" (Lc 2,19; 2,51).

Também os amigos são solicitados a contribuir com o deles para a reconciliação. Eles devem fazer o que podem fazer: trazer novilhos e carneiros e oferecer um holocausto. "Meu servo Jó deve interceder por vós. Eu aceitarei sua oração, a fim de não vos tratar como merece vossa temeridade" (v. 8). Os amigos são obedientes e fazem o que Deus lhes ordenou (v. 9). Destarte, também para eles existe ainda esperança, pois: "A oração fervorosa do justo tem grande poder" (Tg 5,16).

Múltiplas bênçãos (42,10-11)

> 10 Então Iahweh mudou a sorte de Jó, quando intercedeu por seus companheiros, e duplicou todas as suas posses. 11 Vieram visitá-lo seus irmãos e irmãs e os antigos conhecidos; almoçaram em sua casa, consolaram-no e confortaram-no pela desgraça que Iahweh lhe tinha enviado; cada um ofereceu-lhe uma soma de dinheiro e um anel de ouro.

Enquanto estivermos nesta vida – assim escreve Hugo de São Vítor (1095-1141 d.C.) –, não podemos demorar-nos ininterruptamente no cume da contemplação de Deus (*Manual* 5,9). A vida continua, mesmo depois que Jó contemplou a Deus, também depois da iluminação que lhe foi concedida. Mas a vida segue adiante de forma diferente. Também Jesus promete a seus discípulos, que tudo deixaram, que eles recebem tudo de volta e, com certeza, "desde agora, neste tempo", não somente no mundo vindouro: "Não há quem tenha deixado casa, irmãos, irmãs, mãe, pai, filhos ou terras por minha causa ou por causa do Evangelho que não receba cem vezes mais desde agora, neste tempo: casas, irmãos e irmãs, mãe e filhos e terras, com perseguições, e no mundo futuro, a vida eterna" (Mc 10,29-30). Semelhantemente, Jó é "abençoado pelo fim de sua vida mais do que no princípio" (v. 12). De forma maravilhosa e completamente discreta, ficamos sabendo aqui da abundante bênção *da contemplatio Dei*, da visão de Deus. Tudo foi tirado de Jó e ele, entre dores, tudo deixou. No final, ele nada mais queria ter, nem seus bens, nem seus filhos, sequer sua saúde. Tudo o que ele desejava era contemplar a Deus: "Sem minha pele, tão dilacerada, e sem a minha carne verei a Deus [...]. Por isso anseia meu coração dentro do peito" (19,26-27). Para isso Jó está disposto a aguentar a própria morte: "Ele pode me matar: mas não tenho outra esperança" (13,15). Nessas palavras, revelam-se a estrutura e a dinâmica da fé bíblica, de toda verdadeira religião: "Pois aquele que quiser salvar sua vida a perderá, mas o que perder sua vida por causa de mim, a salvará" (Lc 9,24). "Buscai o seu Reino, e essas coisas vos serão acrescentadas" (Lc 12,31). Então "Iahweh mudou a sorte de Jó, quando intercedeu por seus companheiros, e duplicou todas as suas posses" (v. 10).

À primeira vista, parece que o Livro de Jó, na forma atual, teria duas soluções a oferecer: uma que consiste em que Jó contempla a Deus e dá por encerrada a discussão (42,5), e outra que consiste em que ele é restabelecido (42,10-17). Possivelmente, ambas as soluções remontam a diferentes camadas na história do surgimento do livro: a restauração de Jó (42,10-17) representa, provavelmente em conjunto com um tronco básico do Prólogo, a fase mais antiga de um conto-Jó, que foi posteriormente interrompido e expandido mediante a inserção da parte dialogal (2,11–42,6). Contudo, na presente forma final do livro, as duas soluções podem ser compreendidas como dois lados de *uma* solução: a contemplação de Deus como o lado interior da solução, e o restabelecimento como o lado exterior. Da restauração de Jó cai mais uma vez luz sobre uma reta compreensão de sua visão de Deus. Ela não lhe é concedida somente *depois* de sua morte.

Jó contempla a Deus *em* sua vida. Contudo, a contemplação de Deus é concedida a uma pessoa que perdeu tudo o que possuía, e por quem seus amigos já lamentaram como a um morto (cf. 2,13). Vendo assim, verifica-se, pois, a Palavra de Deus: "O ser humano não pode ver-me e continuar vivendo" (Ex 33,20).

A visita dos familiares e parentes de Jó é digna de consideração em diversos sentidos. De um lado, eles colocam diante dos nossos olhos a plena restauração de Jó. Vimos que Jó, mediante seu sofrimento, é relegado a um completo distanciamento e isolamento social (cf. 19,13-22). Ele padece a morte social. Também esta situação é, agora, novamente supressa. Jó é visitado e acolhido de novo por seus parentes e conhecidos. A experiência de Deus não o leva à segregação esotérica, mas uma vez mais para a comunidade, com todos os seus "antigos conhecidos" (v. 11).

Por outro lado, é curioso que seus parentes e conhecidos tenham vindo "para consolá-lo e confortá-lo pela desgraça que Iahweh lhe tinha enviado" (v. 11). Depois da restauração, Jó ainda precisa de consolação? Alguns exegetas consideram que, nessa posição, o versículo está deslocado. Segundo eles, originalmente o versículo faria parte do final do segundo capítulo, onde Jó ainda "se assenta no chão". Contudo, parece-me que a posição atual do versículo dá a conhecer uma sensibilidade em relação ao sofrimento, típica da tradição bíblica. O sofrimento, mesmo quando superado, não é facilmente esquecido. Não deveríamos imaginar Jó como alguém por quem o sofrimento passou sem deixar marcas. Ele é alguém assinalado pelo sofrimento e, precisamente assim, alguém transformado pelo sofrimento. Jó "manqueja de uma coxa" (Gn 32,32), depois que ele "viu Deus face a face e ainda saiu daí com vida" (Gn 32,31). Da mesma maneira, o Ressuscitado é reconhecido pelos seus ferimentos (Jo 20,19-29). E quando Deus habita entre os seres humanos, não age como se não tivéssemos chorado; ao contrário, "o Senhor Deus enxuga as lágrimas de todos os rostos" (Is 25,8; Ap 21,4).

Aperfeiçoamento (42,12-17)

> 12 Iahweh abençoou a Jó pelo fim de sua vida mais do que no princípio; possuía agora catorze mil ovelhas, seis mil camelos, mil juntas de bois e mil jumentas. 13 Teve sete filhos e três filhas: 14 a primeira chamava-se Jamimá ("Rola"), a segunda Ketsiá ("Flor de caneleira"), e a terceira Keren-Happuk ("Brilho de antimônio"). 15 Não havia em toda a terra mulheres

mais belas que as filhas de Jó. Seu pai lhes repartiu heranças como a seus irmãos. 16 Depois desses acontecimentos, Jó viveu cento e quarenta anos, e viu seus filhos e os filhos de seus filhos até à quarta geração. E Jó morreu velho e cheio de dias.

Jó é restabelecido. Deus aumenta em dobro seus bens. O que se sucedeu interiormente torna-se visível exteriormente. Novamente ele recebe sete filhos e três filhas. Agora, menciona-se até mesmo os nomes das filhas. A beleza delas é louvada; além do mais, "o pai lhes repartiu heranças como a seus irmãos" (cf. Nm 27,1-8).

Depois de sua recuperação, Jó ainda viveu cento e quarenta anos (v. 16). Assim, também sua vida "natural" é duplicada: "Setenta anos é o tempo de nossa vida, oitenta anos, se ela for vigorosa" (Sl 90[89],10). Todavia, no final, Jó também deve morrer. Isso, porém, não parece ser mais problema. Não há nenhuma queixa, como em seus primeiros anos (14), não existe mais nenhuma resistência. Como se deve entender isso?

Nos textos mais antigos da Bíblia, a morte, em si, não representa nenhum problema. É lamentada a morte demasiado prematura e repentina, não a morte daqueles que estão "saciados de dias". Isso parece de difícil compreensão para nossa moderna cultura. Para muitos de nós, quase toda morte se torna um problema. Muitos jamais conseguem receber o suficiente da vida, nunca se tornam "saturados de dias", ainda que tenham vivido longamente. Evidentemente não é questão, em absoluto, do tamanho da vida. Isso já o reconheceu o sábio Coélet:

> Outro, porém, teve cem filhos e viveu por muitos anos; apesar de ter vivido muitos anos, nunca se saciou de felicidade, e nem sequer teve sepultura. Pois eu digo que um aborto é mais feliz do que ele […]. E mesmo que alguém vivesse duas vezes mil anos, não veria a felicidade; não vão todos para o mesmo lugar? (Ecl 6,3-6)

A visão do Antigo Testamento, provocativa para nós, é aguçada, além disso, pelo fato de aqui nem de longe se falar ainda de uma vida eterna com Deus no céu. Como também não em Jó. Como devemos compreender isso?

A questão fundamental do Antigo Testamento não soa: "Existe uma vida *depois* da morte?", mas: "Existe uma vida *antes* da morte?". A resposta é: sim! Existe vida antes da morte ali onde o ser humano cresce na realidade de Deus, no "meio divino" (Teilhard de Chardin). Onde isso acontece, tudo aparece sob nova luz: "Iahweh é minha luz e minha salvação: de quem terei medo?" (Sl 27[26],1). Onde, porém, Deus não pode mais ser percebido, o perigo é iminente. Aconteceu assim a Jó, acontece também com o orante dos salmos de lamentação. Isso acontece frequentemente quando da irrupção de uma carência exterior. Mas isso também pode acontecer sorrateiramente. Culturas inteiras podem ser contaminadas pela incognoscibilidade de Deus. Para o orante do Sl 73[72], compreender isso "era uma fadiga" (Sl 73[72],16). Quem, porém, experimentou a Deus e familiarizou-se na comunhão com ele não mais teme a morte. Ele sabe que a morte não pode suprimir a comunhão conquistada com Deus *na* vida, mas apenas transformá-la: "Ponho Iahweh à minha frente sem cessar, com ele à minha direita eu não vacilarei. Por isso meu coração se alegra, minhas entranhas exultam e minha carne repousa em segurança; pois não abandonarás minha vida no Xeol, nem deixarás que teu fiel veja a cova!" (Sl 16[15],8-10; At 2,27-28). Assim, a fé na vida eterna junto de Deus não é, como se supõe de diversas maneiras, a projeção para o além de um desejo terrestre insatisfeito. A partir de sua origem, ela não é apenas e em primeira instância expressão de uma esperança, mas conhecimento *garantido* de que a comunhão com Deus, experimentada *na* vida, não é eliminada mediante a morte: "Quanto a mim, estou sempre contigo, tu me agarraste pela mão direita; tu me conduzes com teu conselho e com tua glória me atrairás" (Sl 73[72],23-24).

De modo que a tradição bíblica conhece uma "despedida em paz". O ser humano não é saciado mediante a extensão de sua vida, mas através do "Bem" que ele contemplou (Ecl 6,6), através de Deus, que ele contemplou (Jó 42,5). A tradição bíblica atesta que isso é possível. A tarefa da Igreja consiste em mostrar o caminho que conduz para lá.

A tradição cristã sabe que também "fora" do Povo de Deus há pessoas que contemplaram, viveram e anunciaram a verdade e, portanto, puderam partir em paz. De acordo com um difuso julgamento dos Padres da Igreja, Sócrates foi uma dessas pessoas. "Os que viveram segundo o bom senso são cristãos, mesmo se foram considerados ateus, como no caso dos gregos Sócrates, Heráclito e pessoas do mesmo jaez [...]. Cristo foi, parcialmente, reconhecido por Sócrates" – escreve São Justino Mártir (*1 Apologia* 46,3; *2 Apologia* 10,8).

> À medida que eles, até certo ponto, seguiram "a correta voz profética de seu interior" (Platão, *Nomoi* 792d), não sem a ajuda de Deus, harmonizaram-se em compreender parcialmente

e sob determinados aspectos a verdade em algumas palavras dos profetas. (Clemente de Alexandria, *Stromateis* 5,29,4)

Por conseguinte, existe, de fato, tanto na tradição bíblica quanto fora dela, um morrer em paz. Quem contemplou a salvação pode partir em paz. Esta é a estrutura fundamental da vida cristã. Assim, a história de Jó, vista à luz do dia, não é um acontecimento burlesco, extraordinário, de um passado fabuloso. A existência de Jó é a assinatura de cada vida humana, ora velada, ora patente. A liturgia cristã, quando compreendida corretamente, torna visível e realizável o que acontece aqui. Também Simeão, como Jó, um servo do Senhor, justo e piedoso, por muito tempo "havia esperado a consolação de Israel" (Lc 2,25). Com ele, no final de cada dia, a Igreja reza (Lc 2,29-32):

Agora, Soberano Senhor, podes despedir
em paz o teu servo, segundo a tua palavra;
porque meus olhos viram tua salvação,
que preparaste em face de todos os povos,
luz para iluminar as nações,
e glória de teu povo, Israel.

REFERÊNCIAS

Das Buch von der mystischen Kontemplation, genannt; Die Wolke des Nichtwissens, worin die Seele sich mit Gott vereint. Übertragen und eingeleitet von Wolfgang Riehle. 2. Auflage. Einsiedeln: Johannes Verlag, 1983.

DENZINGER-HÜNERMANN. *Enchiridion symbolorum definitionum et declarationum de rebus fidei et morum. Kompedium der Glaubensbekenntnisse und kirchlichen Lehrenstcheidungen.* 37. Auflage. Freiburg: Herder,1991.

DESELAERS, Paul. *Sehnsucht nach dem lebendigen Gott. Das Buch Ijob* (Bibelauslegung für die Praxis 8). Hg. von Deutschen Bibelgesellschaft. Stuttgart: Kath. Bibelwerk, 1983.

DOHMEN, Christoph. *Exodus 19–40* (HThK-AT). Freiburg: Herder, 2004.

DUMOULIN, Heinrich. *Geschichte des Zen-Buddhismus.* Band I: Indien und China. Bern-München: Francke Verlag, 1985.

ENGLJÄHRINGER, Klaudia. *Theologie im Streitgespräch. Studien zur Dynamik der Dialoge des Buches Ijob* (SBS 198). Stuttgart: Kath. Bibelwerk, 2003.

FOHRER, Georg. *Das Buch Hiob* (KAT XVI). Gütersloh: Gütersloher Verlagshaus, 1963.

GRADL, Felix. *Das Buch Ijob* (NSK-AT 12). Stuttgart: Kath. Bibelwerk, 2001.

GREGÓRIO DE NISSA. *In Canticum canticorum homiliae. Homilien zum Hohenlied I-III* (FC 16/1-3). Übersetzt und eingeleitet von Franz Dünzl. Freiburg: Herder, 1994.

GREGÓRIO MAGNO. *Moralia in Ijob/Commento Morale a Giobbe (I/1-4).* A cura di Paolo Siniscalco. Roma: Città Nuova Editrice, 1992-2001.

GRENZER, Matthias. Die Armenthematik in Ijob 24. In: SEIDL, Theodor; ERNST, Stephanie (Hg.). *Das Buch Ijob. Gesamtdeutungen – Einzeltexte – Zentrale Themen.* Frankfurt: Peter Lang, 2007. [Ed. bras.: *Análise poética da sociedade: um estudo de Jó 24*. São Paulo: Paulinas, 2006.]

GRÜN, Anselm. *Womit habe ich das verdient? Die unverständliche Gerechtigkeit Gottes*. Münsterschwarzach: Vier-Türme-Verlag, 2005.

HADOT, Pierre. *Philosophie als Lebensform. Geistige Übungen in der Antike*. Berlin, 1991.

HORNUNG, Erik. *Geist der Pharaonenzeit*. München: dtv, 1993.

HORST, Friedrich. *Hiob 1–19* (BK-AT XVI/1). 4. Auflage. Neukirchen-Vluyn: Neukirchener Verlag, 1983.

HUGO DE SÃO VITOR. *Didascalicon de studio legendi. Studinebuch* (FC 27). Übersetzt und eingeleitet von Thilo Offergeld. Freiburg: Herder, 1997.

KAST, Verena. *Trauern. Phasen und Chancen des psychischen Prozesses*. Stuttgart: Kreuz Verlag, 1982; 1999.

KEEL, Othmar. *Jahwes Entgegnung an Ijob. Eine Deutung von Ijob 38–41 vor dem Hintergrund der zeitgenössischen Bildkunst* (FRLANT 121). Göttingen: Vandenhoeck u. Ruprecht, 1978.

KOBUSCH, Theo. *Christliche Philosophie. Die Entdeckung der Subjektivität*. Darmstadt: Wissenschaftliche Buchgesellschaft, 2006.

KÖHLMOOS, Melanie. *Das Auge Gottes. Textstrategie im Hiobbuch* (FAT 25). Tübingen: Mohr/Siebeck, 1999.

MEISTER ECKEHART. *Deutsche Predigten und Traktate*. Hg. und übersetzt von Josef Quint. München: Carl Hanser Verlag, 1963.

MENDL, Hans; SCHWIENHORST-SCHÖNBERGER, Ludger; STINGLHAMMER, Hermann. *Wo war Gott, als er nicht da war?* (Glauben und Leben, Bd. 33). Münster: LIT-Verlag, 2006.

MÜLLNER, Ilse. *Das hörend Herz. Weisheit in der hebräischen Bibel*. Stuttgart: Kohlhammer, 2006.

OEMING, Manfred; SCHMID, Konrad. *Hiobs Weg. Stationen von Menschen im Leid*. Neukirchen-Vluyn: Neukirchener Verlag, 2001.

SÃO BOAVENTURA. *Collationes in Hexaaemeron. Das Sechstagewerk*. Lateinisch und deutsch, übersetzt und herausgegeben von Wilhelm Nyssen. 2. Auflage. München: Kösel,1979.

SCHWIENHORST-SCHÖNBERGER, Ludger. Das Buch Ijob. In: ZENGER, E. u. a. *Einleitung in das alte Testament* (Kohlhammer – Studienbücher Theologie 1,1). 6. Auflage. Stuttgart: Kohlhammer, 2006.

_____. Ijob: Vier Modelle der Interpretation. In: SEIDL, Theodor; ERNST, Stephanie (Hg.). *Das Buch Ijob. Gesamtdeutungen – Einzeltexte – Zentrale Themen.* Frankfurt: Peter Lang, 2007.

_____. Kommentar zum Buch Ijob. In: ZENGER, E. (Hg.). *Stuttgarter Altes Testament. Einheitsübersetzung mit Kommentar und Lexikon.* Stuttgart: Kath. Bibelanstalt, 2004.

ZENGER, Erich; BÖSWALD, Rupert. *Durchkreuztes Leben. Besinnung auf Hiob.* Freiburg: Herder, 1976.

SUMÁRIO

Prefácio 5

Provação e preservação (Jó 1–2) 7
    Onde está Deus? 7
    Um homem irrepreensível (1,1-5) 8
    Jó: piedoso sem interesse pessoal? (1,6-12) 10
    Primeira provação de Jó (1,13-22) 11
    Segunda provação de Jó (2,1-10) 13
    Visita dos três amigos (2,11-13) 14
    Jó: paciente ou rebelde? 17

Decadência (Jó 3–14) 19
    Lamentação de Jó (3,1-10) 19
    Anseio pela morte (3,11-19) 20
    Por que ele concede luz ao miserável? (3,20-26) 22
    Quem sucumbe sem que não seja culpado? (4,1-11) 24
    Será justo um mortal perante Deus? (4,12-21) 26
    Haverá quem te possa responder? (5,1-7) 29
    Desesperançadamente correto (5,8-16) 31
    A pedagogia divina do sofrimento (5,17-27) 33
    O pavor de Deus (6,1-13) 35
    Incredulidade (6,14-30) 37
    Decepcionado com a vida (7,1-11) 39
    Deus: um desprezador do ser humano? (7,12-21) 41
    Deus é justo (8,1-22) 43
    Ele desloca a terra (9,1-13) 46

Deus é injusto? (9,14-24) 48
Deus malfeitor? (9,25-35) 50
Falar sobre Deus, falar a Deus (10,1-12) 52
Sofrimento e culpa (10,13-22) 54
Deve o fanfarrão ter razão? (11,1-12) 55
Falsa assistência religiosa (11,13-20) 57
O que vós sabeis eu também sei (12,1-6) 59
Oração sem consciência da fé (12,7–13,5) 61
Partidários de Deus (13,6-12) 64
Pelejar com Deus (13,13-28) 66
O destino do ser humano (14,1-12) 69
Sem esperança (14,13-22) 70

Esperança firme (Jó 15–21) 73
Tolo, ímpio, culpado (15,1-6) 73
Que sabes tu que não saibamos nós? (15,7-16) 74
O medo do ímpio (15,17-24) 77
O destino do ímpio (15,25-35) 79
Belas palavras em vez de verdadeira confiança (16,1-6) ... 81
Deus mau (16,7-17) 83
A testemunha no céu (16,18-22) 85
Restam-me apenas túmulos (17,1-16) 88
A luz do ímpio apaga-se (18,1-21) 90
Reconhecei que Deus me humilha (19,1-12) 93
Distanciamento de Jó em relação a parentes e amigos (19,13-22) 95
Quem dera minhas palavras fossem escritas! (19,21-29) 97
Meu libertador vive (19,25-29) 99
Contemplar a Deus (19,25-29) 102
Enredar-se com (in)verdades (20,1-29) 104
Silenciar e ouvir (21,1-5) 107
A felicidade do ímpio (21,6-21) 109
Na morte, todos são iguais (21,22-34) 111

Esperar em Deus (Jó 22–31) 115
    Jó: um delinquente? (22,1-11) 115
    Deus onisciente e justo (22,12-20) 117
    Torna-te amigo de Deus! (22,21-30) 119
    Encontrar a Deus (23,1-17) 121
    O grito dos pobres (24,1-12) 123
    Rebeldes à luz (24,13-17) 126
    Ele afugenta (24,18-25) 127
    Fim do discurso (25,1-6) 130
    Defensor indefeso (26,1-4) 131
    Quem pode entender? (26,5-14) 133
    Piedade sincera (27,1-6) 136
    Quem é o ímpio? (27,7-23) 138
    Sabedoria: onde encontrá-la? (28,1-12) 140
    Onde é o lugar da Inteligência? (28,12-20) 142
    O caminho da Sabedoria (28,20-28) 145
    Os abençoados tempos passados (29,1-11) 147
    A justiça de Jó (29,12-25) 150
    Desprezado por todos (30,1-15) 152
    Tu me conduzes à morte (30,16-23) 155
    Esperança decepcionada (30,24-31) 157
    O voto de purificação de Jó (31,1-12) 159
    Pai dos pobres (31,13-23) 162
    Confiar em Deus (31,24-34) 164
    Que o Todo-Poderoso me responda! (31,35-40) 167

Palavras de alguém cheio do espírito (Jó 32–37) 171
    A ira de Eliú (32,1-5) 171
    O espírito se me oprime no peito (32,6-22) 173
    Não tenhas medo de mim! (33,1-13) 175
    Deus fala no oculto (33,14-33) 177
    Deus é justo (34,1-15) 180

Acusar a Deus? (34,16-24) 183
Jó é insensato (34,25-37) 185
Deus permanece inabalável (35,1-8) 187
Ninguém pergunta: Onde está Deus? (35,9-16) 189
Provado pelo sofrimento (36,1-21) 190
Deus como mestre (36,22-33) 194
Maravilha da criação (37,1-13) 196
Temer a Deus (37,14-24) 198
Sábia ignorância 200

Da fé à contemplação (Jó 38–42,6) 203
Iahweh responde (38,1) 203
Ignorância libertadora (38,1-7) 205
Livro da criação (38,8-15) 207
Limite do saber (38,16-21) 210
Dilatação da consciência (38,22-38) 211
Senhor dos animais (38,39–39,4) 214
Liberdade e força (39,5-12) 216
Escola da percepção (39,13-25) 219
Onde houver um cadáver... (39,26-30) 222
Autoconhecimento (40,1-5) 224
Medida do ser humano (40,6-14) 226
O hipopótamo (40,15-24) 228
O crocodilo (40,25–41,3) 231
Meditação sobre a morte (41,4-16) 233
Combater o mal? (41,17-26) 235
O reconhecimento de Jó (42,1-3) 238
Contemplar a Deus (42,4-6) 240
Da fé à contemplação (42,5) 242

Múltiplas bênçãos (Jó 42,7-17) 245
Reconciliação (42,7-9) 245

Múltiplas bênçãos (42,10-11) 247
Aperfeiçoamento (42,12-17) 249

Referências 253

Impresso na gráfica da
Pia Sociedade Filhas de São Paulo
Via Raposo Tavares, km 19,145
05577-300 - São Paulo, SP - Brasil - 2012